Blaise YANDJI

LES DIAMANTS DU SANG EN REPUBLIQUE CENTRAFRICAINE

Trajectoires historiques, Itinéraires conflictuels, Environnement et Développement durable 1960-2024

Préface :
Professeur Moussa II
Professeur titulaire des Universités.

Éditeur: Upway Books
Auteur: Blaise YANDJI
Titre: LES DIAMANTS DU SANG EN REPUBLIQUE CENTRAFRICAINE
Trajectoires historiques, Itinéraires conflictuels, Environnement et Développement durable 1960-2024
ISBN: 978-1-917916-51-6
Couverture réalisée sur Canva: www.canva.com

Cet ouvrage est un ouvrage de non-fiction. Les informations qu'il contient sont fondées sur les recherches, l'expérience et les connaissances de l'auteur au moment de la publication. L'éditeur et l'auteur ont déployé tous les efforts nécessaires pour garantir l'exactitude et la fiabilité des informations fournies, mais déclinent toute responsabilité en cas d'erreurs, d'omissions ou d'interprétations divergentes du contenu présenté. Cette publication n'a pas pour vocation de se substituer aux conseils ou consultations d'un professionnel qualifié. Les lecteurs sont encouragés à solliciter l'avis d'un spécialiste lorsque cela s'avère approprié.

contact@upwaybooks.com
www.upwaybooks.com

En hommage au Professeur **Daniel ABWA** le regretté mémoire
pour tous les savoirs transmis.

REMERCIEMENTS

Celles et ceux qui ont contribué à la mise en œuvre de ce travail sont très nombreux. Faute de place, nous ne pouvons les citer tous.

Nous devons une reconnaissance particulière au Professeur Célestin Tsala Tsala, Vice-Recteur chargé des Enseignements, de la Professionnalisation et du Développement des Technologies de l'Information et de la Communication et Chef du Département d'Histoire de l'université de Bertoua, au Professeur Moussa II enseignant au du Département d'Histoire de l'Université de Yaoundé I et Professeur Robert Kpwang Kpwang. Nous voulons leur dire que nous avons apprécié le soin de la diligence qu'ils ont mis à recevoir notre texte. Nous adressons également un hommage respectueux à tous les enseignants de l'Université de Douala au Cameroun et de l'Université de Bangui en République Centrafricaine. Nous citerons notamment, les Professeurs, Norbert Melingui, Pascal Isidore Njock, Messina Mvogo et Simplice Mathieu Sarandji.

Nous pensons aussi à certains de nos camarades et amis pour l'atmosphère de franche cohabitation que nous avons entretenue. Enfin, à tous ceux que nous ne pouvons citer ici, et qui de près ou de loin, ont contribué à l'élaboration de ce travail nous leur disons simplement merci.

Préface

L'agriculture en Centrafrique est considérée comme le premier secteur de production pour le relèvement de l'économie. Contrairement au secteur minier qui contribue seulement à hauteur de 5% au PIB, alors que l'agriculture y contribue à hauteur de 55%. Néanmoins les secteurs agricole et minier disposent tous les deux d'immenses potentialités économiques indispensables à la relance économique de la République Centrafricaine. Par ailleurs, l'or et les diamants en RCA sont souvent associés au conflit, au financement de rebelles, aux violations des droits de l'homme et à la contrebande. En tant que pays enclavé dans une région instable, la République Centrafricaine (RCA) est considérée comme un candidat approprié à une analyse dans le cadre des minerais de conflits. Mais ce cadre ignorerait les caractéristiques très spécifiques du secteur minier du pays. Le secteur offre une source de revenu essentielle à de nombreux ménages, représente le second produit d'exportation du pays en termes d'importance et est organisé d'une manière particulière. Néanmoins, de nombreux problèmes relatifs au secteur minier du pays subsistent.

Depuis plusieurs années, la RCA a engagé une série de réformes du secteur minier ayant pour but d'attirer les investissements étrangers comme un moyen de maximiser les flux de revenus au gouvernement, qui contribuent au développement et à la réduction de la pauvreté. Mais en plus de la promotion des projets miniers industriels, la mine artisanale a été une activité importante pour des milliers de personnes. Cependant, elle n'a jamais résulté à une amélioration significative de la situation économique et sociale de ceux qui sont impliqués. Le début de l'activité minière artisanale de diamant et d'or en RCA peut être retracé sur neuf décennies, essentiellement concentrée dans certaines localités. Les activités minières artisanales de diamant continuent dans ces régions dans la même lancée jusqu'aujourd'hui et l'avenue des exploitants miniers industriels les concurrençant pour certaines ressources serait un obstacle pour les artisans miniers. Ce qui soulève de sérieux problèmes au sujet des bénéfices qu'ils pourraient tirer de cette activité. La République centrafricaine (RCA) est aujourd'hui, dans le monde, la seule source de diamants de conflit, tels que traditionnellement définis. Depuis mai 2013, les exportations de ses diamants sont assujetties à un embargo international décrété à la fois par les Nations Unies et par le Processus de Kimberley (PK), l'initiative qui réglemente la production et le commerce des diamants bruts. La RCA a été suspendue du PK à la suite d'un coup d'État, en mars 2013, qui a déclenché des troubles civils généralisés dans le pays. Le coup d'État était le résultat inévitable des années d'instabilité politique qu'avait entretenue une coalition de groupes rebelles, connue sous le nom de Séléka, qui attaquait le gouvernement et saisissait progressivement des territoires, y compris Bria, une ville stratégique en matière d'exploitation minière de diamants. Le 24 mars 2013, la Séléka capturait la capitale, Bangui, et renversait le gouvernement, amorçant un virulent conflit interne qui s'envenime encore aujourd'hui. La guerre civile et le changement de régime ont forcé les Nations Unies et la communauté internationale à imposer des sanctions économiques à la RCA. Non seulement toutes les exportations de diamants été interdites, mais le PK a fortement recommandé aux pays faisant le commerce des diamants d'exercer une vigilance accrue et de s'assurer que les diamants produits en RCA sont saisis et interdits de circulation dans le commerce légitime. Bien que l'embargo sur les exportations de la RCA ait été partiellement levé en 2016 pour les régions jugées conformes au PK, cela n'a pas interrompu le flux de diamants de conflit de la RCA vers les marchés internationaux, alors qu'ils étaient sous un embargo total ou qu'ils provenaient de régions où ce commerce est encore interdit aujourd'hui. Cet ouvrage retrace les trajectoires historiques de l'exploitation diamantifère en RCA, examine la contrebande des diamants de la République centrafricaine vers le Cameroun. En outre, il met l'accent sur l'impact qu'a ce commerce illicite sur les contrôles internes, de même que sur l'intégrité générale de la chaîne d'approvisionnement des diamants. Il décrit enfin les méthodes utilisées et les principaux acteurs impliqués dans ce commerce illicite. Il conclut que le PK et les pays de première ligne comme la RCA doivent en faire davantage pour que cesse le commerce illicite des diamants de conflit de la RCA.

Comité scientifique

Robert KPWANG KPWANG, (Professeur-HDR), Historien, Université de Douala - Cameroun ;

Célestin Christian TSALA TSALA, (Professeur), Historien, Université de Yaoundé I - Cameroun ;

Jean KOUFAN MENKENE, (Professeur), Historien, Université de Yaoundé I - Cameroun ;

Philippe Blaise ESSOMBA, (Professeur), Historien, Université de Yaoundé I - Cameroun ;

Salvador EYEZO'O, (Professeur), Historien, Université de Yaoundé I - Cameroun ;

Moussa II, (Professeur), Historien, Université d'Ebolowa - Cameroun ;

Joël Narcisse MEYOLO, Historien, Université de Yaoundé I- Cameroun ;

Machrafi MUSTAPHA, (Professeur), Géographe, Université Mohammed V, Rabat-Maroc ;

Virginie WAGNAKA Bonguen, (Professeur), Historienne, Université de Yaoundé I - Cameroun ;

Zaki MBAREK, (Professeur), Historien, Institut Universitaire de la Recherche Scientifique de Rabat-Maroc ;

Isidore NDJOCK, (Maître de Conférences), Historien, Université de Douala - Cameroun ;

Norbert MELINGUI AYISSI, (Maître de Conférences), Historien, Université de Douala-Cameroun ;

Gilbert HANSE MBENG DANG, (Maître de Conférences), Historien, Université de Douala- Cameroun ;

Nixon TAKOR, (Maître de conférences), Historien, Université de Bamenda - Cameroun ;

Michael LANG, (Maître de conférences), Historien, Université de Bamenda - Cameroun ;

Chamberlain NENKAM, (Maître de conférences), Historien, Université de Yaoundé I- Cameroun.

Comité de relecture

"Jeunes africains, armez-vous les Sciences jusqu'aux dents, et si vous manquez d'unir l'Afrique, vous ne serez pas au rendez-vous du troisième millénaire".

Cheikh Anta Diop, *Nations Nègres et Cultures*, Paris, Présence Africaine, Tome 2, 1981

SIGLES ET ABREVIATIONS UTILISES

AEA :	Autorisation d'exploitation artisanale (mines)
AEPC :	Autorisation d'exploitation permanente de carrière
AETC :	Autorisation d'exploitation temporaire de carrière
AGDRF :	Agence de Gestion Durable des Ressources Forestières
AP :	Autorisation de prospection (mines)
APV-FLEGT :	Accord de Partenariat Volontaire - *Forest Law Enforcement, Governance and Trade*
ARM :	Autorisation de reconnaissance minière
BAIE :	Bureau d'achat import-export
BEAC :	Banque des États de l'Afrique Centrale
BIC :	Bénéfices Industriels et Commerciaux
BECDOR :	Bureau d'Évaluation et de Contrôle de Diamant et d'Or
CDS :	Contribution au développement social
CEMAC :	Communauté Économique Et Monétaire de l'Afrique Centrale
CIONGCA :	Conseil Inter ONG en Centrafrique
CLS PK :	Comité Local de Suivi du Processus de Kimberley
CNP :	Comité National de Pilotage
CNS-PK :	Comité National de Suivi du Processus de Kimberley en République Centrafricaine
COMIGEM :	Comptoir de Minerais Gemmes et Métaux Précieux
CP :	Précontrat de Partage de Production ct / cts Carat / carats
CFA :	Communauté Financière Africaine
CIRGL :	Conférence Internationale sur la Région des Grands Lacs
COMIGEM :	Comptoir des Minéraux et Gemmes
CPJP :	Convention des Patriotes pour la Justice et la Paix
DDRSC :	Direction des Données de la Régulation et du Suivi de la Commercialisation
DDRSC :	Direction des Données de la Régulation et du Suivi de la Commercialisation
DGDDI :	Direction Générale des Douanes et des Droits Indirects
DGEF :	Direction Générale des Eaux et Forets
DGID :	Direction Générale des Impôts et des Domaines
DGMG :	Direction Générale des Mines et de la Géologie
DGP :	Direction Générale du Pétrole
DGTCP :	Direction Générale du Trésor et de la Comptabilité Publique
DTIEAPE :	Direction des Techniques Industrielles, d'Exploitation Artisanale et de la Protection de l'Environnement
DPDDA :	Droits de Propriété et Développement du Diamant Artisanal
EIE :	Évaluation des Incidences sur l'Environnement
EISE :	Étude d'Impact Social et Environnemental
EMAPE :	Exploitation Minière Artisanale et à Petite Échelle
FPR :	Front Populaire pour le Redressement
FAO :	Organisation des Nations Unis pour l'alimentation et l'agriculture
FCFA :	Franc de la Communauté Financière Africaine

FD :	Formulaire de Déclaration
FDF :	Fonds de Développement Forestier
FDM :	Fonds de Développement Minier
FLEGT :	*Forest Law Enforcement, Governance and Trade*
FOB :	*Free on Board*
FSPDC :	Fonds de Soutien aux Projets de Développement Communautaire
ICG :	*International Crisis Group*
IPIS :	*International Peace Information Service*
IRRN :	Initiatives Régionales sur les Ressources Naturelles
ITIE :	Initiative pour la Transparence des Industries Extractives
IMF :	Impôt Minimum Forfaitaire
IRPP :	Impôt sur les revenus des personnes physiques
IS :	Impôt sur les sociétés
MRC :	Mécanisme Régional de Certification
OCDE :	Organisation de Coopération et de Développement Économique
ORGEM :	Office de Recherches Géologiques et d›Exploitation Minière
PA :	Permis d'exploitation forestière artisanale
PARPAF :	Le Projet d'Appui à la Réalisation des Plans d'Aménagement Forestier
PDSM :	Projet de Développement du Secteur Minier
PE :	Permis d'exploitation (mines)
PEA :	Permis d'exploitation et d'aménagement (forêts)
PEASM :	Permis d'exploitation artisanale et semi mécanisée (mines)
PK :	Processus de Kimberley
PR :	Permis de Recherches (mines)
PIB :	Produit Intérieur Brut
PK :	Processus de Kimberley
POMIGER :	Post-Mining Income Generating Environmental Rehabilitation
RCA :	République centrafricaine
RDC :	République Démocratique du Congo
SEC :	Securities and Exchange Commission
SPPK :	Secrétariat Permanent du Processus de Kimberley
TNS :	Tri-National de la Sangha
UFDR :	Union des Forces Démocratiques pour le Rassemblement
USAF :	Unité Spéciale Anti-Fraude
UNCMCA :	Union Nationale des Coopératives Minières de Centrafrique

LISTE DES TABLEAUX ET PHOTOS

PTHOTOS

TABLEAUX

INTRODUCTION

Située à 4° latitude N, la République Centrafricaine bien qu'enclavée au cœur de l'Afrique, ne manque pas de ressources. En matière de climat, deux saisons d'égale durée alternent pluie et sécheresse qui font du pays un véritable trésor pour l'élevage et l'agriculture. Une savane boisée luxuriante couvre le centre et devient plus clairsemé au fur et à mesure qu'on progresse vers le nord. La forêt équatoriale le flanque sur sa frontière sud avec le Congo Brazzaville. Son sous-sol est varié en minerais de tout genre mais saturé de diamants qu'on trouve partout. Sur ce plan, on note une similitude avec le Congo Démocratique qui n'est séparé de la RCA que par le fleuve Oubangui, mais disposant de la même structure du sol. Il n'est donc pas étonnant que ces deux pays aient les mêmes problèmes. Ces richesses qui en réalité devaient être sources de développement et de prospérité sont devenues des motifs de rébellions, de massacres, d'effusion de sang et de pillages. Ces richesses produisent un effet rébus. C'est donc le contraire des attentes qu'on observe sur le terrain d'où le titre de notre ouvrage.

C'est ce qui fait que la population centrafricaine est l'une des plus pauvres du monde. Cela découle d'un héritage colonial défavorable et d'une mal gouvernance exacerbée.[1] La RCA tire son nom de sa situation géographique au centre de l'Afrique. Durant toute la période précoloniale, la région qu'elle occupe, joua un rôle de carrefour. Lors de la conquête par les Européens, elle se trouvait à la charnière des sous-ensembles formant la partie africaine de l'empire colonial français.[2] Avant la reculade de Fachoda en 1898, elle était destinée à devenir la charnière prospère des possessions françaises occupant une zone continue entre l'océan Atlantique, la mer Méditerranée et la mer Rouge. Elle contrôlait l'accès au premier par le bassin du Congo et aux deux autres par le bassin du Nil. Suite à l'échec de ce projet, elle ne fut guère plus qu'un cul-de-sac misérable.[3] En 1958, dans la perspective de l'indépendance et conscient que le territoire ne pourrait servir d'assise à un État viable, son représentant politique, Barthélémy Boganda, lui donna son nom actuel.[4]

---

[1]Boulvert, *Bangui 1889- 1939. Points de vue et témoignage*, Paris Ministère de la Coopération et Sépia, 1989, pp.9-11.

[2]Ibid.

[3] J. Suret Canale, *L'Afrique Noire, l'ère coloniale : 1900-1945*, Paris, Editions Sociales, 1962, p.79.

[4] Boulvert '' Exploration, création d'un nouveau pays, découverte scientifique : le cas du Centrafrique de 1880 à 1914'', cité par Yvon Chatelin, Gérard Riou Gérard, *Milieux et paysages : essai sur diverses modalités de connaissance*, Paris, Masson, 1986, p.94.

Cette dénomination résumait le programme proposé : une Afrique centrale fédérale, dont la RCA formerait le cœur.[5] Pendant toute la période coloniale elle offrit aux services de renseignement français un observatoire privilégié des autres empires ; durant la *Guerre froide*, elle servit de plaque tournante au dispositif militaire français en Afrique.[6] Depuis les années 1990, elle a perdu son intérêt militaire et Paris ferma ses bases à la fin de la décennie. La rente stratégique prit fin, ce qui aggrava la situation intérieure. Mais le territoire demeure un carrefour commercial[7]. Toutefois, bien que l'instabilité économique, politique et militaire sévit toujours dans la sous-région, cet atout reste potentiel. Sauf pour les trafiquants de drogue : du cannabis en provenance d'Afrique du Sud et de République démocratique du Congo-RDC, ainsi que de la cocaïne latino-américaine, transitent par la RCA.

Enclavé au cœur de l'Afrique, le pays est entouré par le Tchad au Nord, le Soudan, le Sud-Soudan à l'Est, la République démocratique du Congo, le Congo au Sud et le Cameroun à l'Ouest. Terre occupée et habitée depuis les origines de l'humanité et tirant son origine de l'antique royaume soudanais de Kouch, parcourue par les migrations du peuple bantou qui aurait pour berceau originel la région de la Bénoué et de l'Adamaoua, la région demeura dans un isolement relatif jusqu'au XVIIIe siècle. Toutefois, les produits échangés et les esclaves empruntaient la voie fluviale Congo-Sangha-Oubangui depuis longtemps. Ils fondèrent la fortune et la puissance des Bobangui, par exemple. Soumis à la traite esclavagiste arabe durant des siècles, le Nord et l'Est virent des trafiquants, issus de clans locaux et convertis à l'islam, constituer des entités qui finirent vassalisées par le royaume du Ouaddaï, le sultanat du Bornou ou celui du Darfour. Les affrontements incessants entre ces entités XVIIe et XVIIIe siècle générèrent un cycle infernal : achat d'armes à feu auprès de l'Empire ottoman pour accroître leur capacité guerrière de capture d'esclaves noirs à vendre pour financer cet armement. Le désenclavement se fit dans les pires conditions : par l'intégration à compter du XVIIIe siècle dans le circuit de la traite esclavagiste atlantique, avant tout sur le Mbomou, affluent de l'Oubangui,[8] par

---

[5] P. Biarnes, *Les Français en Afrique noire. De Richelieu à Mitterrand*, Paris, Armand Colin, 1987, pp.2-3.

[6] Ch. Antier '' Le recrutement dans l'empire colonial français, 1914-1918'', *Guerres mondiales et conflits contemporains* n°2 ? 2008, n° 230, p.25.

[7] J. A. Lesourd et als, *Histoire économique : XIXe et XXe siècle,* T1, Paris, Armand Colin, 1970, p.9.

[8] T. Al- Choc Mandaga, '' La convention franco- anglaise délimitant la frontière entre l'Oubangui- Chari, le Soudan anglo- égyptien et le Ouaddaï- Darfour'', Mémoire de Maîtrise en Histoire, Université de Bangui, 2006, pp.5-8.

l'intermédiaire de piroguiers Bobangui. Certains préjugés négatifs envers les populations résidant dans la région du fleuve remontent à cette pratique. L'abolition de la traite figura parmi les motivations mises en avant pour expliquer la conquête coloniale et cette dernière affronta la résistance acharnée des seigneurs-marchands d'esclaves soutenus par la confrérie musulmane de la Sanoussiyya.

La colonisation marqua le destin du pays jusqu'à nos jours[9]. Les premiers colons européens apparurent en 1884. À l'issue des péripéties opposant la France à l'Allemagne, à la Belgique et à la Grande-Bretagne qui suivirent la conférence coloniale de Berlin de novembre 1884 à février 1885[10], le territoire échut à la France en 1903, sous le nom d'Oubangui-Chari[11]. Il fut érigé en colonie par décret du 11 février 1906. En 1910, il intégra l'AÉF. Tous les témoignages concordent sur un point : la brutalité coloniale atteignit en ces terres un paroxysme. René Maran avait en 1921 dénoncé cette situation[12] dans la préface de son livre *Batouala*.

Outre la violence liée au racisme ordinaire, voire au concept de "mission civilisatrice", les populations souffrirent du régime des compagnies concessionnaires[13]. Ce système, rappelant celui des compagnies à charte de l'*Ancien Régime* et mis au goût du jour par le roi des Belges, Léopold II, permit à celui-ci d'accaparer les ressources du Congo dit "belge". Il fit très vite des

---

[9] F. Challaye, *Un livre noir du colonialisme. « Souvenir sur la colonisation » [1985]*, Paris, Éditions Les nuits rouges, 1998, pp.11-13.

[10] C. Coquery-Vidrovitch, *Autour de la conférence de Berlin et recherches diverses*, Paris, l'Harmattan, 1987, pp.5-8.

[11] O. Colobani, *Mémoires coloniales : la fin de l'Empire français d'Afrique vue par les Administrateurs coloniaux*, Paris, 1991, pp.2-5.

[12] Ces agissements se trouvent aussi à l'origine de l'inégale occupation de l'espace national. L'Est et le Nord-est (40% du territoire) sont pratiquement vides alors que 90% des Centrafricains vivent dans le centre et l'ouest du pays, régions où se réfugièrent leurs ancêtres. Après avoir été un recours contre les chasseurs d'esclaves, la fuite en brousse constitua l'une des formes les plus répandues de résistance à la colonisation et fit l'objet d'une répression sévère. Une partie des routes que firent construire (parfois en punition de ces actes de résistance) les administrateurs coloniaux avaient pour fonction de fixer dans des villages plus accessibles et plus aisés à contrôler les fuyards capturés. Cela contribua à vider les zones reculées. Abandonner leur village pour échapper aux obligations coloniales constitua pour nombre d'Oubanguiens une option qui les amena à s'installer dans des centres urbains embryonnaires, à commencer par Bangui : ces villes n'avaient pas de chefs et n'étaient pas astreintes aux corvées et autres impositions.

[13] La mission civilisatrice de la France a consisté en l'implantation de petits postes administratifs et au tracé de quelques routes principales. Sinon, la France pratique une politique d'assimilation notamment par l'imposition des lois, des croyances ou des traditions de la langue française. La mise en œuvre de cette politique, à travers l'école, n'a pas véritablement fonctionné en raison d'un manque d'une réelle volonté politique d'une part et de moyens adéquats dans l'enseignement public d'autre part.

émules. Ainsi, en vertu de décrets adoptés en 1899, 17 entreprises privées, disposaient pratiquement à leur guise des hommes et des produits de 50% du territoire de la colonie d'Oubangui-Chari, dont l'État conservait la propriété du décret Guillain, 1898. Les historiens disputent de la question de la souveraineté : l'État délégua-t-il ses prérogatives à ces compagnies, ou ces dernières les usurpèrent elles impunément[14]. Une chose est sûre, en revanche : conçu pour décharger les finances publiques, le système reposait sur le travail forcé et un échange très inégal. Cela échoua puisque dès 1901, il fallut instituer un impôt indigène pour couvrir les dépenses de fonctionnement de la colonie Assis sur des sociétés sans réelle envergure financière et purement spéculatives, le système périclita après la Première Guerre Mondiale et l'État prit le relais, tout en conservant les pratiques brutales dont il avait difficilement évité la condamnation par la Chambre des députés, le 21 février 1906.[15] Et il persista dans la contrainte : grands chantiers, forestiers au Gabon, ferroviaires et routiers un peu partout, parmi lesquels le chemin de fer Congo-Océan 1921-1934 de sinistre mémoire et qui, au grand dam des populations, empruntait l'ancienne route des esclaves et des caravanes de porteurs.[16]

La population développa diverses formes de résistance : soustraction à l'impôt en particulier grâce à la tricherie lors des recensements, aux cotisations auprès des sociétés de prévoyance instituées en 1937 et le travail forcé notamment par la fuite en brousse, révolte armée, comme la "guerre des manches de houes"1928-1931. Violemment réprimée, celle-ci entraîna un adoucissement relatif du sort des populations. Si la coercition assortie d'abus demeura partout attestée, elle revêtit des formes et une intensité variables, la Lobaye décrite par Marcel Homet dans : Congo, *terre de souffrance*[17], 1934 semble constituer le cas le plus dramatique. En 1940, le ralliement à de Gaulle du gouverneur du Tchad, Félix Éboué, entraîna celui de l'ensemble de l'AÉF, à l'exception du Gabon. Les pratiques antérieures persistèrent cultures obligatoires et réquisitions épuisèrent les ressources et appauvrirent la population du territoire et des milliers de soldats furent recrutés pour l'armée de la *France Libre*. Mais sous l'influence de Félix Éboué, l'AÉF devint le banc d'essai de réformes annonçant la libéralisation relative du régime colonial[18]. La

---

[14]Bulletins 6 H 71 (AEF, bulletins de renseignements hebdomadaires (novembre 1962-janvier 1963), pp.2-4.
[15]Bulletins 6 H 49 (maintien de l'ordre au Gabon, en Oubangui-Chari et au Tchad (1960-1964), p.6.
[16] Ibid.
[17] M. Homet, *Congo, terre de souffrance*, Paris, 1934, pp.3-4.
[18]Bulletins 6 H 76 (AEF, bulletins de renseignements hebdomadaires (juin-novembre 1964), p.3.

circulaire intitulée « La politique indigène de l'Afrique Équatoriale Française », qu'il signa le 8 novembre 1941, impulsa le cours nouveau. Il fallut attendre la législation postérieure à la *Seconde Guerre mondiale* pour voir les choses s'améliorer quelque peu : interdiction du travail forcé, disparition du régime juridique de l'indigénat au profit du droit français et accession à la citoyenneté. Cette mémoire douloureuse demeure vive et influe sur la perception que la population a de la France. D'autant que les exactions françaises affectèrent jusqu'à quelques-uns des futurs dirigeants du pays[19]. Par exemple, en deux lieux différents, la mère du futur président Boganda, tout comme le père du futur président puis empereur Bokassa, furent battus à mort, en 1927, par des agents de sociétés imposant la collecte du latex. Du point de vue de la métropole, la politique mise en pratique se voulait constructive : considérant les Noirs comme des êtres "barbares", le gouvernement et les administrateurs français voyaient dans le travail un moyen de les "régénérer" et de les amener au "progrès". Sans jamais s'interroger sur la manière dont ces populations réputées "paresseuses "avaient réussi à satisfaire leurs besoins vitaux avant l'arrivée des Européens, et sans se demander quel intérêt pouvait avoir un être humain, Oubanguien ou autre à travailler dans les conditions imposées[20].

Ces déplacements incontrôlés et l'émergence d'une population flottante inquiétaient l'autorité coloniale[21].Outre ses exactions, la période coloniale s'accompagna d'un sous-investissement chronique. Le principe de base voulait que chaque territoire s'auto-suffît : une colonie devait rapporter à la métropole, pas lui coûter. Ainsi, jusqu'à l'entre-deux guerres, le portage imposé pallia l'absence de voies de communication pour acheminer matériel militaire et marchandises[22]. Ni les compagnies concessionnaires qui pillèrent la région avant la *Première Guerre mondiale*, ni l'État, qui en organisa l'exploitation autoritaire et brutale impôt de capitation institué en 1902 contraignant à la livraison de

---

[19]Les traites esclavagistes arabe et européenne, les épidémies apportées par les Européens variole, notamment, la recrudescence des guerres internes et l'accroissement de leur létalité avec la diffusion massive d'armes à feu, ainsi que la maltraitance coloniale (portage puis travail forcés, famines, brutalités et crimes commis par les sociétés concessionnaires, conquête militaire opérée entre 1907 et 1912, recrutement militaire forcé durant les deux guerres mondiales, répression des révoltes) additionnèrent leurs effets pour dépeupler ces territoires. Le recul des cultures vivrières au profit de la cueillette et des cultures imposées y contribua également.
[20]F. Gouttebrune, "La France et l'Afrique : le crépuscule d'une ambition stratégique ?", *Politique étrangère*, 2002, p.4.
[21] J. Tarrade et al, *Histoire de la France coloniale des origines à 1914*, Paris, Armand Colin, 1991, pp.3-7.
[22] B. Haberbusch "Un espace stratégique ? L'empire colonial français à la veille de la Première Guerre mondiale ", *Revue historique des armées*, n° 274, 2014, p.8.

produits de cueillette, par exemple, ne cherchèrent à impulser un développement économique et social au profit des colonisés. En outre, l'exploitation des populations aggrava leur état de santé[23]. Toutefois, quelques gouverneurs et des administrateurs tentèrent de pallier la faiblesse des moyens mis à leur disposition. Ainsi Auguste Lamblin, au sortir de la *Grande Guerre*, sauva littéralement l'Oubangui-Chari en commençant de le désenclaver plus de 4500 kilomètres de routes furent réalisés entre 1918 et 1925, en réhabilitant l'agriculture vivrière et en stimulant les cultures commerciales coton, café, palmistes[24]. L'insuffisance était particulièrement manifeste en matière sanitaire et scolaire. Et cet héritage perdure jusqu'à nos jours. La sous médicalisation permanente entretint une surmortalité considérable, qui demeure d'actualité. La France n'engagea de politique scolaire digne de ce nom que très tardivement en Afrique subsaharienne, l'Afrique Équatoriale Française (AÉF) accusant les lacunes les plus marquées.

Le taux de scolarisation en Oubangui-Chari n'atteignait pas 1,5% en 1939 et, après un vigoureux effort, il parvint 35% à la veille de l'indépendance[25]. Ces taux moyens masquent de grandes disparités régionales et un écart entre les filles et les garçons. La sous scolarisation chronique explique l'absence d'une frange éduquée suffisante en quantité comme en qualité pour constituer l'encadrement politique et administratif compétent dont la RCA aurait eu et continue à avoir besoin pour que son indépendance fût viable et sa gouvernance satisfaisante. Le fonctionnement des nouvelles institutions issues de la loi-cadre Defferre de 1956 sur l'autonomie interne mit en évidence cette carence, dénoncée dès 1957 par Barthélémy Boganda. Aussi, la marche vers l'indépendance, entamée après la fin de la Seconde Guerre mondiale, Barthélemy Boganda, alors premier prêtre catholique de l'Oubangui-Chari, qui devient territoire d'outre-mer en 1946[26]. Il est élu à l'Assemblée nationale

---

[23] J.P. Le Gail, " La trypanosomiase humaine en Afrique de l'Ouest francophone" Thèse de Doctorat de 3e cycle, Université de Nancy, 1974, p.46.

[24] L'administration française dut faire appel au concours des organismes d'origine extérieure et intérieure. Sur le plan local, on retrouvait : les commissions agricoles, la chambre de commerce et de l'industrie ; tandis qu'à l'extérieur fonctionnait une agence inter territoriale appelée : Agence Economique des Territoires sous Mandat. Il fallait attendre le 30 avril 1946 pour qu'un plan à long terme de développement et de modernisation des territoires français d'outre-mer soit mis à exécution. Le FIDES était financé par le budget national de la France, sur le territoire du Cameroun par la caisse centrale de la France d'Outre-mer. Il s'étalait sur dix ans dans le cadre deux programmes interdépendant. Le premier s'étendant de 1947 à 1953 et le seconde de 1953 à 1957

[25] J. Meyer et al, *Histoire de la France coloniale des origines à 1914*, Paris, Armand Colin, 1991, pp.4-5.

[26] D. Kpamo, *La christianisation et les débuts du nationalisme en Oubangui-Chari de 1920 à 1960*, Paris, Publibook, 2013, pp.17-20.

française en 1946, puis réélu en 1951 et en 1956[27]. Fondateur en 1950 du Mouvement pour l'Evolution Sociale de l'Afrique Noire (MESAN), Barthélemy Boganda était un humaniste modéré qui réclamait justice et dignité : " Un passé héroïque, des grands hommes, de la gloire, voilà le capital social sur lequel on assied une idée nationale", disait Ernest Renan. Le qualificatif de père de la nation centrafricaine citait le Professeur Simiti[28]. Il renchérit en soulignant que : "Barthélemy Boganda, comme le reconnaît tous les Centrafricains depuis sa disparition, était un patriote qui a mené une lutte politique habile et difficile pour conduire la République Centrafricaine à l'indépendance".[29]

Boganda savait qu'à seul le combat pour la libération du joug colonial lui sera difficile. Il savait que l'unité faisait la force et que là où l'unité faisait défaut, c'était la haine du prochain, le racisme, le tribalisme ou l'ethnisme qui prenaient le dessus[30]. C'était un grand homme religieux et politique, un unificateur, l'incarnation de la nation centrafricaine comme le reconnaissait le Haut Commissaire Bordier, lors de ses obsèques solennelles sur le parvis de la Cathédrale Notre-Dame de Bangui : " Jamais un homme d'État n'a incarné plus fidèlement son pays que Barthélemy Boganda"[31]. D'une part, citant le

---

[27] P. Kalck, *Barthélemy Boganda : élu de Dieu et des centrafricains*, Saint Maur. SEPIA, 1995, pp.36-37.

[28]Pr. Bernard Simiti, spécialiste en histoire des civilisations, Mondes africain, arabe et asiatique et directeur du CURDHACA de l'université de Bangui.

[29]Quand bien même taxé de régionaliste par certains de ses compagnons de lutte politique de première heure, Boganda n'avait pas cultivé l'ethnisme. Né dans la préfecture de la Lobaye, il avait autour de lui des personnalités politiques aux origines régionales et ethniques diverses. Aussi, n'avait-il pas défendu que les siens. Sa lutte politique avait, en effet, pour but de libérer tous les Oubanguiens du joug colonial et de l'esclavage, quel que soit leur appartenance ethnique ou religieuse. C'était ainsi qu'il s'élevait contre les atrocités commises sur ses compatriotes d'ethnie Ngbaka, Mbati ou pas. En 1947, Boganda dénonça le meurtre d'un Gbaya, brûlé vif par l'administrateur Cuny à Baboua. En juillet 1948, il décrit le cas de Ngouaka, un Banda, qui succomba sous les coups des militaires métropolitains de l'aviation de Bangui. En août 1949, il s'insurgea contre le décès de Mbarga, évolué Camerounais, suite aux coups de l'administrateur Auzuret, chef de District de Berbérati. L'assassinat à Bangui, en mars 1950, de Zowa par Kaufman ne l'avait pas laissé indifférent non plus. Plus encore, ceux de Madadoua, Longo, Baaga et Dangbandi par l'administrateur Peyronnet en 1950 à Bakouma ; d'un bébé dont la maman, bousculée par un milicien sur le marché de Bossia, écrasa dans sa chute en mai 1951, de Bagaza en décembre de la même année et du Chef Zilakema en janvier 1954 dans les locaux de la prison de Mbaïki.

[30]B.B. Siango, *Barthélemy Boganda, premier prêtre oubanguien fondateur de la République centrafricaine,* Pierrefitte-sur-seine, Bajag-Meri, 2004, pp.5-7.

[31]Z. Mogha *Barthélémy Boganda : une figure politique centrafricaine et panafricaniste étranglée par la France*, Paris, Éditions universitaires européennes, 2015, pp.3-7.

Président Boganda[32] à l'ordre de la nation française par Décret du 8 mai 1959, Michel Debré, Premier Ministre français renchérissait : "Animé par la volonté de servir le peuple dont il était si proche et qu'il incarnait si exceptionnellement, le Président Boganda a rempli un rôle éminent dans l'évolution de l'Afrique noire et l'avènement de la communauté". Son objectif est la construction d'une nation oubanguienne au sein d'un ensemble plus vaste.[33]

Après l'indépendance, la RCA resta un pays enclavé de l'Afrique Centrale, la République Centrafricaine (RCA) qui fait frontière avec les Républiques du Cameroun, du Tchad, du Soudan, du Congo Démocratique et du Congo. S'étendant sur une superficie de près de 623.000 km², elle compte aujourd'hui une population estimée à 4,3 millions d'habitants, dont 50,2% de femmes. La République centrafricaine a été confrontée au cours des deux dernières décennies à des crises successives d'ordre politique, économique et social, et à de conflits armés qui ont fragilisé les institutions publiques et privées, entraîné la destruction des infrastructures économiques et sociales, et la détérioration générale du niveau de vie de la population. Les conséquences de cette situation se sont traduites par une forte contraction de l'économie nationale. De 2000 à 2003, le rythme annuel moyen de croissance du PIB par tête a chuté de 8,9%, aggravant ainsi la pauvreté. Au cours de la même période, l'activité économique a connu un fort déclin de -7,1%. Tous les secteurs économiques ont été affectés par les conflits armés.

Cependant, cette tendance s'est atténuée au cours de la période 2004-2008, marquée par le retour progressif à la stabilité sociopolitique et à la croissance économique. Dès mi-2004, la République centrafricaine est entrée dans une phase de reconstruction avec le soutien de la communauté internationale. Bien que les indicateurs socio-économiques du pays soient à leur plus bas niveau, la stabilisation politique du pays à partir de 2005 a permis de

---

[32]J.-D. Penel" Sept tentatives, entre 1949 et 1953, pour lever « l'immunité parlementaire » de Barthélemy Boganda, député du deuxième collège de l'Oubangui-Chari", *Civilisations*, n° 41, 1993, mis en ligne le 30 juillet 2009, consulté le 11 juin 2021, http://civilisations.revues.org/1734 ; DOI : 10.4000/civilisations.1734

[33] Devenu, à l'unanimité, président du grand Conseil de l'AÉF en 1957, il préconisait la constitution d'un État unitaire mais décentralisé avec le Congo et le Tchad, ouvert de surcroît, à d'autres territoires[33]. Il caressait aussi l'idée d'une Union des États de l'Afrique latine qui associerait les pays des colonies française, belge et portugaise. Ces projets n'entraînaient pas l'adhésion de ses partenaires de l'AÉF, la République centrafricaine, membre de la Communauté, est proclamée le 1er décembre 1958, après référendum. Barthélemy Boganda ne connaîtra pas l'indépendance totale du pays[33]. Il meurt le 29 mars 1959 dans un accident d'avion.

relancer le programme de réformes structurelles visant le démantèlement des différents obstacles et contraintes qui fragilisent l'économie nationale. La reprise économique amorcée en 2004 a permis à la RCA de se remettre progressivement de la longue période d'instabilité qu'elle a connue. Le taux de croissance du PIB réel est passé de 2,4% en 2005 à 3,8% en 2006 en raison des politiques prudentes mises en œuvre par le Gouvernement et des reformes d'envergure qui ont permis de rétablir les conditions d'une reprise économique durable.

Cependant, l'année 2008 qui a coïncidé avec la première année de mise en œuvre du DSRP a été marquée par plusieurs chocs dont la crise de l'électricité au niveau national, la flambée des prix mondiaux des produits alimentaires, l'augmentation des prix du pétrole, la dépréciation du dollar américain face à l'Euro, et la crise financière internationale qui a réduit les exportations de bois et de diamant. Ces différentes crises ont entraîné le ralentissement de l'économie nationale avec un rythme de croissance du PIB réel qui est passé de 3,8% en 2006 à 3,7% en 2007, 2% en 2008 et 1,7% % en 2009. Malgré cette tendance, l'économie centrafricaine reste dominée par le secteur primaire, qui a représenté 50,2 % du produit intérieur brut (PIB) en 2009. Les principales activités du secteur primaire sont l'agriculture vivrière (28,3 % du PIB) et l'élevage (12,7 % du PIB). Le secteur tertiaire (31,7 %) comporte pour l'essentiel le commerce (12,2 % du PIB), alors que les industries manufacturières et la construction (BTP) forment l'essentiel du secteur secondaire (12,3 % du PIB). La faible croissance économique enregistrée en 2009 a été essentiellement soutenue par la consolidation de la production vivrière, et le dynamisme des BTP et des services marchands, commerce et télécommunications notamment.

Ces trois sous-secteurs ont contribué à la croissance du PIB réel à hauteur de 2,5 points de pourcentage. Les cultures d'exportation (café et coton) ont connu une importante progression en 2009 (13,5%), mais leur contribution à la croissance reste marginale à cause de leur faible poids dans le PIB. En revanche, la forte contraction de la sylviculture (33,3 %) et de l'extraction minière (24,9%) a occasionné une perte de 2,1 points de croissance, même si ces deux sous-secteurs représentent moins de 5% du PIB. Le recul des industries manufacturières (moins 3 %) a également eu un impact négatif sur la croissance. Les secteurs forestier et minier ont souffert de la persistance de la crise qui a affecté le marché international du bois et des diamants depuis 2008. La production de grumes a chuté de 30 %, tout comme la production des sciages et contreplaqués qui a baissé de 26 %, malgré les mesures fiscales prises pour atténuer les effets de la crise sur les compagnies d'exploitation forestière ; malgré aussi la mise en exploitation de deux nouveaux permis, et l'application du nouveau Code forestier. La production de diamants a également baissé avec

21

notamment la suspension de la société Gem Diamond, et le retrait des agréments officiels à 8 bureaux d'achat de diamants sur 11 et à certains collecteurs. La contribution des BTP à la croissance s'est renforcée en 2009, en deçà toutefois des prévisions initiales en raison de la révision à la baisse des investissements publics et privés, dû au report de la construction de l'usine d'Areva. Les industries manufacturières, en recul en 2009, ont légèrement connu la croissance du PIB réel tandis que le secteur énergétique y contribuait à la marge. Les principales sources de croissance du secteur tertiaire sont les activités commerciales, les télécommunications et les services non marchands. Leur dynamisme a été en partie soutenu par la consolidation de la demande intérieure, notamment la consommation privée, en liaison avec l'augmentation de la masse salariale, elle-même due au paiement régulier de salaires et aux recrutements dans les secteurs prioritaires de l'éducation, de la santé et de la sécurité. Afin de contenir les effets de cette récession mondiale sur l'économie nationale, le Gouvernement a adopté une série de mesures complémentaires, sans pour autant s'écarter des objectifs des réformes engagées depuis 2005, dont les revues par le FMI et la Banque Mondiale ont permis à la RCA d'atteindre rapidement le point d'achèvement de l'Initiative en faveur des Pays Pauvres Très Endettés. En dépit des chocs négatifs, la stabilité macroéconomique a été préservée. La mise en oeuvre de la Facilité pour la réduction de la pauvreté et la croissance (FRPC) appuyée par le FMI a été jugée satisfaisante. La sixième revue de la performance de la RCA dans le cadre de la FRPC a reçu un avis positif en décembre 2009 par le Conseil d'administration du FMI, qui a approuvé une extension du programme jusqu'au 30 juin 2010 dans le cadre de la facilité élargie de crédit. S'agissant de la politique budgétaire, sa mise en oeuvre a été globalement satisfaisante. Le Gouvernement a réussi à mobiliser davantage de ressources intérieures, à mieux contrôler les dépenses, à apurer une bonne partie des arriérés de la dette intérieure, et à limiter les emprunts auprès des banques commerciales. Les recettes budgétaires se sont stabilisées à 10,2 % du PIB, et les dépenses publiques à 14,8 %. Le solde primaire intérieur est passé de 0,8 % du PIB en 2009 à 1,1 % en 2010. En ce qui concerne la dette publique, l'atteinte du point d'achèvement de l'IPPTE renforcée en juin 2009 s'est traduite par un allègement global de la dette de la RCA estimé à 578,2 millions USD en valeur actualisée nette fin 2006, et par un allègement additionnel au titre de l'initiative d'allègement de la dette multilatérale (IADM) estimé à 342,79 millions USD en valeur nominale. La fourniture de l'assistance PPTE et IADM s'est traduite par une réduction du ratio de la dette au PIB en valeur actualisée nette, celui-ci passant de 43 % fin 2008 à 8,3 % fin 2009, et du ratio du service de la dette rapporté aux recettes budgétaires, qui est passé de 383,5 % fin 2008 à 79 % fin

2009. L'inflation, qui avait fortement augmenté à 9.3 % en 2008, s'est atténuée à 3,5 % en 2009. Cette chute s'explique par la baisse des prix du pétrole, par la hausse modérée des prix des produits alimentaires, et par la légère appréciation du dollar face à l'Euro (qui a une parité fixe avec le Franc CFA). Par ailleurs, le climat des affaires n'est pas encore très favorable car la RCA occupe l'avant-dernière place sur 183 pays classés selon le rapport 2010 Doing Business de la Banque mondiale. Ce classement traduit l'ampleur des contraintes pesant sur les investissements et le développement du secteur privé, notamment :

(i) la faiblesse du cadre réglementaire et de transparence de l'environnement des affaires ;

(ii) la faiblesse des capacités des PME en termes de gestion et d'accès au marché et au crédit ;

(iii) le poids de la dette publique vis-à-vis des entreprises privées ;

(iv) l'insuffisance de l'offre d'électricité qui obère les coûts de production.

Sur le plan social, les réformes engagées par le Gouvernement notamment l'apurement des arriérés des cotonculteurs et caféiculteurs ainsi que des salaires, le paiement régulier des bourses et pensions et le déblocage partiel des salaires ont permis d'avoir une relative accalmie malgré les effets de la crise énergétique et alimentaire de 2008 et 2009. En dépit de ces actions, la RCA occupe le 159ᵉ rang sur 169 pays classés dans le rapport sur le développement humain durable du PNUD de 2010. En prenant en compte l'évolution de l'IDH entre 1990 et 2010, la République centrafricaine a augmenté de 0,6% par an, passant de 0,293 à 0,315 aujourd'hui, ce qui place aujourd'hui le pays 159ème sur 169 pays disposant de données comparables. Si l'on tient compte des 18 pays non classés et de 5 autres non cités dans le RMDH 2010, la position occupée par la RCA dans le classement 2010 est plus confortable que par le passé (159 sur 192 pays). Même si certains progrès ont été accomplis en RCA au cours de ces dernières décennies par rapport aux défis à relever en matière de l'Environnement et du Développement, qui avaient été relevés en 1992 lors du sommet de la Terre, plus de 2.108.000 personnes soit 62% de la population nationale vivent toujours dans des conditions d'extrême pauvreté. Plusieurs problèmes persistent, certains d'entre eux se sont aggravés et d'autres encore ont vu le jour ces vingt (20) dernières années. La troisième conférence des Nations Unies consacrée au Développement Durable (RIO+20), qui s'est tenue à Rio de Janeiro du 4 au 6 juin 2012 a constitué une occasion de relancer les efforts visant à favoriser le Développement Durable au moyen du renouvèlement de l'engagement politique à l'échelle mondiale. RIO+20 a renforcé la cohérence et facilité les interactions entre les aspects environnementaux, économiques et sociaux du

Développement Durable et contribuer à réaliser les OMD en 2015. Le développement durable offre aux pays membres des perspectives encourageantes pour s'attaquer aux défis existants et émergeants. Ce livre présente d'une manière générale, retrace les trajectoires de l'exploitation des diamants en République Centrafricaine.

CHAPITRE I
L'ESPACE CENTRAFRICAIN : CADRE PHYSIQUE ET HISTORIQUE

I-LA REPUBLIQUE CENTRAFRICAINE : GEOGRAPHIE ET HISTOIRE

La République Centrafricaine possède toute la gamme des climats de la région intertropicale, mais plus encore, toute la typologie des reliefs[34]. Cette diversité est caractéristique de la multitude d'hommes aux habitudes alimentaires diverses introduites pendant la période coloniale. L'étude du milieu physique a pour but d'examiner les conditions naturelles et humaines.

A- LA RCA UN PAYS A VOCATION AGRICOLE

La RCA a toujours été un pays agricole. Ses caractéristiques climatiques et sa qualité du sol ont permis le développement de plusieurs cultures.

1- Une diversité d'éléments naturels favorables au développement

La République centrafricaine est constituée d'un vaste bouclier précambrien de 623000 km². Celui-ci est composé d'une succession de surfaces d'aplanissement qui sont délimitées par des abrupts. Le relief de ce pays est monotone, c'est-à-dire que les altitudes ou les écarts entre les sommets des reliefs y varient peu. Le territoire s'étage entre 325 m et 1410 m Mont Ngaoui. Ces altitudes extrêmes donnent une vigueur de relief d'environ 1100 m selon les directions Nord-Ouest, Sud-Ouest, Nord-Ouest, Sud-Est et Nord-Ouest, Nord.

- Le relief et la végétation

Le relief centrafricain présente une forme en « arc » dont la partie flexible ou la tige passe par la localité de Dékoa au centre du pays 550 m. Les parties relevées correspondent, d'est en ouest, au massif du Dar Challa Mont Toussoro 1330 m et à celui de Yadé Mont Ngaoui : 1410 m, qui prolonge l'Adamaoua camerounais.[35] Le bouclier centrafricain, ou *dorsale centrafricaine*, a été soulevé et domine au Nord le haut-bassin tchadien et au Sud les bassins de l'Oubangui-Sangha[36]. Les unités principales de relief comprennent des massifs montagneux supérieurs à 1000 m, des domaines de plateaux 1000 - 500 m et des secteurs en plaine 500 - 300 m. Les massifs montagneux sont Localisés dans les

---

[34] Le milieu physique de la RCA est très varié. A la multiplicité des formes de relief correspondent divers types de climats, de végétation et de sols. Cette grande variété peut être interprétée comme conséquence logique d'un relief accidenté.

[35] N. Ndam et al, ''Mont Cameroon case study: Methods for biodiversity assessment and forest management'', *Review of past and present*, Yaoundé, 1997, pp.2-5.

[36] Ibid.

deux extrémités Nord-Ouest et Nord-Est du territoire, leur extension est faible, couvrant 3% du pays.[37] Ils intègrent les reliefs dont l'altitude est supérieure Ouéga le à 1000 m. Au Nord-Ouest, le massif de Yadé est un véritable château d'eau naturel à l'échelle de l'Afrique centrale, puisqu'il a donné naissance aux sources du Chari, du Logone, de la Sangha, de la Lobaye, etc. Au-delà du Mont Ngaoui 1410 m, on a le massif de Bakoré 1242 m, non loin de la frontière tchadienne, et celui de Yadé à 1309 m. Le Mont Ngaoui, formé de roches granitiques, domine une succession de plateaux étagés dont les altitudes varient de 1200 -1100 m à 1000 - 900 m. Au Nord-est, le massif du Dar Chala, un autre château d'eau naturel, est un ensemble de reliefs isolés, qui répartissent nettement les trois bassins régionaux tchadien, nilotique et congolais. Leur point de rencontre est situé sur les sources de la Ngaya, à 15 km à vol d'oiseau au sud du relief portant le nom de ce cours d'eau. Les altitudes dépassent 1300m. Le mont Toussoro 1330 m est le point culminant, suivi du mont Ngaya 1326 m et du mont Koubo 1310 m.[38]

S'agissant des domaines de plateaux, ils sont le relief courant et occupent près des trois-quarts de la superficie du pays. Ils englobent aussi bien l'espace soulevé dans sa partie médiane, appelé aussi *dorsale centrafricaine*, qui délimite le haut-bassin tchadien au nord et celui du Congo au sud. Leur étendue est plus importante dans l'est et l'Ouest du pays[39]. On y distingue deux niveaux : le premier élevé 800 -1000 m est qualifié de *hauts plateaux* car il est proche des principaux reliefs du pays et sert de transition avec le reste des plateaux ; le second 500 - 800 m est plus étendu sur l'ensemble du territoire[40]. On y retrouve les Grès de Carnot et de Mouka-Ouada, qui sont connus sous le nom de« *Plateau de Carnot* » à l'Ouest au Sud-Ouest du Plateau de Mouka-Ouadda à l'Est, Centre-Est du pays. Le relief principal des plateaux gréseux est l'*Escarpement des Bongo* situé sur l'extension nord de Mouka-Ouadda, au-dessus de la cuvette tchadienne.[41]

-La végétation

---

[37] N. Donnet et al, *Géographie de la République Centrafricaine*, Paris, Hatier, 1975, pp.2-3.

[38]C. Rufin Nguimal et, *Atlas de la République Centrafricaine*, Bangui, Ministère de l'économie, du plan et de la Coopération Internationale, 2012, p.11.

[39] Y. Boulvert, *Etude géomorphologique de la République centrafricaine. Carte à 1 : 1000000e en deux feuilles Ouest et Est*, Paris, *ORSTOM, 1996, pp.23-24.*

[40] M. Cornacchia et al, ''Mines Atlas de la République Centrafricaine'', Paris, *Jeune-Afrique*, 1984, p. 46.

[41] F. White, *La végétation de l'Afrique. Mémoire et carte (1/5000.000), recherches sur les ressources naturelles*, Paris, ORSTOM-UNESCO-AEFAT-UNSO 1986, pp.21-23.

Cinq domaines phytogéographiques s'étalent du Sud au Nord de la République Centrafricaine : La forêt dense humide toujours verte, est diversement appelée : forêt sempervirente, forêt ombrophile ou forêt hygrophile. On rencontre ici, plusieurs espèces différentes[42]. Les facteurs qui déterminent son développement sont : humidité, température et lumière. En 1986, la forêt dense humide s'étend au sud du pays, sur une superficie de 92.500 km^2, soit 15% du territoire national. Elle est formée de deux massifs forestiers. Le premier massif occupe le Sud-Ouest et l'autre, le Sud-Est. On y distingue deux secteurs : le secteur de forêt ombrophile au Sud et le secteur de forêt tropophile au Nord. La forêt ombrophile se localise à la pointe Sud-Ouest du pays, entre 2°10' et 3°30' N. C'est la frange septentrionale de la forêt équatoriale. Elle comprend deux types : la forêt inondée qui longe les rives basses delà Sangha sur lesquelles on observe une bande formée de peuplement d'Uapacaset de *Guibourtia*. Ce type de forêt donne l'impression d'une barrière végétale inquiétante par son silence. Quant à la forêt exondée, elle recouvre les interfluves et les rives exondées de la Sangha. Mieux développée sur de l'argile compacte, la forêt exondée est surtout constituée des Méliacées : *Entandrophragma angolensis*Trama ; *Entandrophragma cylindricum* Sapelli. Plusieurs strates la caractérisent. Vers le Nord de la forêt exondée, les Méliacées se mélangent avec les Sapotacées dont *Autranella congolensis* Muculungu, avec les Sterculiacées dont *Triplochiton scleroxylon* Ayous, et avec les Moracées dont le *Chlorophora excelsa* Roko pour annoncer une forêt adaptée à l'alternance saisonnière[43].

La forêt tropophile ou forêt dense semi décidue. Elle constitue le secteur forestier le plus vaste en Centrafrique. Elle s'étend depuis Gamboula à l'Ouest jusqu'à Rafaï à l'Est avec une interruption sur la boucle de l'Oubangui[44]. Elle comprend au Sud-Ouest les forêts de Yamando, de Mbaéré, de Ngotto et de la Basse Lobaye. Tandisqu'au sud, elle se compose des forêts de Satéma, de

---

[42]La RCA possède une grande diversité faunique. Dans les parcs et réserves, on rencontre de grands mammifères : l'éléphant *Loxodonta africana*, le gorille ou *Gorilla,* le chimpanzé ou Pan troglodytes, le buffle ou *Syncerus caffer, l'hylochoerus meinertzhageni*, le Bongo *Tragelaphus euryceros*, l'oryctérope ou *orycteropus* afer, le pangolin géant ou *Manis gigantea.*Parmi les primates, figurent le mandrill[42]dont la répartition est limitée par la rivière Dja; le cercocèbe agile *Cercocebus agilis*, le colobe guéréza *Colobus guereza* et le cercopithèque de Brazza *Cercopithecus neglectus*. Le Paysage abrite la plus importante population d'éléphants d'Afrique centrale et ces animaux jouent toujours un rôle majeur dans son écologie
[43] A. Aubreville, *Etude sur les forêts de l'Afrique Equatoriale française et du Cameroun,* Paris, Direction de l'Agriculture, de l'Élevage et des Forêts, 1948, p.12-15.
[44]Agir ici et Survie, *Le silence de la forêt-réseaux, mafias et filière bois au Cameroun,* Paris, l'Harmattan, 2000, pp.5-8.

Kémbé et de Bangassou. Au Nord de celle-ci, apparaissent des espèces savanicoles, par exemple le *Borassusaethiopum*. A sa limite, se développent des ilots de forêts denses sèches, qui sont des formations intermédiaires, notamment au Centre-ouest, au Centre-nord, à l'est et au Centre-Est du pays. Par dégradation, les forêts denses sèches évoluent vers les savanes boisées ou arborées : elles sont courantes sur le Plateau de Mouka-Ouadda, entre Dékoa, Kaga-Bandoro et Mbrés, etc.[45]

Les savanes centrafricaines présentent une extrême hétérogénéité physionomique, caractérisée par un changement de la taille et de la densité des arbres et des herbes, en allant vers le Nord. Les savanes couvrent une partie du territoire et intègrent plusieurs formes dispersées plus ou moins en bandes parallèles du Sud au Nord. Les espèces ligneuses sont illustrées essentiellement par : *Annona senegalensis, Daniellia oliveri, Terminalia glaucescens, Isoberlinia doka et Lophira alata*. Les herbes, elles, comprennent les strates les plus répandues du pays : *Imperata cylindrica, Panicum maximum, Pennisetum Purpureum, Loudetia arundinacea, Andropogon gayanus, Hyparrhenia Rufa, Aframomum citratum et Chromolaena odorata* herbe de Laos[46].

Dans la zone des savanes, s'observent aussi des forêts-galeries ou galeries forestières le long des cours d'eau. Les principaux types de savanes sont : la savane arborée, la savane arbustive et la savane herbeuse[47]. La savane arborée comporte la strate herbacée souvent dominée par le *Panicum maximum* et *Aframomum citratum* ; la strate ligneuse, elle, composée d'arbres de haute taille groupés en bosquet ou en parc. C'est pourquoi on parle de savane-parc. On trouve la savane arborée à *Terminalia glaucescens* à Bakala.[48] On a la savane boisée à *Isoberlinia* à Yalinga, à *Burkea africana* à Bozoum, à *Daniellia oliveri* à Boali et à *Terminalia glaucescens* aux Mbrés.[49] La savane arbustive est une formation végétale composée d'un tapis herbacé et d'une strate ligneuse ouverte. On peut citer la savane arbustive à *Anogeissus leiocarpus* près de Bocaranga. La savane herbeuse est une formation caractérisée par une étendue continue, formée

---

[45] Koko, *Atlas de la République Centrafricaine*, p.19.

[46] R. Schnell, *La forêt dense : introduction à l'étude botanique de la région forestière d'Afrique Occidentale avec clefs de détermination pour les principales essences arborescentes*, Paris, 1951, p.9-13.

[47] Schwartz. , ''Forêts et savanes d'Afrique Centrale : une histoire Holocène mouvementée'', *Lettre pigb-pmrc*, France, 1997, p.14-17.

[48] D. Schwartz., et als, ''Réponses des végétations d'Afrique Centrale atlantique (Congo-Cameroun) aux échanges climatiques depuis l'Holocène moyen ; pas de temps, variabilité spatiale'', Communication aux journées PIREVS de Toulouse, Novembre, 1997, p.10

[49] Youta Happi, '' Arbres contre graminées, la lente invasion de la savane par la forêt au Centre-Cameroun,'' Thèse de Doctorat en Géographie, Université de Paris-Sorbonne, 1998, p.10.

de graminées plus ou moins hautes, et par l'absence totale ou presque d'arbres ou arbustes. La strate herbacée comprend *Imperata cylindrica, Pennisetum purpureum* et de *Panicum maximum*.

La steppe, située quant à elle entre 7°40' et 10°50' Nord, est influencée par la longueur la saison sèche. Ce domaine se divise en deux secteurs. Le premier est celui de pseudo steppe, s'étendant entre Gordil et N'Garba. C'est une zone de transition entre le domaine soudanien et le domaine sahélien. Le second secteur s'étire du Nord de Birao jusqu'à la mare Tizi. C'est le secteur sahélo-soudanien. Les espèces dominantes sont : *Acacia raddiana*, épineux, Balanites. Les graminées sont constituées de bulbes et de rhizomes. On trouve aussi les *Aristida* et des Cram-cram. Il est à remarquer que la subdivision du territoire centrafricain en cinq domaines phytogéographiques n'a rien de régulier ni de géométrique. Toutefois, ceux-ci se distinguent bien du sud au nord, avec des secteurs bien circonscrits.

- Les sols

La répartition des sols quant à elle est assez simple. C'est ainsi qu'on rencontre des sols plus ou moins ferralitiques vers le Sud[50]. Les sols centrafricains changent d'un paysage ou d'un endroit à un autre. Leurs couleurs, leurs morphologies et leurs épaisseurs varient dans l'espace selon certaines conditions locales ou autres composantes du paysage : le relief, la végétation, ou la roche. De plus, la fertilité des sols varie d'un lieu à un autre, selon la nature des plantes ou la teneur en eau[51]. Ainsi, la combinaison du climat, de la végétation et du relief détermine la formation des sols dans le pays, dont les limites correspondent à celles des zones climatiques. Les données des archéologues rejoignent les conclusions de Pierre de Maret sur l'âge du fer et la métallurgie du fer dans les régions Sud et Sud-est. Il souligne dans un article publié dans le « *Journal of African History* » :

> *The analysis of material found on the sites has only just begun but it is likely that the finds made on these sites will allow researchers to bridge the gap between the iron-using communities and the Late Stone Age in the area, which witnessed the first stages of Bantu expansion. It now seems that this region was occupied by more or less Neolithic populations (traces of sedentarism-and probably of agriculture, polished tools, pattery) since at least the first millennium bc. At a certain point in the time,*

---

[50]P. Segalen, *Le fer dans les sols*, Paris, ORSTOM, 1964, pp.2-7.
[51]Ibid.

probably toward the end of the first millennium bc, irony-working appeared. So far, it has been dated as far back as the fourth century BC and this is quite in line with the dates of beginning of the Iron Age in the West Africa[52].

Les données recueillies ont donné les datations relatives à l'âge du fer et à la métallurgie du fer sur l'analyse des certains scories.[53] La métallurgie du fer est alors située dans notre région d'étude vers les 15ᵉ et 18ᵉ siècles. Ce qui nous permet de tirer cette première conclusion sur le fait que, la métallurgie du fer a été active entre le 4ᵉ et le 5ᵉ siècle. Les sols ferralitiques couvrent donc, les trois quarts du territoire, particulièrement là où la forte pluviométrie favorise l'hydrolyse des minéraux des roches jusqu'à une grande profondeur. Ces sols sont pauvre sen éléments nutritifs, et sont acides et fragiles.[54] Ils présentent plusieurs faciès : les sols ferralitiques typiques constitués sur les dolérites au sud-est dans le Mbomou, la Basse-Kotto et au sud-ouest dans la Mambéré-Kadéï. Certains sont appauvris en argile et apparaissent sur des matériaux sableux provenant des quartzites. Les Mbrés ou des grès Mouka-Ouadda, Kembé-Nakando et Carnot. Les plus répandus sont les sols remaniés et nodulaires qu'on observe sur la dorsale aux Mbrés, à Dékoa et à Bakala. Ils se distinguent par la présence de gravillons ou de nodules ferrugineux durcis. L'évolution particulière de ces types de sols contribue à la formation des indurations latéritiques, notamment des cuirasses ferrugineuses dénudées appelées Lakéré. Ces cuirasses ferrugineuses sont très répandues à Ippy et sont impropres à toute culture.

Des sols jeunes d'érosion apparaissent sur les reliefs rocheux de l'Ouest et de l'Est et surtout sur les escarpements séparant les surfaces d'aplanissement. Ce sont les lithosols de Bocaranga et les sols lithiques d'Ouandja-Kotto ou Sam-Ouandja. Les sols ferrugineux tropicaux apparaissent vers 7° Nord[55]. Ils sont faiblement désaturés et ont une évolution moins poussée. On les retrouve dans le bassin du Bahr-Aouk à Golongosso. Ils présentent des concrétions et des tâches,

---

[52] P. De Maret, *Les débuts de la sédentarisation de l'agriculture et de la métallurgie dans la moitié du Sud-Cameroun,* synthèse des recherches depuis 1978, Yaoundé, 1978, pp.2-6.

[53] C. Mbida, "Etude préliminaire du site de Ndindan. Analyse et datation d'une série de fosses", *communication au colloque international sur l'archéologie camerounaise,* Yaoundé 6-9 Janvier 1986, p.5.

[54] D. Martin, *Géomorphologie et sols ferralitiques dans le Centre-Cameroun,* Yaoundé, Cahiers de l'ORSTOM, Série. Pédologie, 1967, pp.189-190.

[55] Essomba, "La métallurgie du fer chez les Pahouin" d'après Tessmann. Commentaire et notes de Joseph Marie Essomba, *Annales de la Faculté des Lettres et Sciences Humaines,* Université de Yaoundé, 1983, p.16.

et deviennent des *pseudos Gley* s'ils sont engorgés en profondeur. Ces sols prennent des formes de placage sableux sous l'influence de l'érosion éolienne dans la zone sahélienne. Les sols alluviaux et hydro morphes sont localisés sur les plaines d'épandage et les alluvions récentes[56]. Ils proviennent d'apports sableux ou argileux peu évolués, d'apport alluvial, parfois des vertisols-topomorphes du Parc Saint Floris. Les sols des vallées fluviales sont argilo-sableux à engorgement temporaire : il s'agit des sols hydro morphes à pseudo Gley[57].La diversité des sols révèle la richesse des conditions édaphiques dont dispose la Centrafrique. Ces ressources sont encore sous-exploitées[58] : 1% seulement des terres est actuellement cultivé. Mais ces ressources sont fragiles en raison de leurs horizons peu profonds et de la violence des eaux de pluie. Et pourtant, ce constat négatif prouve bien que les paysans centrafricains n'ont pas encore acquis des techniques de protection de leurs sols et ne disposent pas des connaissances intuitives de ceux-ci.

- L'hydrographie et le climat

La République Centrafricaine possède un réseau dense de cours d'eau sur toute l'étendue de son territoire. Ceci est à relier à l'abondance relative de la pluviométrie et à la nature des terrains. Les tracés hydrographiques sont essentiellement contrôlés par des failles profondes et visibles, que ce soit sur les formations du socle que sur les formations de couverture anciennes et actuelles. Occupant la marge Nord du craton d'Afrique centrale, le réseau hydrographique national s'est installé à l'interface de trois bassins fluviaux régionaux : tchadien au nord, congolais au sud et nilotique à l'Est.

Les systèmes hydrographiques du pays sont à cheval sur deux bassins hydrographiques qui s'individualisent en Afrique centrale : le bassin hydrographique du Lac Tchad au nord ; celui du Congo au sud, la frontière soudanaise étant délimitée par la ligne de partage des eaux avec le Nil. Le bassin hydrographique tchadien s'étend au nord du pays sur une superficie de 215278 km^2. Il est constitué de deux sous-bassins majeurs : le bassin du *Logone oriental* à l'ouest et celui du *Chari* au Centre et à l'Est. Les principaux cours d'eau de ce

---

[56]G. Aubert, et als, ''Les sols ferralitiques à Madagascar,'' *Cahiers de l'ORSTOM*, Série pédologique, fascicule n°3, pp.5-8.

[57]Y. Chatelin, ''Les sols ferralitiques : l'altération'', *Cahiers de l'ORSTOM*, n° 24, Document technique, 1974, pp.5-25.

[58] La loi n° 9-005 du 29 avril 2009 portant code minier en République Centrafricaine, amendée, en ses articles 19, 31 et 151, stipule que seul le chef de l'État (François Bozizé) est habileté à délivrer les permis de prospection et d'exploitation et à autoriser aux bureaux d'achat à procéder aux exportations.

bassin sont : la Pendé, la Lim et le Ngou qui, sourdent au mont Ngaoui, porte les *Chutes de Lancrenon* sur les flancs du fossé de la Mbéré à environ 15km de la confluence cette rivière. Le *bassin centrafricain du Chari* couvre 202351 km². Le bassin se subdivise en deux parties : l'Ouham et ses affluents, et l'ensemble Aouk-Bamingui et leurs affluents, mais seul le fleuve en deux branches. La branche occidentale du Charisme compose de l'*Ouham-Bahr Sara* et le Chari oriental de la réunion *Gribingui Bamingui* et du Bahr *Aouk*.

Le bassin hydrographique congolais, le plus important, couvre les deux tiers sud du pays, sur 404004 km². Il est constitué de deux sous-bassins majeurs : ceux de l'*Oubangui* et de la *Sangha*. Le *bassin de l'Oubangui* occupe plus des trois quarts du bassin centrafricain du Congo[59]. Il s'étend d'est en ouest sur 350684 km², jusqu'en RDC avec l'Uélé, qui est le principal contributeur. L'Oubangui est formé de la réunion de l'*Uélé* et du *Mbomou*, en aval de la ville d'Ouango. De l'amont à l'aval, la *partie centrafricaine de ce bassin* comprend des principaux affluents, tels que le Mbomou, la Kotto, l'Ouaka, la Kémo, l'Ombella, la Mpoko et la Lobaye. Le *Mbomou* prend sa source sur l'interfluve Congo-Nil à l'extrême sud-est du pays, sur les frontières avec le Soudan et la RDC, non loin du mont Navandou 755 m. Ses principaux affluents sont l'Ouara, le Chinko et le Mbari.   La *Kotto*, suivant le Mbomou après la confluence avec l'Uélé, naît au sud du mont Ngaya 1323 m sur l'interfluve Congo-Tchad près de la frontière soudanaise. Le *bassin centrafricain de la Sangha* 53.320 km² draine toutes les rivières de l'Ouest du pays. Il s'étire du nord au sud, depuis le massif de Yadé à la frontière Congo-Cameroun. La *Sangha* est né de la rencontre à Nola, de la *Kadéï* et de la *Mambéré*. La *Kadéï* prend naissance à Garoua-Boulaï sur la frontière camerounaise, près de Béloko. Avant la jonction avec la *Mambéré*, la *Kadéi* reçoit successivement la *Mbali* rive droite, la *Boumbé* et la *Batouri* en rive gauche, et la *Bandjia* venant du Cameroun de la rive droite. La *Mambéré*, quant à elle, provient de la Surface d'aplanissement de Lim-Bocaranga 1100 m[60]. Ses affluents sont : la *Nana*, la *Toutoubou*, la *Ngoéré* et la *Ngobio* sur la rive droite, et *Ouédo*, sur la gauche. De Nola jusqu'au confluent *Yobé*, la *Sangha* se rétrécit dans une succession de coudes en baïonnettes, puis s'élargit en aval de Bayanga jusqu'à la sortie du pays.

---

[59]Elle traverse le plateau gréseux de Mouka-Ouadda dans le centre-nord-est du pays, et possède des chutes à Kembé, sur le rebord de la Surface centrafricaine, aussi importantes que celles de Boali sur la *Mbali*, dont l'aménagement permet de fournir l'électricité à la ville de Bangui.

[60]ANB, 916. 7. 671 : Suchel (Jean Bernard) ''Cours de géographie de la République centrafricaine'', Bangui 1966, ENAM (Ecole Nationale d'Administration et de la Magistrature), pp.5-7.

S'agissant de l'hydrologie des cours d'eau centrafricains, la densité du réseau hydrographique et la pérennité des cours d'eau ne suffisent pas à montrer leur fonctionnement hydrologique. Ce dernier est relié à la nature des terrains et à la pluviosité. Les causes et les fluctuations des débits des rivières s'expliquent par le régime annuel ou saisonnier des pluies, calqué sur un gradient pluviométrique sud-nord selon les zones climatiques à l'intérieur du climat tropical humide influençant le pays tout entier[61]. Du fait de la diminution des hauteurs de pluies, du sud au nord du pays, les cours d'eau sont soumis à un régime hydrologique à deux saisons : un *régime hydrologique de hautes eaux* produisant les crues septembre-octobre, et un *régime hydrologique de basses eaux* déterminant les plus bas niveaux des cours d'eau février-mai. L'allongement progressif de la saison sèche ou période de basses eaux, du Sud au Nord, aide à comprendre l'hydrologie centrafricaine, entraînant par exemple une réduction de l'écoulement de la *Sangha* Vial' *Oubangui*, la *Tomi*, la *Ouaka*, le *Gribingui*, l'*Ouham*, le *Bamingui*… Trois régimes hydrologiques sont définis pour les cours d'eau centrafricains : au Sud, un *régime équatorial à subéquatorial*, comme pour la *Lobaye* et l'*Oubangui* ; au centre, *un régime tropical,* avec le *Gribingui* ou l'*Ouham* ; au nord enfin, un *régime subsahélien* avec sept à huit mois de basses eaux : cas du *Koukourou*, du *Bamingui* ou de l'*Aouk*[62].

Il faut souligner la particularité des cours d'eau du Nord qui sont pour la plupart à écoulement non permanent du fait de la longue saison sèche. On a par ailleurs remarqué que l'abondance de l'écoulement dans les cours d'eau s'explique par la perméabilité des terrains qu'ils drainent et l'importance de la pluviométrie sur chaque bassin-versant. Les eaux de pluie, qui s'infiltrent et gagnent la nappe phréatique, soutiennent le niveau des écoulements. Par contre, la proximité des espaces défrichés ou urbanisés aux cours d'eau entraîne de forts ruissellements. Ceci jouerait sur le niveau des eaux fluviales en saison sèche ou pluvieuse à cause de l'évolution du climat de ces dernières décennies. La situation en latitude entre 2°10' N et 11°N et la continentalité agissent sur les éléments du climat et font de la R.C.A un pays intertropical à climat très diversifié.

Au niveau des centres d'action et flux dominants, le climat de l'espace centrafricain est régi par des flux qui commandent la climatologie de l'Afrique tropicale. La division de l'année en saison est conditionnée par le déplacement du Front Intertropical (FIT) au passage duquel sont liées les pluies. Le

---

[61]ANB, *Notions générale sur l'Afrique : la République Centrafricaine : géographie physique population 87*, Vol 1, ENAM (Ecole Nationale d'Administration et de la Magistrature), p.5.
[62]Ibid.

déplacement du FIT influence deux centres de hautes pressions qui commandent la situation climatique de toute l'Afrique centrale et occidentale. L'anticyclone continental est centré sur le Nord-est l'Afrique, et l'anticyclone de Sainte Hélène est localisé sur l'Atlantique dans le Sud-ouest du continent. De décembre à mars, le FIT occupe une position la plus méridionale : c'est la saison sèche. Par contre, de juin à septembre, sa position la plus septentrionale donne lieu à la saison des pluies. Le découpage de l'année en saisons en R.C.A se caractérise par l'alternance d'une saison sèche dont la longueur est de sept mois au nord et trois mois au sud, et d'une saison humide, qui va de mars à octobre au Sud, de mai à septembre au nord, avec des intersaisons plus ou moins marquées[63].

IL existe globalement cinq types de climats : guinéen forestier, soudano-guinéen, soudano-oubanguien, soudano-sahélien, et sahélien. Le *climat guinéen forestier* couvre la partie Sud-Ouest et Sud-Est du pays. On y compte neuf mois de saison de pluie et trois mois de saison sèche.[64] Le climat *soudano-sahélien*, s'étend au Nord de la zone précédente, de la région de Paoua au Nord-Ouest au sud de Birao à l'extrême Nord-Est. La pluviométrie oscille entre 800 et 1100 mm par an. L'humidité relative à un régime plus contrasté et l'ensoleillement annuel plus important compte tenu de la position en latitude du pays. C'est le domaine de la savane et des parcs nationaux. La zone autour de Birao se rattache au climat sahélien du grand ensemble centre-Tchad, où la saison sèche est plus longue que la saison de pluies.

S'agissant de l'organisation spatiale des totaux pluviométriques annuels moyens. L'espace centrafricain reçoit en moyenne 1420 mm/an. Le champ pluviométrique annuel moyen montre des nuances zonales du sud vers le nord. Celles-ci conduisent à définir trois zones pluviométriques d'importance inégale. Les régions les plus arrosées se trouvent en marge septentrionale du bassin forestier congolais et sur le massif du Yadé qui concentre également une forte pluviométrie annuelle. Ces régions reçoivent en moyenne plus de 1600 mm de pluie par an. C'est le cas des régions du sud-est Rafaï, Bangassou et du sud-ouest Boukoko à la pointe sud du pays. Dans les régions sud, c'est la forêt dense

---

[63]Pendant la saison sèche, le pays est soumis à l'harmattan, vent chaud et sec qui élève les températures dans le pays de janvier à mars. En saison des pluies, la mousson, vent chaud et humide d'origine maritime, arrose le territoire selon une direction Sud, Ouest, Nord et Est.
[64]Le total des précipitations est supérieur à 1600 mm. C'est le domaine de la grande forêt et des plantations de caféier ; Le *climat soudano-guinéen* occupe une bande qui va de Baboua à la frontière camerounaise à Yalinga à l'Est. Il est caractérisé par six mois de saisons de pluies et trois de saison sèche et trois d'intersaison. La hauteur des précipitations varie de 1200 à 1500 mm par an. Ce domaine climatique se divise en deux sous domaines : l'un *soudano-oubanguien*, est le domaine des forêts semi-humides moins denses, largement attaquées par la déforestation sous l'effet des feux de brousse et l'autre *soudano-guinéen typique,* avec une végétation qui porte la marque d'une saison sèche qui commence à s'affirmer.

qui contribue beaucoup plus à l'augmentation de la pluviométrie par des phénomènes d'évapotranspiration qu'elle favorise. En revanche, pour la partie ouest, c'est plutôt l'orographie qui explique la forte pluviométrie. Le relief joue un rôle important dans l'ascendance forcée des masses d'air chaudes et humides favorables aux phénomènes convectifs.

Ces derniers sont le plus souvent à l'origine de la formation et de l'édification des systèmes nuageux pluviogènes à grand développement vertical. Cependant, les faibles coefficients obtenus dans les régions du centre-est et du Nord-Est Bria, Ndélé et Birao montrent que l'altitude n'est pas le seul facteur discriminant de la pluie. L'exposition du relief par rapport au flux dominant joue également un rôle prépondérant. Cette logique semble aussi vraie pour le sud-ouest de la RCA. Les régions moyennement arrosées c'est à dire, avec des totaux annuels moyens compris entre 1200 et 1400 mm de pluie par an constituent un vaste ensemble qui s'étend globalement entre 5 et 9° nord. Il comprend des stations suivant une ligne passant par Carnot, Bambari, Bria, Yalinga et Obo, la pluviométrie annuelle moyenne donne respectivement 1449, 1460, 1438, 1498 et 1418 mm. En revanche, au nord de cette zone, les stations de Bossangoa et de Ndélé enregistrent 1386 mm et 1274mm. Les régions les moins arrosées concernent l'extrême Nord-est du pays, avec en moyenne 800 mm/an. Ce secteur appartient déjà au domaine sahélien. Il peut être représenté par la station de Birao qui reçoit en moyenne 758 mm de pluie par an[65]. Le caractère erratique des pluies est vraisemblablement dû à son éloignement par rapport à la masse d'air humide qui s'appauvrit en humidité avant d'atteindre ces régions, ce qui se traduit non seulement par une diminution du total pluviométrique annuel, mais aussi par une réduction de la durée de la saison des pluies. Pour l'ensemble des régions, la disposition des isohyètes est quasi zonale et montre le schéma classique de diminution des hauteurs pluviométriques à mesure que l'on s'éloigne de l'équateur. Seule, la région ouest, à cause du relief, présente une disposition méridienne des isohyètes. Somme toute, le champ pluviométrique annuel moyen montre que la diversité géographique de l'espace centrafricain introduit parfois sur de courtes distances, des nuances pluviométriques sensibles[66].

Mais l'analyse de la pluviométrie moyenne annuelle qui permet de se fixer sur la quantité reçue dans une station donnée. Nous présentons d'abord la répartition du nombre de jours de pluie, leur variabilité avant d'aborder l'étude du champ pluviométrique moyen saisonnier.

---

[65] F. Ramm, *Géographie l'Afrique : zones climatiques et activités humaines*, Bangui, Musée Barthélemy Boganda, pp.2-5.
[66]Ibid, pp.7-8.

Est considéré comme jour de pluie, le jour ayant reçu une pluie supérieure ou égale à 1 mm. Les pluies en deçà sont généralement sous-estimées par les observateurs et par ailleurs, elles ne permettent pas une recharge en eau du sol. Les nuances zonales et méridiennes apparaissent dans la répartition du nombre de jours de pluie. Les valeurs décroissent de 135 jours à Bangassou au sud à 70 jours à Birao au nord, soit un écart de 65 jours. Sur la dorsale centrafricaine, les facteurs géographiques locaux, tels que les massifs résiduels, influent sur le nombre de jours de pluie : 131 jours à Bouar, 118 jours à Obo, soit un écart de 13 jours. On compte 117 jours à Yalinga, 123 à Bossembele et 124 jours à Bria. Dans la plaine tchadienne, seules les stations du Nord-Ouest, Bossangoa, Batangafo, Paoua ont un nombre de jours de pluie supérieur à 100 jours. Celles du Nord-Est Ndélé, Birao ont un nombre de jours de pluie compris entre 90 et 70 jours. Les valeurs du nombre de jours de pluie enregistrées dans les différentes régions suivent logiquement la répartition des totaux pluviométriques annuels moyens sur l'espace centrafricain. La quantité de pluie ne correspond pas forcément au nombre de jours de pluie, ni le nombre de jours de pluie à la quantité.

Dans l'ensemble du pays, les températures annuelles moyennes oscillent entre 23° au sud et 26° au Nord. On observe cependant des amplitudes thermiques relativement plus fortes dans le nord du pays 6° à 8°C à Birao, alors que l'écart n'est que de 2°C à Berberati. L'écart diurne moyen annuel est très sensible à la position climatique de la station. Les stations situées au nord, en climat tropical, ont des amplitudes de l'ordre de 13°C : Bouca, Bria et Yalinga. Dès que l'on descend vers le sud, cet écart diurne diminue : 11,6° à Bangassou, 10,1°C à Bangui. L'altitude joue un rôle : elle fait augmenter l'écart diurne à Bouar. La variation de la température mensuelle, bien qu'ayant à peu près la même allure d'une station à l'autre, montre également l'influence de la position climatique.[67] Les températures les plus fortes se situent en mars à la première intersaison, et les plus faibles en juillet au cœur de la saison des pluies. Le climat centrafricain est très diversifié, ce qui constitue une richesse inestimable sur le plan agricole. Plusieurs types de cultures pourraient être pratiqués du sud au Nord. Les mécanismes fondamentaux du climat centrafricain restent les mêmes que ceux qui gouvernent le climat de l'espace tropical africain.

---

[67] F. Eboué, *Les peuples de l'Oubangui-Chari. Essai d'ethnographie, de linguistique et d'économie sociale*, Paris, Comité de l'Afrique Française, 1933, pp.25-30.

2- Les facteurs humains : une diversité ethnique, linguistique et culturelle

- Une diversité ethnique

Carrefour des migrations et des civilisations, la RCA apparaît du fait d'une diversité ethnique, linguistique et culturelle ; comme une synthèse authentique de l'Afrique soudanaise et de l'Afrique bantoue.[68] Depuis la préhistoire, en passant par l'antiquité puis dans les premiers siècles de l'ère chrétienne, la République Centrafricaine fut une terre peuplée. Ses savanes, ses rivières, ses montagnes ont joué un rôle important dans les grands mouvements de population qui ont abouti au peuplement actuel du continent. La Nation centrafricaine est composée d'une mosaïque d'ethnies dont les origines demeurent complexes et mal connues. Certains chercheurs à conclure hâtivement que la majorité de population centrafricaine est installée dans le pays depuis moins de deux siècles.

Les origines controversées du peuplement centrafricain découlent de deux faits historiques des 18e et 19e siècles : Les principaux groupes qui forment la mosaïque ethnique actuelle de la RCA sont les Gbaya, les Mandja, Banda, les Nzakara, les Zandé, les Mboum, les Sara, les Ngbandi, les Oubanguiens, les Bantou, les Pygmées[69] et les Peulh.

Gbaya et Mandja, venus de la Nubie, les Gbaya se sont d'abord installés dans l'Adamawa au pied de la Bénoué, puis dans les bassins des rivières Sangha, Lobaye, Logone et Bahr Sara[70]. Fuyant devant la guerre sainte (le djihad) du réformateur peulh Cheikh Otman Dan Fodio et de son lieutenant le Modibo Adama, ils sont descendus au Sud ;c'est ainsi que les *Gbéa* sont parvenus à Bossangoa, les *Bokoto* ont occupé la Lobaye entre Boda et Bozoum, les *Kara* se sont retrouvés dans la région de Bouar, les *Bouli* se sont installés entre Berbérati et Bétaré-Oya[71],les *Bodomo* à Batouri, les *Kaka*[72] à la

---

[68] M. Z. Njeuma, *Fulani hegemony in Yola*, Yaoundé, CEPER, 1978, p.8., Cf, Njeuma, *Histoire du Cameroun XIXᵉ début XXᵉ siècle*, Paris, l'Harmattan, 1989, pp.33-34.

[69] Bahuchet et al, ''Pygmy religions'', cité par M. Eliade, *The encyclopedia of religions*, New York, McMillan, 1987, pp.2-4.

[70] Eboué, *Les peuples de l'Oubangui-Chari. Essai d'ethnographie, de linguistique*, p.19.

[71] APA, 11851/D, Lom et Kadey, Circonscription de Batouri, Monographie, p.8.

[72] Les Gbaya sont inclus dans le groupe des langues dites soudanaises. Et c'est la suite di Djihad lancé par Ousman Dan Fodio qu'ils vont occuper la région actuelle de l'Est Cameroun et la frontière centrafricaine. Les Kako sont généralement classés dans le groupe ethnique des semi bantou. D'après Bouto Daniel Beribeau, quand ce peuple partait d'Egypte, il ne s'appelait pas Kako, arrivé au Soudan, le patriarche a construisit une hutte près d'un arbre qu'on appelait Kako et chaque fois que les fruits mûrs de cet arbre tombaient, les populations se bousculaient pour les ramasser. Cette scène maintes fois répétée a amené les soudanais à

confluence de la Nana et de la Mambéré et enfin les *Bianda* au Sud de Carnot[73]. Les *Mandja* ont traversé l'Oubangui pour le Congo Démocratique et sont revenus occuper Sibut, Kaga-Bandoro et Bouca. Les *Ali* et les *Gbanou* se sont installés sur la Pama et la M'Poko et les Boffi sur la Lohamé dans la région de Boda. Actuellement, les Gbaya et les Mandja occupent toute la partie ouest du méridien 20°Est.

Banda, anciens habitants du Darfour et du Kordofan où ils ont résisté à l'Islam, les Banda ont quitté les montagnes foriennes au XIXᵉ siècle pour le pays Fertit, dans les savanes de l'est centrafricain. Un groupe, les *Yangéré*, refusant l'autorité du Dhar el Kouti sont allés se réfugier dans les forêts de la Lobaye et de la Sangha, les *Gbambia* ont occupé l'Ouham et les *Mbanza* se sont installés au Congo Démocratique dans les vallées de la Loua et de la Mangala. Au Nord-Est de la vallée de l'Oubangui se sont constitués les *Togbo*, les *Langbassi*, les *Ouadda*, les *Linda*, les *Ngbougou*, les *Yackpa*, les *Vedre*, etc. Aujourd'hui, les Banda qu'on retrouve un peu partout en Centrafrique vivent majoritairement dans le Centre-est. Ils constituent avec les Gbaya l'un des plus grands groupes ethniques de la RCA.[74]

Nzakara et Zandé, venus du Nil, fuyant devant les esclavagistes musulmans et conduits par Ngoura 1755-1780, les Zandé se sont installés dans les vallées du Mbomou et de l'Ouellé, puis ils sont revenus au Bahr el Ghazal. Ayant soumis les peuples autochtones, ils ont fondé les royaumes de *Bangassou, Rafaï, Zémio et Obo* qui ont survécu jusqu'à la période coloniale. Issus des anciens clans *Kpata*, ils ont eu une solide organisation sociale royale qui leur a permis de conserver leur individualité.

Mais au dix-neuvième siècle, ils ont été dominés par le clan *Ngbandi des Bandia*, descendants du souverain *Bakia*. C'est toujours dans la savane du Sud-est du pays notamment les préfectures du Mbomou et du Haut-Mbomou que se concentrent les *Zandé et le Nzakara*.

Ngbandi, réfugiés d'Aloa après sa prise au seizième siècle par les Chillouk, les
Ngbandi ont pénétré en RCA par le bassin du Haut Oubangui. Peuples commerçants, spécialisés dans le pagayage et la pêche et dont les îles ont constitué des refuges, les Ngbandi ont occupé le Haut et le Moyen Oubangui.

---

attribuer à ce peuple le nom de Kako. Cette appellation a subi plusieurs modifications par les voyageurs du XVIIᵉᵐᵉ siècle pour devenir Kaka qui est souvent repris dans certains documents actuels.

[73] I. Dugast, *Inventaire ethnique du Sud Cameroun*, Mémoire de l'Institut Français d'Afrique Noire, série : population n°1, 1949, p.12.

[74] Dugast, *Inventaire ethnique du Sud,* pp.19-30.

On retrouve d'Est en Ouest, les *Yakoma*, avec leur monnaie en fer appelée *"nguinza"* en amont du confluent Ouellé-Mbomou depuis les chutes Haunssens jusqu'aux rapides de Satéma et les *Sango* de Satéma à la Moi.[75]

Oubanguiens, originaires des sources du Nil qu'ils ont quittées avant le XVIe, ces populations se sont installées le long de, l'Oubangui, depuis le confluent de Kouango jusqu'à Mongoumba. Il comprend les *Ngbaka*, les *Bolaka*, les *Gbanziri*, et le petit groupe *Monzombo*.

Mboum, originaires de la Nubie nilotique, les *Mboum* ont fondé le royaume de Kororofa. Dès le dixième siècle, ils ont dominé pendant longtemps l'Adamawa, et ayant survécu aux évènements du dix-neuvième siècle, ils se sont réfugiés dans les montagnes du Yadé où ils se sont défendus farouchement contre les Gbaya et les colonisateurs. Ils sont constitués de *Karré*, *Pana* et *Tali*.

Sara, avec la disparition des royaumes de *Makura,* d'Aloa sous l'invasion des musulmans, dès 1504, les Sara ont successivement migré vers le Sud, le Sud-Ouest et l'Est. Constitués d'au moins douze ethnies parmi lesquelles on a les *Kaba*, les *Ngama*, les *Mbaï*, les *Dagba*, les *Valé*, les *Lutos* et un petit groupement aux environs de Mobaye dénommé *Baguiro*. En Centrafrique, le groupe *Sara* a établi son fief dans la Région, dans la partie nord des préfectures de l'Ouham et de l'Ouham-Pendé frontalière du Tchad où se trouve la plus forte concentration de ces populations. Il y a aussi un petit îlot Sara dans la région de Birao, constitué de *Goula, Kara Youlou, et Kreich*. Dans le Haut Chari, les Goula dont le nom signifie « hommes de l'eau », grands commerçants, se sont installés dans la vallée de l'Aouk aux abords du lac poissonneux de Mamour où ils se sont répartis en Goula Hour et Goula Noirs, ceux de Ndélé, en *Goula Koumra* et *Goula Médé*. Arrivés du Nil bleu, les Youlou se sont installés et ont dominé le rocher d'Ouanda-Djallé où ils ont préservé leur indépendance, avant d'être dispersés par Sénoussi. Ce sultan opposa une grande résistance aux troupes coloniales qui eurent beaucoup de mal à soumettre son royaume[76].

Bantu, originaires du Nigéria[77] et du Cameroun, les Bantu ont emprunté les grandes rivières comme la Sangha et ses composantes, la Kadéï et la Mambéré, l'Oubangui et son affluent la Lobaye, le Mbomou, qui ont constitué les grandes artères de leur migration du nord au sud et d'ouest en est[78]. Les

---

[75] Ibid.

[76] B. Simiti, " L'Est centrafricain de la traite des esclaves au difficile développement 1880-1960'', Mémoire de D.E.A en Histoire Université de Provence Aix Marseille I, octobre 1994, pp.10-15.

[77] T. Obenga, *Les bantou, langues peuples et civilisations*, Paris, présence africaine, 1985, p.23.

[78] M. Guthrie, *The Bantu Languages of Western Equatorial Africa*, London, Oxford University Press, 1953, p.45.

Mpiémon (*Mbimou*) et les *Ngoundi* en suivant la vallée de la Sangha se sont installés dans la région de Nola et de Bayanga, avec les *Sangassanga*. Remontant la Mbaéré et la Mambéré, les *Pandé* ont occupé Bama. Poursuivant leur expansion le long de l'Oubangui et du Mbomou, les *Karé* et les *Banri* se sont retrouvés dans le Mbomou et le Haut-Mbomou. Les *Issongo* se sont installé à Mbaïki, suivis des *Bouaka* qui se sont arrêtés à Boda au contact des Boffi.

Pygmées, connues depuis la haute antiquité par les Egyptiens, les Grecs et les Romains qui les citaient comme les populations de petite stature, occupant les grandes forêts d'Afrique équatoriale et tropicale.[79] Premiers occupants du pays, leur régression suit celle de la forêt. Exclusivement chasseurs-cueilleurs, ils vivent en petites communautés dans la forêt où ils se nomment *Baka* dans la Lobaye et *Babenzélé* dans la Sangha-Mbaéré à côté des minorités Bantu.[80]

Peulh, fuyant la pression des Lamibé du Nord Cameroun, les premiers peulhs, les Mbororo sont arrivés en R.C.A dans les années 1920. Installé tout d'abord au Nord-ouest du pays dans les sous-préfectures de Bocaranga, Bouar et Baboua, ces populations ont progressivement migré vers l'Est et le Sud-ouest[81].Aujourd'hui, les Mbororo, constitués en majorité de sous-groupes *Djafun* et *Woodabé*, nomadisent partout en R.C.A, jusque dans les zones forestières où ils exploitent les forêts incluses du plateau de Salo dans la Sangha-Mbaéré au Sud-ouest et de Bangassou au Sud-est[82]. Leurs principaux fiefs demeurent cependant la région de Bouar-Bocaranga Nord-Ouest, celle de Bossembélé-Yaloké au Centre-ouest et Celle de Bambari au Centre-est[83].

---

[79]Les Pygmées sont considérés comme les descendants de très anciennes populations localisées au paléolithique dans les régions des Grands Lacs: le Rwanda, le Burundi, le Kenya, la Tanzanie, l'Ouganda. Ils descendent tous d'un même ancêtre dont le prototype serait représenté par le spécimen homo sapiens sapiens dit d'OMO I, qui lui-même remonte d'après les datations absolues à plus de 130000 ans. Leur existence est attestée dès la plus haute Antiquité. Pour les Egyptiens de l'époque pharaonique, il ne s'agissait pas de créatures légendaires, mais bien d'hommes à part entière qu'ils prenaient soin de représenter avec toutes leurs caractéristiques ethniques.

[80]V. Bissengue, *Contribution à l'histoire ancienne des Pygmées: l'exemple des Aka*, Paris, l'Harmattan, 2004, p.2.

[81]Entretien avec Gobé René, 78 ans, ancien Secrétaire d'Etat, Marie de Doumé, Mboulé II le 15 mai 2020.

[82]Association pour l'Intégration et le Développement Social des Peuhls de Centrafrique (AIDSPC), « Les Peuhls Mbororo de Centrafrique : une communauté qui souffre », rapport de l'AIDSPC, juin 2015, p.15, http://ccfd-terresolidaire.org/IMG/pdf/rapport_.pdf.

[83]Z. Njeuma, *Histoire du Cameroun XIXe début XXe siècle*, Paris, l'Harmattan, 1989, pp.33-37.

3- Une dynamique répartition de la population rurale

D'après un recensement effectué par la FAO en 1972, 90,75% de la population centrafricaine vit en milieu rural et 18,25% en milieu urbain ou semi urbain. Selon Boserup :

> L'accroissement de la population est le principal facteur qui détermine les changements en matière d'agriculture. La raison en est qu'introduire les systèmes d'agriculture perfectionnés au sein d'une population est une attitude rationnelle lorsqu'elle s'accroît ou lorsqu'elle stagne et décline. En effet, les systèmes des cultures primitifs exigent un investissement faible de capital et une heure de travail par unité de production que les systèmes primitifs de l'agriculture préindustrielle[84].

C'est ainsi que, des travaux dans le domaine de l'économie ont permis de vérifier ces résultats dans le cas de la RCA. La fécondité n'étant pas en reste, elle apparaît comme un facteur indépendant dans le processus d'évolution puisque, le phénomène est l'un des plus difficilement maîtrisable dans une économie traditionnelle[85]. Sans toutefois faire une apologie selon le niveau de fécondité RCA, les zones de fortes densités ont quasiment une forte fécondité. La République Centrafricaine est un pays faiblement peuplé. En effet, avec ses 622984 km², elle ne comptait que 3895139 habitants en 2003, soit une densité d'environ 6,3 habitants au kilomètre carré. La population centrafricaine est inégalement répartie sur le territoire national. 70% de la population vivent sur un tiers du territoire. Les préfectures de l'Est et du Nord-est qui représentent 40% de la superficie abritent moins de 5% de la population totale. Celles de l'Ouest et du Nord-ouest couvrent 33,6% et concentrent 53% de la population totale.

-La densité de la population

Elle était de 3,4 habitants au km² en 1975 et de 4,3 habitants au km² en 1988. Mais cette moyenne cache des disparités notables puisque les densités varient selon les régions de 1 habitant au km² à plus de 9000. La densité la plus élevée 9295 habitants au km² est celle de la ville Bangui, considérée comme la septième région du pays. Le cas de Bangui montre bien la ''macrocéphalie'' de la République Centrafricaine, dont le 1/6 de la population vit dans la capitale,

---

[84] E. Boserup, *Evolution agraires et pression démographique*, Paris, Flammarion, 1970, p.170.
[85]J. Weber, *Les interventions planifiées : les techniques de développement, les modèles d'intervention et leurs objectifs,* communication au colloque sur la maîtrise de l'espace agraire et développement en Afrique au Sud du Sahara. Logique paysanne et rationalité technique, Paris, ORSTOM, 1978, p.9.

qui concentre l'essentiel de l'administration et des activités industrielles[86]. Hormis Bangui, seule la Région 1 dépasse 10 habitants au km². Cette concentration de la population dans cette région s'explique par sa proximité avec la ville de Bangui. Les autres zones de forte concentration de la population sont les régions n° 2 et n° 3. Deux des sept régions ont moins de 4 habitants au km². Il s'agit de la Région 5avec 1 habitant au km² et de la Région 6 avec 3,5 habitants au km².

Ces écarts sont encore plus grands si on les analyse par préfecture. Les densités de population atteignent un niveau relativement assez élevé dans les préfectures historiquement peuplées de 14 dans la Basse-Kotto, 13 dans l'Ouham-Pendé et 12 dans la Lobaye et la Mambéré-Kadéï. Cinq préfectures sur seize ont moins de 3habitants au Km², dont une de 0,7 et trois de 1 habitant au Km². Ces zones faiblement peuplées correspondent au Nord-est du pays. Des causes historiques conquête et traites arabes, l'insécurité et les difficultés économiques enclavement et manque d'infrastructures seraient à l'origine du faible peuplement de ces régions. La population urbaine est celle qui réside dans les villes. En RCA, est considéré comme ville, tout chef-lieu de préfecture et toute agglomération disposant des infrastructures de services administratifs, sanitaires, éducatifs, etc. et dont l'effectif de la population est d'au moins de 5000 habitants. La population urbaine s'élève en 2003 à 1475315 habitants, soit 37,7% de la population totale du pays.[87] Le fait urbain en Centrafrique est relativement récent et lié à la colonisation. La plupart des villes ont été créées vers la fin du XIXᵉ et au début du XXᵉ siècle : Bangui le 26 juin 1889, Bangassou le 14 juin 1890, Mobaye le 14 août 1890, Bambari le 28 mai 1906 ou Berberati entre 1889-1912, etc. Le colonisateur porta son choix sur des sites qu'il a développés pour les besoins de son administration, en considérant la facilité d'accès le long des cours d'eau navigables et des réseaux routiers et parfois leur position géographique ou stratégique. En réalité, le fait urbain ne connut un grand dynamisme qu'à partir de la fin de la Seconde Guerre Mondiale en 1945.[88]

---

[86]Weber, *Les interventions planifiées : les techniques*, pp.13-14.

[87]Archives nationales, fonds privé Foccart 160. République centrafricaine, audiences 1960-1966. Télégramme officiel de Barberot, décembre 1964, pp.1-2.

[88]Les trois premières Bangui, Bimbo et Berbérati rassemblent 823.865 habitants, soit plus des trois quarts de l'effectif total 76,04%. Après Bimbo, une localité de l'agglomération de Bangui, Bambari la seconde ville du pays avant 1988, s'est faite déclassée par deux villes minières Berbérati et Carnot. Quant à Bangassou, elle concentre une population de 31.553habitants. Néanmoins, on peut remarquer que depuis 1975, cette liste a changé de même que l'ordre des villes avec les effectifs de la population urbaine, révélant que le développement des villes en Centrafrique est sujet à beaucoup de variables.

De nombreuses personnes avaient en effet délaissé les villages, sans transition, pour se prêter à une vie urbaine totalement différente. Ainsi, l'exode rural et les activités du secteur tertiaire ont été à la base de la croissance urbaine. Cette tendance s'accroît après l'indépendance du pays en 1960, progressant avec les taux de croissance démographique dans les centres urbains, sans que les infrastructures adéquates suivent[89]. Ceci explique le caractère spontané de l'occupation du sol aussi bien à Bangui que dans les autres villes du pays. Les villes centrafricaines groupent sur des espaces peu étendus et discontinus des populations abondantes. Le visage des villes a changé à un rythme plus ou moins rapide pour plusieurs raisons migrations intérieures, développement du salariat, habitat concentré, structures nouvelles, etc. Désormais au nombre de 37 elles regroupent une population dont l'effectif global est passé de 669000 habitants en 1957 à 956.536 habitants en1988 soit de 32% à 36,5% de la population totale, puis à 1434253 habitants en 2003. Dix villes en 2003 sont devenues les plus importantes du pays en raison de leur poids démographique

Ceci est la conséquence même de sa position de quasi-monopole des fonctions de commandement, utiliser un autre terme les autres centres urbains de moyens de décision. Le poids démographique de la population urbaine est faible de par le milieu de résidence, la région administrative et les préfectures. La population urbaine dans son ensemble est faible dans toutes les régions à l'exception de quelques villes. Aussi, près des trois quarts de la population en moyenne résident en milieu rural dans toutes les régions du pays.[90]

Par ailleurs, la proportion de la population urbaine par région administrative est aussi faible par rapport à l'ensemble de la population urbaine totale. Les régions à avoir des proportions supérieures à 10%, après Bangui 43,4% ; les autres étant en deçà inférieures à 10% Ces données montrent le caractère rural de la population centrafricaine. Le constat est pire à l'échelle préfectorale. Seule l'Ombella-Mpoko détient une proportion de population urbaine supérieure à 10%. Les autres préfectures ont des proportions variables entre 0,4%Vakaga ou 0,8% Bamingui-Bangoran et 9,4% Mambéré Kadéi. L'Ouham, l'Ouaka et la Nana-Mambéré ont des proportions de population urbaine voisines de 5%.

---

[89]Archives nationales, fonds privé Foccart 160. République centrafricaine, audiences 1960-1966. Télégramme officiel de Barberot, décembre 1964, pp.2-3.
[90]L'urbanisation, quoique encore modeste, a subi une croissance relativement rapide au cours des dernières décennies taux d'urbanisation de 23% en 1959-1960. De1975 à 2003, le taux s'est accru avec une population urbaine en croissance : 32,4%en 1975, 36,5% en 1988 et 37,9% en 2003. La part de la ville de Bangui dans cette population urbaine totale est passée de13, 4 % en 1975 à 38% en 2003.

S'agissant de la proportion des populations urbaines des régions de 1988 à 2003, la tendance générale est la baisse de la proportion de la population urbaine entre 1988 et 2003, bien que les chiffres pour l'ensemble du pays indiquent une situation quasi stationnaire 36,5% en 1988 et 36,8% en2003. Ainsi, sur seize préfectures, dix ont enregistré une baisse de leur population urbaine entre 1988 et 2003, avec parfois des taux étonnants notamment dans la Vakaga 20,3 à 11,5%, la Basse-Kotto 38,6 à 12,3% et le Mbomou 47,6 à19, 2%. En revanche, les six autres ont connu une augmentation de la proportion de leur population urbaine, parmi lesquelles l'Ombella-Mpoko 16,6 à 43,4%, la Haute-Kotto 15,2 à 39% et le Haut-Mbomou 13,1 à 25,4% ont fait de« grands bons » sur la même période[91].

On peut admettre dans l'ensemble que les préfectures, qui ont vu la proportion de leur population urbaine baissée ou chutée inexorablement, ont été celles dont la dernière crise militaro-politique les a directement ou indirectement affectées, à l'exception de la Lobaye. Par contre, celles qui étaient en marge ont connu une stagnation Nana-Mambéré, Mambéré-Kadéi et Sangha-Mbaéré ou une augmentation Ombella-Mpoko, et Haut-Mbomou de la population urbaine. Au-delà de ces tendances, quelques changements sont notables sur cette période 1988-2003. Deux préfectures seulement Ouham-Pendé et Haut-Mbomou avaient une proportion de population urbaine inférieure à 15% en 1988 contre quatre en 2003 Ouham-Pendé, Lobaye, Vakaga et Basse-Kotto. De même, mais en sens inverse, cinq préfectures Mambéré-Kadéi, Basse-Kotto, Kémo, Bamingui-Bangoran et Mbomou possédaient une proportion de population urbaine variable de 30 à 50% en 1988, contre seulement trois en 2003 Mambéré-Kadéi, Ombella-Mpoko et Haute-Kotto. Alors que le nombre de préfectures abritant une proportion de population urbaine de l'ordre de 15 à 30% a été invariable sur la même période[92]. Dans les zones faiblement peuplées prédominent les systèmes d'agriculture et d'élevage de type extensif. Eu égard aux conditions écologiques, prévalant dans la majeure partie du pays, la RCA avec sa densité moyenne est considérée comme un pays peu peuplé.

---

[91]Journal marché tropical et méditerranéens, n° 2626 du 8 mars 1996, intitulé : ''Spécial Centrafrique'', p.465.
[92]K. Matthysen, et Al, *L'or et les diamants de la République Centrafricaine. Le secteur minier et les problèmes sociaux, économiques et environnementaux y afférents.* Anvers, 2013, pp.12-14.

B-LE CONTEXTE GEOLOGIQUE EN RCA

Sur le plan géologique notre zone d'étude se présente en partie comme appartenant à un terrain archéen et plus largement à un socle précambrien.[93]

1-La richesse minéralogique du sol centrafricain

Didi Ould Moctar dans une étude expose le fait que les socles précambriens sont d'une grande importance économique à l'échelle du globe car ils englobent l'essentiel de l'or dit orogénique, de l'or des paléo placers, des VHMS (*Volcanic-Hosted Massive Sulfide*), le Ni et Cu associés aux Komatiites et les formations ferrifères litées BIF (*Banded Iron Formations*). Ils englobent aussi les intrusions post-archéennes riches en PGE (*Platinum Group Elements*) en Cr, Ni, les latérites nickélifères et les bauxites ainsi que les formations diamantifères. L'importance géologique et géographique du socle précambrien d'Afrique est accentuée par sa richesse minéralogique faisant ressortir son importance économique, puisque qu'il recèle d'importants gisements d'or, de chrome, de cuivre de fer, de nickel, des platinoïdes, d'uranium, d'étain, de manganèse et surtout de diamant.[94] Quelques données du BRGM[95] montrent l'importance économique de cette zone.

On a par exemple 60% en valeur de la production mondiale de diamant gemme qui provient d'Afrique subsaharienne dont la moitié est portée par les cratons précambriens. Ces dorsales présentent beaucoup de similitudes tant du point de vue de la nature des formations géologiques que des âges. En RCA, on rencontre des formations géologiques sont d'âge Archéen. Ce sont des gneiss gris rubanés de composition tonalitique avec des intercalations de granulite rose à ortho pyroxène, et des charnockites.[96] Des plutons de granite calco-alcalin postérieurs au métamorphisme du faciès granulite sont intrusifs dans les gneiss gris. Les formations géologiques, d'âge Paléo protérozoïque (2,5-1,8 Ga), sont appelées formations birimiennes.[97] Elles sont affectées par l'orogenèse

---

[93] C.R, Nguimalet et al, ''Une forme d'érosion mécanique d'origine anthropique des bassins versants sur grès : l'exploitation des gîtes alluviaux diamantifères en République centrafricaine'', *Influence de l'homme sur l'érosion : bassins-versants, élevage, milieux urbain et rural*, 2000, pp.145-156.
[94] Nguimalet, ''Diamond mining impacts and dynamics in river beds: the Boungou and Pipi rivers in Central African Republic,'' *Geo-Eco-Trop*, n °28, 2004, pp.1-2.
[95] Ibid.
[96] Projet DPDDA. ''Examen des politiques: le secteur de l'exploitation artisanale du diamant en république de Guinée.'' Conakry, Guinée, 2008, pp3-4.
[97] PAC. ''Les diamants et la sécurité humaine'', *Revue annuelle du diamant, Partenariat Afrique Canada*, 2008, pp. 15-17.

éburnéenne[98] dont le paroxysme se situe aux alentours de 2,1 - 2,09 Ga.[99] En RCA, on observe des concentrations de sites comportant des kimberlites. La kimberlite est une roche volcanique, ultrabasique, très dure, profonde, dans laquelle on trouve habituellement le diamant.[100] Elle doit son nom à la ville de Kimberley en Afrique du Sud, où elle fut découverte et décrite pour la première fois. On trouve généralement du diamant dans de la kimberlite. On retrouve des concentrations de kimberlite.[101]

2-La formation du diamant

L'origine du mot diamant est liée à sa grande dureté. Du grec Adamas, qui signifie indomptable, la dureté du diamant est sans égale et, de ce fait, le diamant semble impérissable. On connaît le diamant depuis l'antiquité et ceci à travers de multiples civilisations. C'est en 1793 que Lavoisier découvrit la composition du diamant. Le diamant est composé seulement de l'élément carbone C,[102] avec parfois des traces d'azote (jusqu'à 0,20%) et autres impuretés.[103] Il diffère néanmoins des autres formes de carbone, tel le graphite ou les nanotubes, par sa structure cristalline. Pour que le carbone se transforme en diamant, il faut que les conditions de pression et de température soient très élevées, entre 45 et 60 kbar, et entre 900°C et 1300°C, ainsi qu'à de grandes profondeurs, entre 150 et 200 kilomètres.[104]

Cependant suite à l'analyse de certaines inclusions, il a été démontré que parfois les profondeurs peuvent être supérieures, allant jusqu'à 400 kilomètres, voire 2900 km. Les multiples concours de circonstances nécessaires à l'acheminement des diamants vers la surface de la Terre expliquent que les gisements diamantifères se retrouvent à la surface des plus anciens continents, on parle de cratons archéens, dont l'âge est supérieur à 2,5 milliards d'années. Les diamants sont de vieux minéraux dont l'âge pour la plupart se situe entre 1

---

[98] Ibid.

[99] Ibid.

[100] R.H. Mitchell, *Kimberlites and Lamproïte*, Primary Sources of Diamond, 1991, pp.3-4.

[101] Les kimberlites libériennes peuvent être résolues en trois groupes distincts. Toutes les kimberlites de Guinée et la Sierra Leone sont probablement de l'âge jurassique, une période géologique s'étendant entre environ 145 et 200 Ma, et l'un des groupes au Libéria est maintenant connu pour être d'âge néo-protérozoïque. La région de Séguéla, au centre-ouest de la Côte-d'Ivoire, est aussi connue pour son champ diamantifère alimenté par des dykes de Kimberlite. Ces dykes, non déformés et non métamorphisés, recoupent les formations du Birimien.

[102] J. Hershey, et al, ''The Book of Diamonds'', *Journal of Chemical Education*, 1940, p.142.

[103] E. Bruton, Bruton, *Diamonds*, Published by N. A. G. Press, 1978, pp.3-4.

[104] V. Sautter, et al, ''Le diamant, témoin des profondeurs : Les diamants, au cœur de la terre, au cœur du pouvoir''. *Pour la Science, Dossier Hors-Série*, Vol. Avril-Juin 2002, pp.7-9.

et 3,3 milliards d'années.[105] La kimberlite et la lamproïte sont des roches d'origine ignée, qui proviennent des profondeurs du manteau terrestre.[106] Ces deux roches ne sont pas responsables de la formation du diamant mais seulement de son transport vers la surface. Les diamants se forment ailleurs, dans d'autres roches : les péridotites et les éclogites.[107] Les gisements de kimberlite et de lamproïte sont des gisements primaires qui se présentent sous forme de cheminées volcaniques. Les gisements primaires sont les « roches mères » qui sont hôtes du diamant, tandis que les gisements secondaires résultent de l'érosion de ces roches et de la concentration des diamants libérés dans des roches ou dans des dépôts spécifiques.

3-Les types de gisements

Les gisements primaires sont constitués par les pipes et les dykes qui contiennent des roches kimberlitiques ou lamproïtiques.

-Les gisements primaires

Le cratère est composé de deux types de kimberlite[108]: Pyroclastique constituée de tufs déposés à la surface et Epi clastique constituée de kimberlite pyroclastique érodée déposée à l'ouverture de la cheminée. Le diatrème se forme lors d'une éruption explosive dans la partie inférieure de la zone de racines. C'est avant et pendant l'éruption que se forme la zone de racines par cristallisation du magma sous le Diatrème.[109] Ce sont les gisements primaires qui sont généralement l'objet d'exploitation industrielle. Les opérations d'exploitation se font d'abord à ciel ouvert, puis il arrive qu'elles se poursuivent par le creusement de puits parallèles au volcan, à partir desquels sont percées des galeries vers le filon diamantifère. Dans d'autres cas l'exploitation se poursuit à ciel ouvert, créant une carrière plus ou moins important à la surface de la terre.

---

[105] J.I. Koivula, Koivula, *The micro world of Diamonds*. Ed. Gem world International Inc., Northbrook, IL. USA, 2000, pp.17-19.

[106] B.A. Kjarsgaard, "Gîtes de diamants dans des kimberlites; dans Géologie des types de gîtes minéraux du Canada", *Commission géologique du Canada*, Géologie du Canada, n°8 vols. 1996, pp.3-4.

[107] J.W. Harris, Harris, "The properties of natural and synthetic diamond". Edited by *Field* J.E. San Diego, CA, USA, Academic Press Limited, 1992.pp.5-6.

[108] Mitchell, *Kimberlites* p.6.

[109] M.B. Kirkley, et al, "Age, origin and emplacement of diamonds: a review of scientific advances in the last decade". Vol. 84. *Canadian Institute of Mining and Metallurgy Bulletin*, 1992, pp.8-9.

-Les gisements secondaires ou placers

Les gisements secondaires ou « placers » se créent au fil du temps, les agents atmosphériques érodent les cheminées volcaniques et altèrent la roche kimberlitiques, ce qui la rend plus molle. Au fil des intempéries les diamants se détachent et sont entraînés par les eaux de ruissellement, les ruisseaux et les fleuves, ils sont dispersés ainsi tout au long de leur parcours. La distance parcourue, très variable, peut être parfois considérable puisqu'il arrive qu'ils soient entraînés jusque vers les plages ou au fond des mers. Les sédiments diamantifères se subdivisent en dépôts éluviaux, colluviaux et alluviaux.

- Les dépôts éluviaux se développent in situ à partir de l'altération de la roche source principale. On est en présence d'une accumulation de débris de roche in situ à partir de l'altération de la roche source primaire ;

- Les dépôts colluviaux sont constitués de roches érodées qui ont été transportées vers le bas par la gravité, et se trouvent généralement au pied des pentes. On est en fait en présence de roches désagrégées, hétérogènes et non cohérentes de sol ou des fragments de roches déposées au pied des pentes par les mouvements de terrain.[110]

- Les dépôts alluviaux ont été transportés en aval de leur roche mère par les systèmes fluviaux, et finissent par se déposer sur des surfaces. L'exploitation des gisements secondaires est quant à elle beaucoup plus artisanale. Ces gisements résultant de l'érosion des volcans, les diamants sont éparpillés sur des zones extrêmement vastes. Leur exploitation peut se faire alors dans le lit des rivières où la vase bloque les diamants au gré du courant. Les pierres les plus petites sont ainsi emportées plus loin que les pierres les plus lourdes.

-Les gîtes alluvionnaires de diamants

Le gîte alluvionnaire est un terme général pour l'argile, le limon, le sable, le gravier ou tout matériau similaire non consolidé détritique déposé au cours des temps géologiques relativement récents par un ruisseau ou une rivière, tels que des sédiments homogènes ou semi-homogènes dans le lit, la plaine inondable, ou le delta d'un cours d'eau.[111] Les gisements de diamants alluviaux sont généralement constitués de couches stériles (argiles) et de gravier. Il peut y avoir plusieurs couches de gravier dans un dépôt, mais ils ne sont pas tous diamantifères. Ceci est lié au fait que pendant le transport, les matériaux les plus

---

[110] M. Gary, et al, Glossary *of geology*, Washington, D.C, *American Geological Institute*. Eds, 1972, pp.10-13.
[111] Ibid.

lourds (tels que les diamants) se concentrent dans cette couche. C'est d'ailleurs ce type de gisement objet d'exploitation artisanale, à petite échelle, qui nous intéressera tout au long de notre étude. Actuellement, la vaste majorité de l'exploitation artisanale des gisements alluviaux dans les pays de l'UFM est effectuée par des petits groupes d'exploitants qui utilisent des techniques non rentables et des outils rudimentaires, dans les dépôts alluviaux et qui causent souvent des dégâts environnementaux majeurs. Les dépôts alluviaux secondaires ont différentes épaisseurs de couche stérile, mais en général, les terrasses supérieures ont les plus minces couches stériles, suivies des terrasses inférieures et des plateaux alluviaux. L'épaisseur des couches stériles en Afrique occidentale peut varier de quelques centimètres à plus de 30 mètres.

II- LA REPUBLIQUE CENTRAFRICAINE : ITTINERAIRE D'UNE CONSTRUCTION FRANCAISE

Pendant la période précoloniale, l'Oubangui-Chari disposait déjà de quelques structures sociales dans certaines régions. C'est ainsi que dans les bassins de Mbomou, de l'Ouellé et le Dar-El-Kouti, on rencontrait des royaumes africains avant l'arrivée des européens.

A-LA RCA : DE LA COLONISATION A LA DECOLONISATION

Les royaumes les plus connus à la fin du XIXème siècle furent ceux de : Bangassou, Rafai, Zémio et Dar-El-Kouti.

1-Un pays érigé sur les cendres des grands empires

Ces rois traditionnels étaient appelés « Sultans » et leur territoire des sultanats.[112] Ces sultanats furent fondés sur la toute-puissance des chefs. Les sultans administraient aussi à travers les vassaux répandus dans toutes les contrées sous leurs autorités. Tous les sultanats étaient composés de différentes ethnies, clan, famille et les esclaves.

-Trajectoires, construction et constitution de l'Oubangui Chari

Ils furent capturés lors des guerres tribales et vendus par leurs propres frères à cause de l'indocilité. Le harem du sultan était formé de ses femmes,

---

[112] Saulnier, *La République Centrafricaine*, p.49.

enfants, soldats, et esclaves. Tous ces sultanats pratiquaient le culte des ancêtres et des morts. Le Sultan Bangassou d'après Eric de Dampierre :

> Était de bon ton, sachant parfaitement au premier coup d'œil reconnaitre un homme naturellement bienveillant et généreux. Bref, un homme remarquable, d'une énergie peu ordinaire dont la sévérité était tempérée par un grand fond de couté naturelle. Un homme puissant, mais trop débonnaire.[113]

Si les aires divergeaient sur Bangassou, le plus puissant et le plus indépendant des Sultans du Haut-Oubangui, l'unanimité se reposait sur son voisin et cousin, le sultan de Rafai Bangassou, inquiétait et faisait figure de despote, Rafai rassurait à l'arrivée des Belges, ceux-ci voyaient en lui le flambeau de la civilisation. Car à cette époque, Rafai s'exprimait déjà en arabe très pur[114]. Par contre, le Sultan Zémio aurait été le tout dernier à régner dans la lignée Ngoua (1755-1780), ancêtre et fondateur du sultanat. Ce dernier fut un chef de guerre d'un clan de haute réputation. C'est à lui que l'on fait remonter le choix du terme « Zoundé », pour désigner la nation qu'il cherchait à créer. La création de la nation Zandé fut une grande ère politique, culturelle et linguistique. Le sultanat partait du sud-ouest de la province du Bahr el Ghazal jusqu'à la limite est du sultanat de Rafai. A partir de 1850[115], la nation Zandé comprenait les territoires suivants : dans l'actuel Soudan, le sud-ouest de la province du Bahr el Ghazal ; dans l'actuel Centrafrique, les Sous-préfectures de Zémio et Obo ; dans le R.D. Congo, la province de l'Uélé.[116]

Il est a rappelé que le terme « Zandé » serait venu d'arabe. Ce nom évoquerait les roturiers, peuples. Elle veut aussi signifier ceux qui ont soumis de grandes terres, voire des chefferies. Quant au royaume ou sultanat du Dar el Kouti, elle couvrait toute les régions du nord-centre jusqu'au Nord-est. D'après les chroniqueurs arabes qui ont sillonné le Nord-est, il existait au XVIIIème siècle, un patriarcat banda, qui fut détruit et disloqué avec l'arrivée de Senoussi au courant du XIXème siècle.[117] Ce dernier est venu du Soudan et a réussi à s'imposer avec la guerre d'islamisation du Nord-est. Les réfracteurs banda qui n'ont pas voulu abandonner le culte des ancêtres le *Ngakola* et le culte des morts, sont obligés de quitter la zone au profit du centre-est de l'actuel

---

[113]Ibid.
[114]P. Kalck, *Histoire centrafricaine,* Paris, Éditions, Berger-Levrault, 1974, pp.88-89.
[115] A. Téné-Koyzoa, *Centrafrique, Histoire économique et sociale au XXe siècle*, Paris, l'Harmattan, 2005, p.6.
[116]Téné-Koyzoa, *Centrafrique, Histoire économique*, p.9.
[117] Ibid.

Centrafrique. Cette analyse montre clairement que qu'avant l'arrivée des premiers explorateurs le territoire Oubanguien avaient des brillantes civilisations qui s'étaient érigées depuis des siècles. Or la rencontre avec les premiers européens allait plus tard fragiliser l'ordre préétabli.

-La présence française

C'est en 1896, qu'une colonne militaire française, partie du Gabon, pour assurer la jonction Ouest-est des conquêtes territoriales de la 3e République[118]. Placée sous les ordres du capitaine Jean-Baptiste Marchand, elle était composée de douze Européens, de 150 tirailleurs africains et de 13500 porteurs. Elle disposait aussi d'un vapeur, Le Faidherbe, qu'il lui fallut entièrement démonter pour franchir les rapides, une fois arrivée à la hauteur de Bangui. Elle a été fondée neuf ans plus tôt par les frères Albert et Michel Dolisie.[119]

Elle y parvint, au terme de mille péripéties. Mais elle était attendue sur le Haut-Nil, près d'une bourgade du nom de Fachoda. Ayant remonté le fleuve avec un important détachement, le futur Lord Kitchener, qui venait d'écraser les mahdistes dans la bataille d'Omdurman, notifia aux Français qu'ils n'avaient guère les moyens de remettre en question le condominium anglo-égyptien établi au Soudan. Ce fut un banal constat des rapports de forces. Quant au rêve d'un Afrique française allant d'un seul tenant du golfe de Guinée à l'océan Indien, il s'éloigna et les régions de l'Oubangui-Chari, un moment promues plates-formes de cette pénétration. Entre mars et juillet 1899, le Ministère des Colonies à Paris cède, pour une période de trente ans, « *des terres vacantes et sans maître* » au Congo français, l'appellation d'alors, et jusqu'en 1910, de l'Afrique équatoriale française (AEF), à une quarantaine de sociétés privées. Avatars des « compagnies à charte » du siècle précédent, ces sociétés vont se partager 70 % de la surface de l'AEF[120]. Mais à la différence de leurs sœurs aînées au Congo belge, leur capitalisation était extrêmement pauvre, les fonds effectivement engagés ne représentant qu'un centième des capitaux investis dans l'Empire français, et seulement un millième de tous les placements extérieurs de la France. Le 19 mars 1903, dans une circulaire du commissaire général Emile Gentil annonçant aux administrateurs coloniaux qu'ils seront dorénavant notés par rapport au recouvrement de l'impôt de capitation payable en caoutchouc par les « indigènes ». Dans l'Oubangui-Chari, administrativement créé en 1903, dix-

---

[118]D'après le Dr Mansour pour T.E.P.A et Radio HDR 99.1FM à 13h30 le 16 Février 2015.
[119] Ibid.
[120] J.-P. Bat '' Le 2e bureau en Afrique équatoriale française '', *Revue historique des armées* n° 273, 2014, p.7. mis en ligne le 10 mai 2014, consulté à Yaoundé le 10 juin 2020. URL : http:// rha.revues.org/7911.

sept sociétés font la loi sur la moitié du territoire. En plein boom du caoutchouc, elles transforment nombre d'indigènes en quasi-esclaves de la liane à gomme. La plus importante de ces sociétés, la Compagnie des sultanats du Haut-Oubangui, administre 145.000 km[2], depuis Kotto à l'Ouest jusqu'à la frontière soudanaise. Ailleurs, la Compagnie du Kouango français, la Compagnie commerciale et coloniale de la Mambéré-Sangha, la Compagnie française de l'Ouhamé et de la Nana, la Compagnie des caoutchoucs et des produits de la Lobaye ou la concession de la M'Poko incarnent le règne du « Blanc », d'autant que l'administration coloniale est des plus faibles.[121]L'État et les sociétés concessionnaires lient leur sort de façon inextricable, celles-ci rachetant à bas prix le latex recueilli par les fonctionnaires qui, à leur tour, relaient les méthodes des agents commerciaux pour faire rentrer l'impôt en nature. On est loin de la colonisation en Afrique de l'Ouest, où un maillage administratif bien plus serré et des comptoirs commerciaux établis de longue date évitent la cession de monopoles et d'attributs d'État à des intérêts privés.[122]

- Le choc microbien et des violences de la rencontre coloniale

Entre 1890 et 1940, la moitié de la population centrafricaine périt du choc microbien et des violences de la rencontre coloniale.[123] Exemple de cette violence, le père de Jean-Bedel Bokassa est tué par les Français, le 13 septembre 1927, devant la préfecture de la Lobaye, dans le sud-ouest de l'Oubangui-Chari, pour avoir libéré des habitants de son village, jetés en prison pour un motif inconnu. Les circonstances exactes de la mort de son père sont inconnues. On sait seulement que Mindogon Ngboundoulou le prénom signifiant, en Mbaka, l'expert en guerre était chef de terre et, dans le jargon colonial, une forte tête.

L'injustice subie en 1927 fut si outrageante qu'une semaine après, le 20 septembre, la mère de Bokassa se suicida un événement rarissime dans la culture locale. À six ans, le futur empereur devint ainsi orphelin, du fait d'un crime colonial. Pris en charge par son grand-père paternel, en même temps que ses onze frères et sœurs, il fut scolarisé un mois plus tard à l'école Sainte-Jeanne-d'Arc de Mbaïki, le chef-lieu de la Lobaye, à 40 km de son village natal.[124] Le

---

[121]Ibid.

[122]Chroniques du Dr. Mansour : *Centrafrique 1/3 Oubangui-Chari*4 décembre 2014, by Malcolm Jamal Haider on Mix Cloud.

[123] Ibid.

[124]Un an plus tard, en 1928, le meurtre d'un autre chef de terre, Barka Ngaïnombey, déclenche un soulèvement en pays Gbaya, les voisins des Mbaka dans le nord-ouest de l'Oubangui-Chari. La révolte du Kongo-Wara, qui restera dans les mémoires comme « la guerre du manche de houe », en raison du bâton de commandement brandi par ses meneurs, n'est définitivement matée qu'en 1930. Ayant pris l'ampleur d'une insurrection anticoloniale,

fait que les missionnaires catholiques lui aient ouvert les portes de l'un des tout premiers lieux d'enseignement à l'intérieur du pays peut traduire leur volonté de marquer leur différence par rapport au meurtre du père. Mais il est vrai, aussi, que les parents de Bokassa faisaient partie de l'infime minorité des convertis à la foi chrétienne. Il n'y avait alors que 3500 indigènes baptisés dans tout l'Oubangui-Chari.[125] Il est donc évident que ce phénomène d'instabilité politique ne peut être considéré en soi, de façon isolée, cantonnée dans cette période de la première décennie des indépendances. Il y a certainement eu des facteurs qui ont joué un rôle non moins négligeable dans la montée vertigineuse de cette précarité des gouvernements qui s'est répandue comme une traînée de poudre sur la RCA d'aujourd'hui. En faisant un retour dans la période coloniale, on peut déceler, à la lumière des contacts qui se sont établis entre les deux civilisations, le climat sociopolitique qui a prévalu dans ce territoire.

L'analyse faite ici montre clairement que, la façon de gouverner une société n'était pas propre aux européens. Ces derniers ont bien entendu, rencontré, lors de leur arrivée dans l'actuelle RCA des organisations sociales et des institutions politiques précises. On découvre qu'il y a certes eu des grands empires qui, aujourd'hui ne sont plus des souvenirs, car le passé colonial demeure dans l'ombre. On distingue traditionnellement trois formes d'organisations politiques en Afrique : les anarchistes, les chefferies et les empires.[126]

Les anarchies étaient caractérisées par une absence de gouvernement. C'était un système assuré par l'absence des différences sociales et la similitude des conditions matérielles de tous, la religion restait seule gardienne de l'obéissance à la coutume. Dans ce genre de société, l'individu n'existait pas en tant que tel ; il était lié au groupe. Dans les chefferies, il existait un chef qui faisait régner l'ordre. Son autorité était contrebalancée par les grandes familles et les associations. Quant à l'empire, l'autorité de l'empereur était la même que celle du chef dans une chefferie mais l'étendue territoriale était plus vaste[127].

Comme on peut le constater, à partir des petits éclaircissements qui précèdent, les populations africaines étaient habituées à un certain rythme de vent à des formes précises de gouvernement. Or, l'arrivée des occidentaux et la création de nouvelles entités politiques ont modifié ces formes de

---

elle mobilise quelques 50 000 partisans et, en face, un millier de tirailleurs et de gardes régionaux, plus 3 000 auxiliaires, des pisteurs et porteurs. Dans sa phase finale, lorsque 10000 irréductibles sont pourchassés jusque dans les grottes où ils se sont retranchés, elle fait des milliers de morts…[124].

[125]Téné-Koyzoa, *Centrafrique, Histoire économique*, p.26.
[126] Ibid.
[127] B. T. Mamadou Lô et al, *Forces politiques en Afrique Noire*, P.U.F., Paris, 1966, p.218.

gouvernement. La réalité est qu'en Oubangui-Chari, la notion « Etat » avait remplacé les empires, chefferies et anarchies. Mais ceux-ci n'en demeuraient pas moins sous-jacents dans l'organisation politique moderne. Ce qui explique en partie certains problèmes qui se posent aujourd'hui, nos hommes politiques. L'incompatibilité de ces différentes formes de gouvernement est donc l'une des causes lointaines de l'instabilité politique en République Centrafricaine car la notion d'Etat avait entraîné automatiquement une cohabitation forcée entre des peuples qui, auparavant, n'étaient encore unis par aucun lien de solidarité. Cette situation avait : engendré par conséquent des différences dans les sensibilités, les habitudes de vie, les besoins politiques, qui font que dans un même Etat, l'idéal de liberté et celui d'autorité se chevauchent et s'entremêlent.[128]

Créant parfois des heurts allant de simples conflits régionaux aux flambées de violences susceptibles de créer un climat d'instabilité politique dans un Etat. L'on pourrait peut-être peser qu'une telle vision des choses est assez superficielle. On comprend combien l'unité est d'une réalisation délicate. Le choc qui s'est produit entre les deux systèmes politiques n'a pas pour autant réussi à faire disparaître les forces traditionnelles qui se sont épanouies dans la société précoloniale et dont l'existence constitue aujourd'hui autant d'obstacles à l'établissement de la RCA. Ainsi,

> Les chefs traditionnels, héritiers d'un passé condamné se trouvent classés bon gré mal gré parmi les forces réactionnaires. Souvent l'opposition entre les chefs et le nouveau pouvoir politique s'est traduite par une épreuve de force[129].

Qui a créé l'instabilité de plusieurs régimes politiques en RCA. Il est à remarquer que l'incompatibilité des deux systèmes politiques pouvait parfois échapper à la vigilance d'un observateur peu intéressé. En effet, il y a eu des cas où l'administration coloniale a essayé de se servir du système politique traditionnel à des fins personnelles. Un semblant de cohabitation de deux systèmes politiques s'installait donc. Et très souvent, le chef traditionnel assurait ou mieux encore cumulait les fonctions de chef traditionnel et d'administrateur colonial dans sa localité.

Mais ce genre de pratique ne doit pas nous faire perdre de vue cette radicale incompatibilité des deux systèmes politiques qui, par ricochet, entraînait chez les sujets, des divergences dans la manière d'appréhender les devoirs civiques tels que l'impôt et le travail forcé. D'autre part, la nomination coloniale, loin d'être un exemple concret de cohabitation des deux systèmes

---

[128]Ibid, p.221.

[129] M. Marcel, *L'Afrique Noire contemporaine*, Armand Colin, Paris, 1968, p.328.

politiques témoigne plutôt de l'échec de la politique d'assimilation du colonisateur qui, dans sa volonté d'imposer son système politique, préfère, faute de mieux contourner l'obstacle en utilisant non le système politique traditionnel, mais les chefs traditionnels à des fins impérialistes[130]. C'est ici le lieu de faire la différence entre la cohabitation des dirigeants des deux systèmes politiques et la cohabitation des deux institutions. C'est précisément là où les français avaient rencontré des difficultés à implanter leur système politique à cause de l'hostilité des populations à une soumission absolu qu'il y avait eu une espèce de coexistence des institutions traditionnelles et occidentales, coexistence maintenue grâce à la double nature du chef traditionnel, sorte d'épine dorsale qui représentait à la fois le pouvoir traditionnel et l'autorité coloniale. Ce choc entre les deux systèmes politiques qui provoque l'établissement d'une union forcée entre des peuples ne nourrissait pas le même sentiment d'allégeance à l'égard d'un chef d'Etat qui, pour eux, n'incarne pas la conception qu'ils ont d'un chef, n'est pas la seule cause lointaine de crise politique en RCA. Il en existe bien d'autres, qui relèvent toutes de la colonisation.

2-L'avènement de la colonisation et la reconfiguration de l'espace

Avant la reculade de Fachoda (1898), elle était destinée à devenir la charnière prospère des possessions françaises occupant une zone continue entre l'océan Atlantique, la mer Méditerranée et la mer Rouge.[131] Elle contrôlait l'accès au premier par le bassin du Congo et aux deux autres par le bassin du Nil. Suite à l'échec de ce projet, elle ne fut guère plus qu'un cul-de-sac misérable[132].

-La France et la perspective d'indépendance de la République Centrafricaine

En 1958, dans la perspective de l'indépendance et conscient que le territoire ne pourrait servir d'assise à un État viable, son représentant politique, Barthélémy Boganda, lui donna son nom actuel[133]. RCA, cette dénomination résumait le programme proposé : une Afrique centrale fédérale, dont la RCA

---

[130]International Crisis Group, '' La face cachée du conflit centrafricain'', *Rapport Afrique*, n° 105, 12 décembre 2014, pp.8-9.
[131] Téné-Koyzoa, Centrafrique, Histoire économique, p.42.
[132] J. Suret Canale, *L'Afrique Noire, l'ère coloniale : 1900-1945*, Paris, Editions Sociales, 1962, p.79.
[133] Boulvert '' Exploration, création d'un nouveau pays, découverte scientifique : le cas du Centrafrique de 1880 à 1914'', cité par Yvon Chatelin, Gérard Riou Gérard, *Milieux et paysages : essai sur diverses modalités de connaissance*, Paris, Masson, 1986, p.94.

formerait le cœur[134]. Pendant toute la période coloniale elle offrit aux services de renseignement français un observatoire privilégié des autres empires ; durant la *Guerre froide*, elle servit de plaque tournante au dispositif militaire français en Afrique[135]. Depuis les années 1990, elle a perdu son intérêt militaire et Paris ferma ses bases à la fin de la décennie. La rente stratégique prit fin, ce qui aggrava la situation intérieure. Mais le territoire demeure un carrefour commercial[136]. Toutefois, du fait de l'instabilité économique, politique et militaire dans la sous-région, cet atout reste potentiel. Sauf pour les trafiquants de drogue : du cannabis en provenance d'Afrique du Sud et de République démocratique du Congo-RDC, ainsi que de la cocaïne latino-américaine, transitaient par la RCA. Enclavé au cœur de l'Afrique, le pays est entouré par le Tchad, le Soudan, le Sud-Soudan, la République démocratique du Congo, le Congo et le Cameroun.

Occupée depuis les origines de l'humanité, en relation avec l'antique royaume soudanais de *Kouch,* parcourue par les migrations du peuple bantou qui aurait pour berceau originel la région de la Bénoué, la région demeura dans un isolement relatif jusqu'au XVIIIe siècle. Toutefois, les produits échangés et les esclaves empruntaient la voie fluviale Congo-Sangha-Oubangui depuis longtemps. Ils fondèrent la fortune et la puissance des *Bobangui,* par exemple. Soumis à la traite esclavagiste arabe durant des siècles, le Nord et l'Est virent des trafiquants, issus de clans locaux et convertis à l'islam, constituer des entités qui finirent vassalisées par le royaume du *Ouaddaï*, le sultanat du Bornou ou celui du Darfour. Les affrontements incessants entre ces entités XVIIe et XVIIIe siècle générèrent un cycle infernal: achat d'armes à feu auprès de l'Empire ottoman pour accroître leur capacité guerrière et capture d'esclaves noirs vendus pour financer cet armement.

Le désenclavement se fit dans les pires conditions : par l'intégration à compter du
XVIIIe siècle dans le circuit de la traite esclavagiste atlantique, avant tout sur le Mbomou, affluent de l'Oubangui[137], par l'intermédiaire de piroguiers Bobangui. Certains préjugés négatifs envers les populations résidant dans la région du

---

[134] P. Biarnes, *Les Français en Afrique noire. De Richelieu à Mitterrand*, Paris, Armand Colin, 1987, pp.2-3.

[135]Ch. Antier '' Le recrutement dans l'empire colonial français, 1914-1918'', *Guerres mondiales et conflits contemporains* n°2 ? 2008, n° 230, p.25.

[136] J. A. Lesourd et als, *Histoire économique : XIXe et XXe siècle,* T1, Paris, Armand Colin, 1970, p.9.

[137]T. Al- Choc Mandaga, '' La convention franco- anglaise délimitant la frontière entre l'Oubangui- Chari, le Soudan anglo- égyptien et le Ouaddaï- Darfour'', Mémoire de Maîtrise en Histoire, Université de Bangui, 2006, pp.5-8.

fleuve remontent à cette pratique. L'abolition de la traite figura parmi les motivations mises en avant pour expliquer la conquête coloniale et cette dernière affronta la résistance acharnée des seigneurs-marchands d'esclaves soutenus par la confrérie musulmane de la *Sanoussiyya*.

La colonisation marqua le destin du pays jusqu'à nos jours[138]. Les premiers colons européens apparurent en 1884. À l'issue des péripéties opposant Paris à, l'Allemagne, à la Belgique et à la Grande-Bretagne qui suivirent la conférence coloniale de Berlin de novembre 1884 à février 1885[139], le territoire échut à la France en1903, sous le nom *d'Oubangui-Chari*[140]. Il fut érigé en colonie par décret du 11 février 1906. En 1910, il intégra l'AÉF. Tous les témoignages concordent sur un point : la brutalité coloniale atteignit en ces terres un paroxysme. René Maran avait en 1921 dénonçait cette situation[141].

Outre la violence liée au racisme ordinaire, voire au concept de "mission civilisatrice'', les populations souffrirent du régime des compagnies concessionnaires[142]. Ce système, rappelant celui des compagnies à charte de l'*Ancien Régime* et mis au goût du jour par le roi des Belges, Léopold II, permit à celui-ci d'accaparer les ressources du Congo belge. Il fit très vite des émules. Ainsi, en vertu de décrets adoptés en 1899, 17 entreprises privées, disposaient pratiquement à leur guise des hommes et des produits de 50% du territoire de la colonie *d'Oubangui-Chari*, dont l'État conservait la propriété

---

[138] F. Challaye, *Un livre noir du colonialisme. « Souvenir sur la colonisation »* [1985], Paris, Éditions Les nuits rouges, 1998, pp.11-13.

[139] C. Coquery-Vidrovitch, *Autour de la conférence de Berlin et recherches diverses*, Paris, l'Harmattan, 1987, pp.5-6.

[140] O. Colobani, *Mémoires coloniales : la fin de l'Empire français d'Afrique vue par les Administrateurs coloniaux*, Paris, 1991, pp.2-5.

[141] Ces agissements se trouvent aussi à l'origine de l'inégale occupation de l'espace national. L'Est et le Nord-est (40% du territoire) sont pratiquement vides alors que 90% des Centrafricains vivent dans le centre et l'ouest du pays, régions où se réfugièrent leurs ancêtres. Après avoir été un recours contre les chasseurs d'esclaves, la fuite en brousse constitua l'une des formes les plus répandues de résistance à la colonisation et fit l'objet d'une répression sévère. Une partie des routes que firent construire (parfois en punition de ces actes de résistance) les administrateurs coloniaux avaient pour fonction de fixer dans des villages plus accessibles et plus aisés à contrôler les fuyards capturés. Cela contribua à vider les zones reculées. Abandonner leur village pour échapper aux obligations coloniales constitua pour nombre d'Oubanguiens une option qui les amena à s'installer dans des centres urbains embryonnaires, à commencer par Bangui : ces villes n'avaient pas de chefs et n'étaient pas astreintes aux corvées et autres impositions.

[142] La mission civilisatrice de la France a consisté en l'implantation de petits postes administratifs et au tracé de quelques routes principales. Sinon, la France pratique une politique d'assimilation notamment par l'imposition des lois, des croyances ou des traditions de la langue française. La mise en œuvre de cette politique, à travers l'école, n'a pas véritablement fonctionné en raison d'un manque d'une réelle volonté politique d'une part et de moyens adéquats dans l'enseignement public d'autre part.

décret Guillain, 1898. Les historiens disputent de la question de la souveraineté : l'État délégua-t-il ses prérogatives à ces compagnies, ou ces dernières les usurpèrent- elles impunément[143].

Une chose est sûre, en revanche : conçu pour décharger les finances publiques, le système reposait sur le travail forcé et un échange très inégal. Cela échoua puisque, dès 1901, il fallut instituer un impôt indigène pour couvrir les dépenses de fonctionnement de la colonie Assis sur des sociétés sans réelle envergure financière et purement spéculatives, le système péréclita après la *Première Guerre mondiale* et l'État prit le relais, tout en conservant les pratiques brutales dont il avait difficilement évité la condamnation par la Chambre des députés, le 21 février 1906[144]. Et il persista dans la contrainte : grands chantiers, forestiers au Gabon, ferroviaires et routiers un peu partout, parmi lesquels le chemin de fer Congo-Océan 1921-1934 de sinistre mémoire et qui, au grand dam des populations, empruntait l'ancienne route des esclaves et des caravanes de porteurs.[145]

La population développa diverses formes de résistance : sous traction à l'impôt en particulier grâce à la tricherie lors des recensements, aux cotisations auprès des sociétés de prévoyance instituées en 1937 et le travail forcé notamment par la fuite en brousse, révolte armée, comme la guerre des manches de houes de 1928 à 1931. Violemment réprimée, celle-ci entraîna un adoucissement relatif du sort des populations. Si la coercition assortie d'abus demeura partout attestée, elle revêtit des formes et une intensité variables, la Lobaye décrite par Marcel Homet dans : Congo, *terre de souffrance*[146], 1934 semble constituer le cas le plus dramatique.

-La France et l'Afrique Équatoriale Française (AÉF)

En 1940, le ralliement à de Gaulle du gouverneur du Tchad, Félix Éboué, entraîna celui de l'ensemble de l'AÉF, à l'exception du Gabon. Les pratiques antérieures persistèrent cultures obligatoires et réquisitions épuisèrent les ressources et appauvrirent la population du territoire et des milliers de soldats furent recrutés pour l'armée de la *France Libre*. Mais sous l'influence de Félix

---

[143]Bulletins 6 H 71 (AEF, bulletins de renseignements hebdomadaires (novembre 1962-janvier 1963), pp.2-4.
[144]Bulletins 6 H 49 (maintien de l'ordre au Gabon, en Oubangui-Chari et au Tchad (1960-1964), p.6.
[145] Ibid.
[146] M. Homet, *Congo, terre de souffrance*, Paris, 1934, pp.3-4.

Éboué, l'AÉF devint le banc d'essai de réformes annonçant la libéralisation relative du régime colonial[147].

La circulaire intitulée : "La politique indigène de l'Afrique Équatoriale Française", qu'il signa le 8 novembre 1941, impulsa le cours nouveau. Il fallut attendre la législation postérieure à la *Seconde Guerre mondiale* pour voir les choses s'améliorer quelque peu : interdiction du travail forcé, disparition du régime juridique de l'indigénat au profit du droit français et accession à la citoyenneté. Cette mémoire douloureuse demeure vive et influe sur la perception que la population a de la France. D'autant que les exactions françaises affectèrent jusqu'à quelques-uns des futurs dirigeants du pays[148]. Par exemple, en deux lieux différents, la mère du futur président Boganda, tout comme le père du futur président puis empereur Bokassa, furent battus à mort, en 1927, par des agents de sociétés imposant la collecte du latex. Du point de vue de la métropole, la politique mise en pratique se voulait constructive : considérant les Noirs comme des êtres "barbares", le gouvernement et les administrateurs français voyaient dans le travail un moyen de les "régénérer" et de les amener au "progrès". Sans jamais s'interroger sur la manière dont ces populations réputées "paresseuses" avaient réussi à satisfaire leurs besoins vitaux avant l'arrivée des Européens, et sans se demander quel intérêt pouvait avoir un être humain, Oubanguien ou autre, à travailler dans les conditions imposées[149].

Ces déplacements incontrôlés et l'émergence d'une population flottante inquiétaient l'autorité coloniale[150]. Outre ses exactions, la période coloniale s'accompagna d'un sous-investissement chronique. Le principe de base voulait que chaque territoire s'auto-suffît : une colonie devait rapporter à la métropole, pas lui coûter. Ainsi, jusqu'à l'entre-deux guerres, le portage imposé pallia l'absence de voies de communication pour acheminer matériel militaire et

---

[147]Bulletins 6 H 76 (AEF, bulletins de renseignements hebdomadaires (juin-novembre 1964), p.3.

[148]Les traites esclavagistes (arabe et européenne), les épidémies apportées par les Européens (variole, notamment), la recrudescence des guerres internes et l'accroissement de leur létalité avec la diffusion massive d'armes à feu, ainsi que la maltraitance coloniale (portage puis travail forcés, famines, brutalités et crimes commis par les sociétés concessionnaires, conquête militaire opérée entre 1907 et 1912, recrutement militaire forcé durant les deux guerres mondiales, répression des révoltes) additionnèrent leurs effets pour dépeupler ces territoires. Le recul des cultures vivrières au profit de la cueillette et des cultures imposées y contribua également.

[149]F. Gouttebrune, " La France et l'Afrique : le crépuscule d'une ambition stratégique ?", *Politique étrangère*, 2002, p.4.

[150]J. Tarrade et al, *Histoire de la France coloniale des origines à 1914*, Paris, Armand Colin, 1991, pp.3-7.

marchandises[151]. Ni les compagnies concessionnaires qui pillèrent la région avant la *Première Guerre mondiale*, ni l'État, qui en organisa l'exploitation autoritaire et brutale impôt de capitation institué en 1902 contraignant à la livraison de produits de cueillette, par exemple, ne cherchèrent à impulser un développement économique et social au profit des colonisés. En outre, l'exploitation des populations aggrava leur état de santé.[152]

Toutefois, quelques gouverneurs et des administrateurs tentèrent de pallier la faiblesse des moyens mis à leur disposition. Ainsi Auguste Lamblin, au sortir de la *Grande Guerre*, sauva littéralement *l'Oubangui-Chari* en commençant de le désenclaver plus de 4500 kilomètres de routes furent réalisés entre 1918 et 1925, en réhabilitant l'agriculture vivrière et en stimulant les cultures commerciales coton, café, palmistes[153]. L'insuffisance était particulièrement manifeste en matière sanitaire et scolaire. Et cet héritage perdure jusqu'à nos jours. La sous médicalisation permanente entretint une surmortalité considérable, qui demeure d'actualité. La France n'engagea de politique scolaire digne de ce nom que très tardivement en Afrique subsaharienne, l'Afrique Équatoriale Française (AÉF) accusant les lacunes les plus marquées. Le taux de scolarisation en Oubangui-Chari n'atteignait pas 1,5% en 1939 et, après un vigoureux effort, il parvint 35% à la veille de l'indépendance[154]. Ces taux moyens masquent de grandes disparités régionales et un écart entre les filles et les garçons. La sous scolarisation chronique explique l'absence d'une frange éduquée suffisante en quantité comme en qualité pour constituer l'encadrement politique et administratif compétent dont la RCA aurait eu et continue à avoir besoin pour que son indépendance fût viable et sa gouvernance satisfaisante.

Le fonctionnement des nouvelles institutions issues de la loi-cadre Defferre de 1956 sur l'autonomie interne mit en évidence cette carence,

---

[151] B. Haberbusch '' Un espace stratégique ? L'empire colonial français à la veille de la Première Guerre mondiale '', *Revue historique des armées*, n° 274, 2014, p.8.

[152] J.P. Le Gail, '' La trypanosomiase humaine en Afrique de l'Ouest francophone'' Thèse de Doctorat de 3e cycle, Université de Nancy, 1974, p.46.

[153] L'administration française dut faire appel au concours des organismes d'origine extérieure et intérieure. Sur le plan local, on retrouvait : les commissions agricoles, la chambre de commerce et de l'industrie ; tandis qu'à l'extérieur fonctionnait une agence inter territoriale appelée : Agence Economique des Territoires sous Mandat. Il fallait attendre le 30 avril 1946 pour qu'un plan à long terme de développement et de modernisation des territoires français d'outre-mer soit mis à exécution. Le FIDES était financé par le budget national de la France, sur le territoire du Cameroun et par la caisse centrale de la France d'outre-mer. Il s'étalait sur dix ans dans le cadre deux programmes interdépendant. Le premier s'étendant de 1947 à 1953 et le seconde de 1953 à 1957

[154] J. Meyer et al, *Histoire de la France coloniale des origines à 1914*, Paris, Armand Colin, 1991, pp.4-5.

dénoncée dès 1957 par Barthélémy Boganda. Aussi, la marche vers l'indépendance, entamée après la fin de la Seconde Guerre Mondiale, Barthélemy Boganda, alors premier prêtre catholique de *l'Oubangui-Chari*, qui devient territoire d'Outre-Mer en 1946.[155] Il est élu à l'Assemblée nationale française en 1946, puis réélu en 1951 et en 1956[156]. Fondateur en 1946 du Mouvement pour l'Evolution Sociale de l'Afrique Noire (MESAN), Barthélemy Boganda était un humaniste modéré qui réclamait justice et dignité.

Un passé héroïque, des grands hommes, de la gloire, voilà le capital social sur lequel on assied une idée national, disait Ernest Renan. Le qualificatif de père de la nation centrafricaine citait le Professeur Simiti[157]. Il renchérit en soulignant que : *Barthélemy Boganda, comme le reconnaît tous les Centrafricains depuis sa disparition, était un patriote qui a mené une lutte politique habile et difficile pour conduire la République Centrafricaine à l'indépendance.[158]*

Boganda savait qu'à seul le combat pour la libération du joug colonial lui sera difficile. Il savait que l'unité faisait la force et que là où l'unité faisait défaut, c'était la haine du prochain, le racisme, le tribalisme ou l'ethnisme qui prenaient le dessus[159]. C'était un grand homme religieux et politique, un unificateur, l'incarnation de la nation centrafricaine comme le reconnaissait le

---

[155] D. Kpamo, *La christianisation et les débuts du nationalisme en Oubangui-Chari de 1920 à 1960*, Paris, Publibook, 2013, pp.17-20.

[156] P. Kalck, *Barthélemy Boganda : élu de Dieu et des centrafricains*, Saint Maur. SEPIA, 1995, pp.36-37.

[157] Pr. Bernard Simiti, spécialiste en histoire des civilisations, Mondes africain, arabe et asiatique et directeur du CURDHACA de l'université de Bangui.

[158] Quand bien même taxé de régionaliste par certains de ses compagnons de lutte politique de première heure, Boganda n'avait pas cultivé l'ethnisme. Né dans la préfecture de la Lobaye, il avait autour de lui des personnalités politiques aux origines régionales et ethniques diverses. Aussi, n'avait-il pas défendu que les siens. Sa lutte politique avait, en effet, pour but de libérer tous les Oubanguiens du joug colonial et de l'esclavage, quel que soit leur appartenance ethnique ou religieuse. C'était ainsi qu'il s'élevait contre les atrocités commises sur ses compatriotes d'ethnie Ngbaka, Mbati ou pas. En 1947, Boganda dénonça le meurtre d'un Gbaya, brûlé vif par l'administrateur Cuny à Baboua. En juillet 1948, il décrit le cas de Ngouaka, un Banda, qui succomba sous les coups des militaires métropolitains de l'aviation de Bangui. En août 1949, il s'insurgea contre le décès de Mbarga, évolué Camerounais, suite aux coups de l'administrateur Auzuret, chef de District de Berbérati. L'assassinat à Bangui, en mars 1950, de Zowa par Kaufman ne l'avait pas laissé indifférent non plus. Plus encore, ceux de Madadoua, Longo, Baaga et Dangbandi par l'administrateur Peyronnet en 1950 à Bakouma ; d'un bébé dont la maman, bousculée par un milicien sur le marché de Bossia, écrasa dans sa chute en mai 1951, de Bagaza en décembre de la même année et du Chef Zilakema en janvier 1954 dans les locaux de la prison de Mbaïki.

[159] B.B. Siango, *Barthélemy Boganda, premier prêtre oubanguien fondateur de la République centrafricaine*, Pierrefitte-sur-seine, Bajag-Meri, 2004, pp.5-7.

Haut Commissaire Bordier, lors de ses obsèques solennelles sur le parvis de la Cathédrale Notre-Dame de Bangui : *Jamais un homme d'État n'a incarné plus fidèlement son pays que Barthélemy Boganda[160]*. D'une part, citant le Président Boganda[161] à l'ordre de la nation française par Décret du 8 mai 1959, Michel Debré, Premier Ministre français renchérissait : *Animé par la volonté de servir le peuple dont il était si proche et qu'il incarnait si exceptionnellement, le Président Boganda a rempli un rôle éminent dans l'évolution de l'Afrique noire et l'avènement de la communauté*. Son objectif était la construction d'une nation oubanguienne au sein d'un ensemble plus vaste. La photo ci-dessous illustre Barthélémy Boganda accompagné du Général Charles de Gaulle.

Devenu, à l'unanimité, président du grand Conseil de l'AÉF en 1957, il préconisait la constitution d'un État unitaire mais décentralisé avec le Congo et le Tchad, ouvert de surcroît, à d'autres territoires[162]. Il caressait aussi l'idée d'une Union des États de l'Afrique latine qui associerait les pays des colonies française, belge et portugaise. Ces projets n'entraînaient pas l'adhésion de ses partenaires de l'AÉF, la République centrafricaine, membre de la Communauté, est proclamée le 1er décembre 1958, après référendum. Barthélemy Boganda ne connaîtra pas l'indépendance totale du pays[163]. Il meurt le 29 mars 1959 dans un accident d'avion.

3- L'indépendance du 13 août 1960 : l'expression d'une conquête nationale

La décolonisation 13 août 1960 et le choix de l'intangibilité des frontières par l'Organisation de l'Unité Africaine (OUA) n'ont pas davantage en RCA qu'ailleurs donné naissance à un État-nation[164]. Le pays connaît une forte diversité ethnolinguistique. Une soixantaine de langues sont parlées. Les dialectes Adamaoua-oubanguiens du groupe nigéro-congolais dominent. Au Nord, les dialectes soudanais centraux du groupe nilo-saharien l'emportent. Seuls ont le rang de langue officielle le français depuis 1960 et le Sango depuis

---

[160]Z. Mogha *Barthélémy Boganda : une figure politique centrafricaine et panafricaniste étranglée par la France*, Paris, Éditions universitaires européennes, 2015, pp.3-7.

[161]J.-D. Penel'' Sept tentatives, entre 1949 et 1953, pour lever « l'immunité parlementaire » de B. Boganda, député du deuxième collège de l'Oubangui-Chari'', *Civilisations*, n° 41, 1993, mis en ligne le 30 juillet 2009, consulté le 11 juin 2016, http://civilisations.revues.org/1734 ; DOI : 10.4000/civilisations.1734

[162] J. N. Bregeon, *Un rêve d'Afrique : Administration en Oubangui- Chari*, la Cendrillon de l'empire, Paris Denvel 1998, pp.3-5.

[163] P.M. Découdras, *République Centrafricaine : les vicissitudes du changement*, Paris, Karthala et CEAN, 1995, pp.235-240.

[164]B. Delaveau, *Décolonisation et problèmes de l'Afrique indépendante*, Paris, EDICEF, 1991, pp.23-24.

1963. Ce dernier, facile à apprendre, fut et demeure la langue des échanges commerciaux. Son usage se généralisa avec le processus d'évangélisation. Il s'agit d'un des rares cas en Afrique d'officialisation d'une langue qui ne fût pas celle d'un ancien colonisateur. Le français demeure peu parlé. 76% de la population l'ignorerait et il ressort comme un marqueur social : comme la langue de l'État et d'une élite.

De ce fait, son usage ne semble guère populaire. La RCA constitue un intéressant cas de diglossie : deux outils linguistiques coexistent dans une relation hiérarchisée, chacun assumant, une fonction sociale distincte. Les effectifs varient d'une ethnie à l'autre. Primo-occupants méprisés et maltraités, les Pygmées Aka et Babinga, désormais cantonnés dans la forêt de *Lobaye,* ne sont plus que quelques milliers. 29% des habitants, résidant essentiellement dans l'Ouest et au Nord du pays, sont des *Gbaya;* 23%, vivant au centre et à l'Est, sont des *Banda.* Ces deux groupes appartiennent, comme les *Mandja* 20% de la population), *les Sara et les Mboum*, aux "peuples de la savane", fiers de leurs traditions paysannes et, dans le cas des *Gbaya, Banda et Sara*, de leur réputation d'excellents guerriers[165].

Ils se distinguent des "gens du fleuve'' *Banziri, Mbaka, Zandé, Sango, Yakoma,* 5% de la population, mieux éduqués et parmi lesquels se trouvent des commerçants et des pêcheurs. Il faut compter aussi 5% de *Mbororo,*[166] riches éleveurs peuls, installés dans les pâturages de l'Ouest savane de *Bouar* par les Français après la révolte de 1928-1931, afin que la population dispose de meilleures ressources alimentaires. Les relations entre riverains et habitants de l'intérieur considérés comme des "sauvages'' par les "gens du fleuve" allièrent rivalités pour le contrôle des axes commerciaux fluviaux et entente du fait des complémentarités économiques. D'ailleurs, les heurts opposaient également entre eux les divers groupes exploitants les cours d'eau ou les populations agricoles Mboum chassés de leurs terres vers les montagnes du *Yadé* par les *Gbaya,* par exemple[167]. Les Peuls, en quête d'esclaves, affrontèrent durement les Gbaya alliés avec les *Mboum* et les *Yangéré* aux confins du Bornou, au XIXe siècle[168].

Les administrateurs français tendirent à favoriser les groupes se livrant au commerce et à l'élevage, mais ceux-ci furent pris à partie non pas en priorité

---

[165]C. Coquery-Vidrovitch, *Problèmes de frontières dans le Tiers monde,* Paris, l'Harmattan, 2000, pp.2-8.
[166] Supra.
[167]ANB, n° Inv. 06226, Anthropologie politique d'une décolonisation, Gérard, A, Bibliothèque de l'Alliance Française de Bangui (AFB).
[168] Supra.

pour des raisons ethniques, mais en vertu d'un critère politique : ils faisaient le jeu de la puissance coloniale[169]. Pour briser la résistance, celle-ci déplaça et regroupa les habitants des régions rétives dans des villages proches des routes. Elle prit soin de disloquer les lignages et de contraindre des groupes réputés hostiles les uns aux autres à cohabiter dans ces nouvelles implantations. Il ne semble pas en être résulté de tensions graves.

Certes, rien dans l'héritage précolonial ne prédisposait la RCA à devenir un État de droit avec un pouvoir politique légitime et impartial. En éliminant quelque prestige et qui lui tenaient tête, le colonisateur n'améliora pas la situation. La chefferie traditionnelle fut vidée de sa substance et, pis encore, discréditée aux yeux des populations qui comprirent vite que les nouveaux chefs agréés par l'administration française n'étaient voués qu'à jouer le rôle de courroies de transmission. De surcroît, la combinaison du refus prolongé de l'acculturation par la population et du sous-investissement par le colonisateur fit que très peu d'indigènes reçurent une formation scolaire les rendant aptes à gérer leur territoire et à encadrer ses habitants. Difficile, dans ces conditions, de voir émerger en 1960 des dirigeants[170].

-L'Evolution politique de la RCA

L'évolution politique, constitutionnelle et institutionnelle de la République Centrafricaine est parsemée d'une abondance d'évènements de nature diverse[171]. Sa vie juridique et sa politique ont été inspirées, pour la plupart, de la France[172]. Il n'en demeure pas moins que ces deux situations relèvent toutes d'une même dialectique qui consiste à circonscrire le cadre dans lequel évolue chacune. L'indépendance nécessite de la part du peuple à se reconnaître dans une identité politique et culturelle commune, d'avoir aussi la volonté d'appartenir à une communauté de vie et d'agir, au-delà des intérêts singuliers, pour les biens de la nation[173].

---

[169]Tamo, '' Problématique des politiques économiques en Afrique au Sud du Sahara,'' Thèse de Doctorat en Sciences Economiques, Université de Yaoundé, 1984, pp.25-28.

[170]ANB, n° Inv. 05961, Entreprise, Politique, Parenté, Bazin, Bibliothèque de l'Alliance Française de Bangui (AFB).

[171]J. Docko., *L'évolution de la politique extérieure de la RCA depuis son accession à l'indépendance*, 1967, p.7.

[172] D. Dea, *La politique extérieure de la RCA depuis 1966 : grandes lignes et illustration*, 1974, pp.5-8.

[173] A. Mbério, *Bangui a cent ans*, Bangui CURDHACA, 1992, pp.1-3.

-L'identité nationale centrafricaine

Cela s'exprime juridiquement par des référents ou symboles souverains appelés : les agrégats de la souveraineté nationale. Cela s'exprime sociologiquement par le sentiment de faire partie d'une communauté nationale battue sur un socle de pluralité culturelle et de pluriethnicité. L'unité nationale s'articule autour d'une langue le Sango et du civisme à toute épreuve. L'accession de la Centrafrique à l'indépendance a conféré au pays des éléments d'identification internationale : un drapeau, un hymne, une devise, des armoiries et une langue nationale. Que dire des agrégats de la souveraineté nationale ? Dans leur transversalité, ils sont porteurs d'un sens de l'histoire et des richesses politico-culturelles d'une nation en formation continue à partir d'une pluralité basique, d'une vocation nationale de déconstruction et de construction en vue d'asseoir une société unifiée[174].

Dans ses différentes composantes ethnologique et sociologique, les symboles identitaires devenaient alors une voie de reconnaissance nationale et de repérage international d'un peuple sorti de l'anonymat colonial. A titre d'exemple, le Centrafricain ne se reconnaîtra non seulement par le contenu officiel de son passeport mais aussi par les armoiries que porte la couverture de celui-ci. L'écolier de Bossangoa se différenciera de celui de Moundou non seulement par la frontière qui les sépare ou à une moindre importance du rythme et du programme scolaire mais aussi et peut-être surtout par les couleurs de drapeau planté devant le bâtiment et l'hymne chanté pour le "saluer." Les référents symboles apparaissaient à la fois comme signes distinctifs d'identification dans la configuration pluriétatique de la société internationale. Comme également des éléments qui sous-tendaient l'amour du national à son pays. Ils s'incarnent la propension qui nous attire vers notre destinée commune de voir un pays à la dimension de nos attentes et imbue de prospérité, de richesse partagée.

Que constatons-nous malheureusement? La souveraineté nationale fut sapée par l'interférence.

- **Le droit centrafricain et le régime colonial**

Le droit centrafricain, en général, puise ses racines profondes de la colonisation. C'est la raison pour laquelle, en RCA, les textes de l'ancienne métropole sont souvent invoqués soit pour combler les lacunes des textes locaux conformément à l'ordonnance Plantey du 6 octobre 1958 qui accorde survie aux textes coloniaux tant que le pouvoir législatif local n'en aura disposé

---

[174]Mbério, *Bangui*, pp.1-2.

autrement, soit pour expliquer leur genèse s'ils en existent[175]. De toutes les manières, le droit centrafricain constitue en lui-même une excroissance du droit français, sinon son propre produit. Cette logique conduit naturellement à se référer à la doctrine locale puisqu'il n'y en a pas pour l'heure, et à défaut de jurisprudence nationale puisqu'il y en a peu. Par conséquent, c'est entre l'état du droit français complet, abondant et florissant et du droit centrafricain empreint de sécheresse que devra mouvoir la réalité du droit centrafricain[176]. L'année 1959 était une période particulièrement marquante dans l'histoire politique, institutionnelle et juridique de la République Centrafricaine.

-L'adoption de la nouvelle constitution

Le 19 février 1959, cet Etat proclamé République depuis le 1er décembre 1958, s'était doté de sa première Constitution. Cette loi fondamentale, inspirée de la Constitution française de la IVème République, avait institué un Chef d'Etat qui était en même temps Président du Gouvernement, élu par une Assemblée législative et responsable devant elle. Le régime politique nouvellement instauré aboutissait à la collaboration des deux pouvoirs. Elle se traduisait notamment par le partage de l'initiative des lois. Elle se traduit également par une détermination concertée de l'ordre du jour des travaux parlementaires. Elle se traduisait enfin par la délégation du pouvoir législatif à l'exécutif généralement en période d'intersessions parlementaires au cours de laquelle le gouvernement peut prendre sous forme d'ordonnance des mesures législatives[177].

La collaboration des deux pouvoirs résultait également du contrôle gouvernemental par le Parlement. En outre, l'exécutif et le législatif disposaient des moyens de pressions et d'actions réciproques qui leur permettaient de se censurer mutuellement. Il y avait d'une part la motion de censure qui permettait au Parlement, en cas de crise, de renverser le Gouvernement ; en contrepartie, l'exécutif disposait du droit de dissolution qui lui permettait de mettre fin, avant le terme normal, au mandat des députés. Dans le même temps, l'armée, partie intégrante de l'Etat de droit naissant, constituait également de par son organisation et sa structuration, une force capable d'assurer la défense de l'intégrité du territoire et du maintien de l'ordre. Constituée d'officiers formés par la métropole, l'armée tirait sa force de la discipline, de la cohésion et de son image d'apolitisme voire de neutralisme. Elle était considérée comme le creuset de la souveraineté. C'était dans cet esprit que l'armée centrafricaine fut créée :

---

[175]Entretien avec Keininga Phileas, 46 ans, Professeur de Français, Bangui le 01-11- 2018.
[176]Idem.
[177] Mbério, *Bangui*, pp.1-3.

les recrutements excluaient toute considération régionaliste, ethnique et politique. Pour donner un gage aux éventuels investisseurs étrangers, des mesures appropriées ont été prises en matière de sécurité. Une équation a été posée : la République Centrafricaine égale Suisse africaine, égale terre de paix. Le mot ordre était donc la mobilisation nationale contre l'insécurité posée en termes d'ennemi numéro un du peuple centrafricain[178].

De façon générale, la République Centrafricaine était juridiquement, politiquement voire institutionnellement et économiquement outillée pour assurer la sécurité juridique et matérielle des biens et des personnes. Le fonctionnement de ce nouvel ordre politique établi offrait beaucoup d'espoir sur le plan aussi bien international, régional que national du fait de ce rêve de la gestion des affaires publiques. Ce dispositif mis en place n'avait été qu'un leurre. Le Président fondateur de la République Centrafricaine, Barthélemy Boganda, ne pouvait concrétiser son rêve car le 29 mars 1959, il périt dans un accident d'avion dont les circonstances demeurent encore non élucidées.

B-LES GRANDS ACTEURS DE LA GOUVERNANCE EN REPUBLIQUE CENTRAFRICAINE

Les dirigeants centrafricains en arrivant à la magistrature suprême de l'Etat, n'avaient qu'un seul objectif le développement du pays. Pour ce fait, ils avaient élaboré un plan de développement économique, politique et socio culturel. Des programmes quinquennaux avaient été mis en place. Accroché aux postes de commande, les nouveaux dirigeants assuraient leurs fonctions dans un climat qui ne correspondait pas aux impératifs de la population et de l'intérêt général.

1-De David Dacko à Jean Bedel Bokassa
Jusqu'en 1965, la République Centrafricaine n'avait que cinq années d'existence. Le Président David Dacko avait tenté tant bien que mal de maîtriser la situation politique économique et socioculturelle du pays.

- David Dacko
Mais, il allait se confronter à des difficultés de tout genre, comme disait René Jacques Lique en ce terme « *les mesures économiques que pendra donc Dacko concernent avant tout le monde rural, et c'est dans ce secteur que son échec sera le plus patent* »[179]. Alors, la République Centrafricaine va connaître

---

[178]Entretien avec Keininga Phileas, Bangui le, 01-11- 2018.
[179]R. J. Lique, *Bokassa 1er la grande mystification,* Paris, Chaka, 1993, p.24.

dorénavant une évolution politique constitutionnelle très mouvementée avec des grands hommes politiques différents.

A la déclaration de l'indépendance le 13 août 1960, la République Centrafricaine se dota d'un poste de Président de la République pourvu par David Dacko pourtant déjà Président du Gouvernement. David Dacko se fit élire Président de la République, concentrant ainsi tous les pouvoirs exécutifs. Il était dorénavant Président de la République et Président du Gouvernement[180]. Le 7 novembre 1962, il transforma le MESAN, qui était un parti unique de fait, en parti unique de droit et suspendit la Constitution[181]. Le rythme avec lequel, le Président David Dacko avait pris le pouvoir en mai 1965 par la décision de se rendre en Europe de l'Est et Asie communiste pour rencontrer ses pairs chefs d'Etat. En partance de Bangui, il s'était fait accompagner d'une imposante délégation. Cette délégation représentait les diverses catégories de la population. Durant 49 jours de tournée en Europe aucun résultat favorable n'était en vue. A son retour, il se confronta aux difficultés de départ[182].

Au regard de son rattachement à l'Europe, la Chine populaire offrait une bonne argumentation au Colonel Jean Bedel Bokassa de renverser le Président David Dacko. C'est ainsi que, le Colonel Jean Bedel Bokassa alors Chef d'Etat-major et Commandant en Chef des Forces Armées Centrafricaines considérant l'acte du Président de la République comme humiliante par la création d'une « Brigade de Sécurité Intérieure » dirigée par le Commissaire de Police Prosper Mounoubaye et la Gendarmerie par le Commandant Henri Izamo.

- **Jean Bedel Bokassa et la pouvoir centrafricain**

Malgré tous ces facteurs, un malaise social grave se développait chez les fonctionnaires et agents de l'Etat. Or l'Armée se sentait humilié d'avoir joué seulement le rôle de troupe d'apparat. Jean Bedel Bokassa multipliait alors raisons favorables de s'emparer du pouvoir et la rancœur vis-à-vis des autres

---

[180]P. O. Patchebalet, *David Dacko : Histoire politique de la RCA 1957- 1987*, Bangui, 2001, pp.2-3.

[181] J. P. Rougeau, "Le parti unique en République Centrafricaine : le MESAN'', Mémoire de D.E.S en Sciences politiques, Paris, 1986, p.15.

[182] Le 29 septembre, en quête de nouveaux appuis, il reconnaît la Chine populaire et appelle de ses vœux une coopération privilégiée entre Bangui et Pékin. Colère de Paris. Le 15 janvier 1965, le chef de l'État centrafricain lance un « emprunt national obligatoire », qui revient à doubler l'impôt de capitation. Qui s'avère être un échec. À la fin de l'année 1965, David Dacko, qui sous une forme de dépression, et lasser du pouvoir, se sent incapable de gouverner le pays. Le président Dacko songe à passer la main au commandement de la gendarmerie, le colonel Jean Izamo, un ami. Mais ce dernier se fait devancer par le colonel Jean-Bedel Bokassa qui est préféré par la France.

organes de forces de sécurité intérieure. Mais les effets de cette politique ne se feront sentir que sous le régime suivant. Confronté à un coup d'Etat dans la nuit du 31 décembre 1965, nuit de la *Saint Sylvestre,* Dacko fut chassé par son cousin, le Lieutenant-colonel Jean Bedel Bokassa[183]. Le peuple Centrafricain entama la nouvelle année avec un nouvel homme fort à la tête du pays.

Au lendemain du Coup d'Etat de la saint Sylvestre, le gouvernement du Colonel Jean Bedel Bokassa s'était caractérisé par sa personnalité[184]. D'ailleurs, c'est la mise en place d'un pouvoir policier dont la mission essentielle était de supprimer toute forme d'opposition réelle ou non. Cette volonté se pratiquait quotidiennement par des épurations, les exécutions sommaires de personnalités civiles et militaires de l'entourage du Chef d'Etat soupçonnée de conspirateur contre son régime. A partir de cette année, la vie politique en Centrafrique s'était trouvée profondément modifiée de son système étatique. Cependant, sur le plan administratif et économique, le nouveau gouvernement[185]devait s'employer à lutter contre les maux qui avaient provoqué la chute du régime précédent et à orienter la politique économique du pays. Dès son ascension à la magistrature suprême de l'Etat le nouveau Chef définissait ses grandes orientations politiques à travers la justification du putsch. A maintes reprises, il justifiait son acte dans le but de mettre fin à une politique d'investissement à perte de l'ancien régime. Aussi, il ne cessait de condamner la bourgeoisie.

Sur le plan économique. Le nouveau locataire du palais de la République Centrafricaine remet la machine en marche par l'éveil de la conscience nationale. Ce redressement économique passe par une politique de mobilisation de la masse rurale et la formation de l'homme, libre artisan de son développement. Ce fut donc *« L'opération Bokassa».* Toutefois, la situation économique commençait à se détériorer. Le président confondait entre les choses publiques et privées. L'aggravation de la situation politique, l'instauration d'un régime policier, le malaise général laissait planer une insécurité et une instabilité grave en place. A cette époque, le culte de la personnalité sévissait, car le MESAN à la fin de son congrès en 1972 l'avait déclaré *« Président à vie ».* De ce fait, la gestion du trésor public devenait difficile.

Entre les années 1973 et 1975 plusieurs officiers militaires avaient été accusés de coups d'Etats, arrêtés, détenus en prison et condamnés : les colonels Mbongo Auguste, Mande Pierre Alain, Kolegnako Basile, le Commandant Abakar Jacquelin, Kongo Gaston, le Lieutenant Dounia, l'Aspirant Moni Jean,

---

[183] O. Keravel, et al, *La saga Bokassa*, Gémenos, Portes du Soleil, 2009, pp.104-107.
[184] J. François, *Le putsch de Bokassa 1er : histoire secrète*, Paris, l'Harmattan, 2004, pp.2-5.
[185]Voir en annexe le décret du 1er gouvernement de 1966.

tant d'autres comme Martin Lingoupou sont exécutés dans des conditions obscures. Ce fut le début du déclin des forces armées centrafricaines suite à ces malheureux évènements. A partir de l'année 1976 l'affaire Commandant Obrou Fidèle son frère jumeau Meya Martin, les Lieutenants Grace à Dieu, Mazoungou, Zatao et l'Adjudant-chef Zoukongo Fidèle sont jugés, condamnés et exécutés pour le coup d'état manqué en octobre 1976. Le Colonel Kadhafi, a convaincu le Président Jean Bedel Bokassa à se convertir à l'Islam contre deux milliards de dollar et Bokassa prend le nom musulman de Salaheddine Hamed Bokassa. La profession de foi eut lieu à Bangui[186] . Ensuite, il s'auto proclama empereur *Bokassa 1er* et s'installa sur le trône impérial le 04 décembre 1977, une nouvelle ère commença[187].

L'Empire centrafricain de Bokassa 1er dura moins de deux ans. Après la cérémonie du sacre de la majesté en décembre 1977. Cette situation avait déstabilisé le pays sur tous les plans. Cette cérémonie avait porté une atteinte à la crédibilité de coopération entre les Etats. Ce fut une période qui fut caractérisée par des assassinats, d'importation des enlèvements nocturnes et des ballonnements des libertés fondamentales. La répression des manifestations d'étudiants eut lieu les 18, 19 et 20 janvier ainsi que le 18 avril 1979 causées par le port obligatoire d'uniforme. A l'issue des émeutes qui s'étaient déroulées dans la capitale Bangui, l'Empereur Bokassa 1er avait donné l'ordre à la police,

---

[186]Lique, *Bokassa 1er la grande*, p.26.

[187]Il était une fois, sur les rives de l'Oubangui, un chef d'Etat qui rêvait du statut impérial. Le 4 décembre 1977, avec l'approbation complaisante de la France, Jean-Bedel Bokassa décide de faire de son rêve une réalité en s'autoproclamant «Empereur de Centrafrique.» La cérémonie, d'un faste grotesque, tente risiblement de correspondre au sacre napoléonien de 1804. Et ce jusque dans les symboles: tenue, couronne, sceptre, trône qui sont confectionnés par les artisans français mis à la disposition du despote. Qu'importe si tout cela a coûté près de 100 millions de francs français de l'époque (15 millions d'euros), «Sa majesté impériale», ne regarde pas à la dépense. Bokassa était pourtant considéré comme un homme du peuple à son accession au pouvoir par... un coup d'Etat en 1965. Ancien officier supérieur de l'armée française, décoré de la Légion d'honneur et de la Croix de guerre pour ses faits d'armes durant les guerres mondiale (seconde), d'Indochine et d'Algérie, Bokassa se veut réformateur. Mais en 1979, le dictateur brutal envers son peuple (tortures, exécutions) est devenu impopulaire. Cette année, il fait réprimer dans le sang une simple manifestation de lycéens. On l'accusera même d'anthropophagie à cette occasion, réputation tenace qui lui valut le sobriquet d'«*Ogre de Bérengo*» (du nom de son palais). C'est la répression de trop. Le 21 septembre 1979, alors qu'il est en visite en Libye, Bokassa est renversé par les services secrets français lors de l'opération «*Barracuda*». A sa place, on installe son prédécesseur et cousin David Dacko qui rétablit la République. «*Seul Bokassa a tué? Les autres n'ont-ils pas tué? Non vraiment, il faut être juste... On m'a présenté comme un monstre en inventant cette histoire de cannibalisme parce qu'on voulait ma peau. C'est cela la vérité*», dira plus tard, en guise de défense, Bokassa déchu. Condamné à mort en 1987, puis à la prison à vie, il est finalement gracié. 14 ans après son décès, en 1996, il est «*réhabilité dans tous ses droits*» par l'actuel président, François Bozizé.

à la gendarmerie et à l'armée d'intervenir contre les manifestations en utilisant les armes et en procédant à des opérations de rafles dans certains quartiers de la capitale. Ces rafles avaient donné lieu à l'arrestation de nombreux élèves, étudiants et autres jeunes dont certains avaient moins de quinze ans. Leurs séquestrations étaient sans formalités judiciaires au centre pénitencier de *Ngaragba*. L'association « *Amnesty International* » le dénonçait. Une commission d'enquête descendit à Bangui sur aval de l'empereur Bokassa et confirma les crimes. Mais, le Chef de l'Etat fait le démenti formel le 17 mai 1979 en ces termes :

> En effet, les 18, 19 et 20 janvier 1979, Bangui a été secoué par le mouvement d'étudiants et élèves qui protestaient contre le retard apporté dans le paiement de leurs bourses et allocations scolaires et de ce fait, refusaient le port obligatoire de l'uniforme. Ces revendications dont le gouvernement a d'ailleurs reconnu le bien-fondé ont été satisfaites en leur temps[188].

> Plus loin, il renchérit :
> En effet, le soi-disant rapport Amnesty International est la copie conforme des tracts diffusée par l'association des étudiants à Paris. Tracts dont vous trouverez copie dans les dossiers qui vous sont remis. Il convient de signaler que pour échapper au contrôle de la présence de la police, environ 140 étudiants et élèves s'étaient rendus dans la ville Zaïroise de Zongo située sur la rive opposée du fleuve Oubangui en face de Bangui[189].

Cet évènement fait définitivement et perdre à l'empereur son appui auprès de la population. Son prestige se trouve également compromis par ses simagrées d'empereur. La France finit par se débarrasser de lui dans la nuit du 20 septembre 1979. Les parachutistes français arrivaient en provenance du Tchad en ce temps, le Chef d'Etat s'était rendu en Libye. Chef de la junte de 1966 à 1972, s'est déclaré Président à vie de 1972 à 1976. Année à laquelle, le 4 décembre une nouvelle Constitution va ériger la République Centrafricaine en Empire Centrafricain (ECA). Enfin, le régime de Jean Bedel Bokassa s'est illustré par la brutalité et des violations massives des droits humains ainsi que

---

[188]Démenti formel du Chef d'Etat sur Amnesty International le 17 Mai 1979.
[189]Lique, *Bokassa 1er la grande*, p.26.

par un comportement fantasque[190]. Mais, l'Empire Centrafricain ne va pas trop durer car le 20 septembre 1979, Bokassa 1er sera évincé lors d'un coup d'Etat.[191] protégé par 130 parachutistes français, David Dacko renversa le régime impérial et annonça le retour à la République au cours de l'opération « *Barracuda* ». La chute du dictateur et la tenue des élections du 15 mars 1981 ramenèrent David Dacko au pouvoir.[192]

L'année 1979 fut la deuxième phase de réorganisation de l'armée nationale avec la dissolution du Quartier General Jean Bedel Bokassa et des trois bataillons de Bérengo. La création du Régiment de Soutien, Régiment d'Intervention parachutiste et le Régiment de Défense Opérationnelle du Territoire. Des casernes et des centres d'instructions militaires ont changé de nom : le Camp Saint Sylvestre devient Camp Fidèle Obrou, le Camp de la Gendarmerie est baptisé Camp Henri Izamo et l'Ecole Militaire des Enfants de Troupes Jean Bedel Bokassa prend le nom de Georges Bangui. Au lendemain de son retour au pouvoir, le Président David Dacko réinstaure la République, dissout le MESAN[193]. Il fonde un nouveau parti UDC qui est l'unique parti en Centrafrique. Le multipartisme est réintroduit quelques mois plus tard. Le

---

[190]A. Boccard, *Les martyrs de Bokassa,* Paris, Seuil, 1987, pp.212-215.

[191] G. Faes et al, *Bokassa 1er, un empereur français*, Paris, Calmann-Lévy, 2000, pp.3-7.

[192]L'opération *Barracuda* voit intervenir les troupes françaises dans l'Empire Centrafricain de Bokassa 1er entre septembre 1979 et juin 1981. L'intérêt de la Libye et l'URSS pour la Centrafrique et l'attitude politique ambigüe de Bokassa constituent des premiers motifs d'inquiétude pour la France. Toutefois, une dégradation du climat social, l'émergence d'une opposition intérieure et extérieure et surtout la mise en cause personnelle de l'empereur à propos du massacre de lycéens et d'étudiants perpétré à Bangui au printemps 1979 vont contraindre la France à agir pour évincer le chef de l'Etat et appuyer l'opposition afin d'assurer la stabilité politique et la sécurité de la région et enfin écarter les menaces pesant sur les ressortissants français et l'échec d'une solution négociée. Dans un premier temps, entre septembre et novembre 1979, Barracuda poursuit plusieurs objectifs : assurer la protection des ressortissants français et du nouveau gouvernement et soutenir les Forces armées centrafricaines (FACA) dans leur mission de maintien de l'ordre, en évitant toute implication directe. Au soir du 23 septembre, toute menace immédiate est écartée dans la capitale sans qu'il ait été fait usage des armes. La protection des 3 200 ressortissants français est assurée. Par ailleurs, aucune perte n'est à déplorer. L'opération Barracuda évolue alors progressivement. A partir de mai 1980, les troupes sont partagées en deux sous-groupements à Bangui et Bouar et sont chargées d'aider à la reconstruction et l'instruction de l'armée centrafricaine afin que celles-ci soient d'un volume suffisant pour assurer la sécurité dans le pays. La zone d'action des forces françaises s'étend désormais à l'ensemble du pays afin d'en assurer la stabilité. Barracuda s'achève en juin 1981 et fait place aux éléments français d'assistance opérationnelle (EFAO).

[193] L.Yagao, ''Le MESAN et le pouvoir en République Centrafricaine'', Mémoire de Licence, Bangui, Université de Bangui, 1974, pp.3-4.

Président David Dacko organise les élections présidentielles avec comme adversaire de taille Ange Félix Patassé.

Il remporte les élections avec plus de la moitié des voix. Après sa victoire le 15 mars 1981, le Président David Dacko s'est efforcé de relancer l'économie, obtenir les aides extérieurs nécessaires d'établir un budget équilibré. Mais tous les efforts sont peines perdues. La chute de la production économique notamment le coton et le café, la sortie frauduleuse du diamant. Sur le plan politique, le Président David Dacko est contesté de tout le peuple également les partis politiques d'opposition. La situation s'était dégradée davantage, des émeutes s'éclatent et même un attentat à la bombe a eu lieu au cinéma le club le 14 juillet 1981 dont un Commissaire divisionnaire de la police trouva la mort. L'état de siège est instauré le 21 juillet et levé le 16 août 1981 sur toute l'étendue du territoire. C'est ainsi que, les militaires voyant le pays allé à la dérive à cause de cette agitation politique, des grèves sociales, les campagnes de désobéissance civique à travers la capitale, les actions de sabotage et les actes subversifs de certains partis politiques écartes du pouvoir avaient pris la décision de prendre leur responsabilité par le mystérieux et pacifiste coup d'Etat du 1er septembre 1981. Cette situation va amener le Général d'armée André Kolingba, chef d'Etat-major des armées à tenir les rênes du pouvoir. La photo ci-dessous illustre André Kolingba.

2- Les autres chefs d'Etat en RCA

- D'André Kolingba à Ange Félix Patassé

André Kolingba dirigea la République Centrafricaine comme chef militaire et chef de la junte d'une part, et comme chef politique d'autre part. Le 1er septembre 1981, le Coup d'Etat du Général Kolingba installe au pouvoir une junte militaire. En mars 1982 Ange Félix Patassé tente un autre Coup d'Etat en compagnie des Généraux François Bozizé, Mbaïkoua et Marboua. Le Coup d'Etat manqué oblige Ange Patassé à s'exiler au Togo avec l'aide de la France. En novembre 1985, ce fut encore le nouveau déclin des forces armées centrafricaines suite aux nominations des officiers de haut rang aux fonctions politiques. Le recrutement et la nomination sont basés sur l'ethnie et la régionalisation[194].

L'économie d'exportation en RCA était confrontée à la concurrence économique internationale sur le marché mondial. Cette compétitivité a

---

[194]RFI, Portrait d'André Kolingba, Président de la République Centrafricaine en émission de réhabilitation, n° 250, France, 3 p, 30 cm, au Musée Barthélemy Boganda.

occasionnée la baisse prolongée de cours des principales cultures d'exportation et surtout la baisse du dollar vis-à-vis des grandes devises internationales. Tous ces problèmes ont eu des retombées sur l'économie centrafricaine. A cet effet, entre les années 1985 jusqu'au déclenchement des mouvements de la démocratie et le multipartisme, les prix du café et du coton ont reculé sur le territoire. Cette situation a fait plonger l'Etat dans les déficits budgétaires sources des tensions politiques et sociales dans le pays. En cette même année un parti le Rassemblement Démocratique Centrafricain est créé et qui remplace le Mouvement de l'Evolution Social en Afrique Noire. Aussi, l'Ex-empereur Jean Bedel Bokassa rentre discrètement au pays sous le nom de Christian Saulet. Mais il était arrêté et emprisonné à son arrivée à l'aéroport Bangui M'Poko. Le Président André Kolingba met fin au régime militaire en déclarant :

> Nous n'avons pas ici de rivalités entre les militaires et les civils. Les militaires sont des citoyens à part entière et peuvent dans ce nouveau cadre de gouvernement participer à l'œuvre d'édification nationale, le CMRN a été dissout pour réaliser l'union la plus large autour de l'action gouvernementale des individualités civiles par nécessité de solidarité nationale[195].

En novembre 1986, le Président André Kolingba révisa à son tour la constitution qui lui donne un mandat de six ans d'exercice du pouvoir suivi des élections législatives et le procès de Jean Bedel Bokassa en 1987. Malgré ce plan d'action, des grèves et des manifestations se multiplient pour la revendication du multipartisme. C'est ainsi que, les organisations politiques et syndicales ont demandé une table ronde afin de discuter les problèmes politiques centrafricains d'où la tenue d'un grand débat national en 1990.

La société civile et toutes les organisations politiques cherchaient à défendre les intérêts de la nation par la lutte d'instauration de la démocratie et du multipartisme. Dans cette partie de notre travail nous verrons le rôle joué par ces leaders politiques, syndicaux et estudiantins à travers des formes efficaces de pression pour infléchir l'action du gouvernement ou le patronat. A partir des années 1990, les crises économiques ont secoué les nations africaines et avaient obligé les dictateurs et les défenseurs du parti unique à opter pour la démocratisation condition imposée pour bénéficier d'aide financière internationale.

---

[195]A. Kolingba allocution prononcée sur la dissolution du CMRN le 27 Septembre 1985.

Depuis la conférence de la Baule le vent de la démocratie soufflait sur le pays. Il suscita un espoir et provoqua une réaction de la population. Les années 1990 à 1993 avaient été une période marquée par de graves difficultés. Le fonctionnement du pays était bloqué ; les grèves à répétition dans la fonction publique et dans le privé. Bangui la capitale avait connu des sérieuses manifestations de violences et de pillages. Ces facteurs étaient caractérisés par plusieurs éléments : la perte de confiance à l'autorité politique, le manque de vrai dialogue, la démagogie et la tentation de recourir à la violence. Les tracts se multipliaient et des textes critiques comme celui de la lettre ouverte par Monsieur François Guéret au Président André Kolingba qui était diffusée presque clandestinement. Devant le manque de résultat des pourparlers, les représentants des syndicats, des étudiants et groupes politiques deviennent un ensemble de pression sociale. A l'origine des grèves, il y a des revendications salariales : salaires bloqués, salaires payés très en retard et insuffisant. Des difficultés dans le domaine de la santé, le milieu rural et la jeunesse étaient abandonnées à eux-mêmes[196].

La même année les élections libres et transparentes avaient été organisées en RCA pour répondre à l'exigence de la démocratisation du pays. Malheureusement, le régime en place avait tout fait en annulant ces consultations populaires. Toutefois, elles avaient été reprises une année plus tard. Ainsi, le second tour des élections Présidentielles de 1993 avait amené au pouvoir le leader du Mouvement de Libération du Peuple Centrafricain Ange Félix Patassé. Démocratiquement élu.[197]La photo ci-dessous illustre Ange Félix Patassé.

---

[196]Rapport d'*Amnesty International*, repris par Camille Belsoeur, «Derrière les violences en Centrafrique se cachent les diamants de sang», *Slate Afrique*, 30 septembre 2015, p.2.

[197]C'était dans un tel climat délétère que les mutineries de 1996 et 1997 étaient venues déstabiliser tout l'appareil étatique, mais surtout les fondements même de l'unité nationale. Elles avaient, en effet, constitué les perturbations les plus sérieuses qu'avait connu le pays avec des conséquences dramatiques au niveau de la société. Outre les pertes en vies humaines, la destruction des biens, le saccage et le pillage des entreprises et infrastructures privées, ces mutineries avaient généré des divisions ethniques profondes en République Centrafricaine. Aux terminologies ségrégationnistes sus évoquées, se substituèrent celles de « Sudistes » et de « Nordistes ».Bangui était divisée en deux zones hostiles. Les populations des quartiers Nord, qui soutenaient le pouvoir du Président Patassé, ne se rendaient plus dans les quartiers du Sud favorables au Président Kolingba et vice versa. Il s'était produit un « tamisage » de la population en ce sens que les gens s'étaient vus obliger d'abandonner leur domicile, s'il n'était pas saccagé, pour regagner les zones où vivaient majoritairement les leurs. Des barrages contrôlés par les jeunes relevant de la jeunesse du Rassemblement Démocratique Centrafricain (RDC) et du Mouvement de Libération du Peuple Centrafricain (MLPC), étaient érigés sur les principales artères de la Capitale. Tout passant suspect devait décliner son

Une fois à la magistrature suprême de l'Etat, le Président de la République démocratiquement élu avait créé une commission de l'audit de l'état de lieux. Cette commission fut dirigée par le Général de Corps d'Armée Timothée Maledoma. De ce fait, l'ethnie *Yakoma* et les anciens dignitaires du régime sortant pensaient que cette Commission était c une chasse aux sorcières. Cet ainsi qu'en 1996, la vie politique rentra dans une série de mutineries aux conséquences dévastatrices sur le plan économique et social, entraînant le pays dans une stabilité politique, détruisant toutes les initiatives du développement[198].

La mauvaise gouvernance avait conduit le pays au bord de la banqueroute, même s'il fallait reconnaitre que l'ancienne métropole encore très influente en RCA avait mis au ban de la communauté financière internationale, le pays sous le règne du Président Ange Félix Patassé n'avait pas eu le coup de pouce nécessaire pour faire régner la quiétude sociale. L'accumulation des arriérés de salaires avait conduit l'administration dans une impasse et avait développé de réflexes de survie c'est-à-dire la corruption[199].

Pendant ce temps, les partis politiques regroupés au sein de G11 avaient profité de l'occasion de la présence de Monsieur Qin Hwasun, Ambassadeur extraordinaire et plénipotentiaire permanent auprès des Nations Unies et Président du Conseil de Sécurité en séjour de travail à Bangui du 21 au 23 octobre 1997, pour remettre à ce dernier un mémorandum sur la situation politique, militaire et social en RCA.

Depuis avril 1997, le pays se trouvait confronter à une crise multiforme extrêmement aigue : économique, sociale et politico-militaire. Celle-ci s'est traduite par une aggravation de la pauvreté, un malaise social généralisé, des grèves persistantes dans le secteur public, trois mutineries des forces armées, des affrontements armés dans la capitale : avril 1996, mai 1996, novembre 1996 à juin 1997 et un début de guerre civile fratricide[200]. Les différentes réunions de concertation nationale regroupaient les représentants des pouvoirs publics, des partis politiques de la majorité présidentielle et des centristes ainsi que les représentants de la société civile et de l'armée convoquée en 1996. Après la deuxième mutinerie pour essayer de réfléchir ensemble sur les causes de la

---

identité ou répondre à des questions test avant de circuler. Cette cassure de la capitale Bangui s'était rapidement transposée dans l'arrière-pays. Toutes les préfectures du Centre, du Nord-est, du Nord-ouest et une partie du Sud-ouest se réclamaient du MLPC et de Patassé.

[198] Entretien avec Balafoundi Germain, 56 ans, Enseignant du secondaire, Bangui le 21-01-2018.
[199] Entretien avec Keininga Phileas, Bangui le 01-11-2018.
[200] Idem.

grave situation et proposé de solutions. Il s'agissait de l'élaboration et l'adoption du protocole d'accord politique préalable à la formation d'un gouvernement d'union nationale le 05 juin 1996. En octobre 1996, des assises ont permis l'élaboration et l'adoption du programme minimum commun de gouvernement.

Les travaux du comité de concertation et de dialogue tenus du 11 au 18 janvier 1997 avaient abouti aux accords de Bangui du 25 janvier 1997 sous la présidence des cinq Chefs d'Etat africain désignés par la conférence des Chefs d'Etat d'Afrique et de France et dirigé par un Comité International de Suivi (CIS) qui devait être maintenu et renforcé après les Accords de Bangui. L'envoi en Centrafrique d'une force internationale d'interposition et de paix, la Mission Interafricaine de Surveillance de Bangui (MIASB). La prise en compte du problème centrafricain par les Nations-Unies par la résolution 1125 du Conseil de Sécurité marquait une étape décisive dans le processus de paix. A cet effet, trois importants accords ont été signés en 1996 notamment :

-Le protocole d'accord politique du 05 juin 1996 ;

-Les Etats généraux de la défense d'août 1996 ;

-Le programme minimum commun de novembre 1996.[201]

Du 12 au 18 janvier 1997, la réunion du Comité de concertation et de dialogue était composée de trois commissions :

-La commission politique et institutionnelle ;

-La commission réconciliation et réparation ;

-La commission sécurité sociale.[202]

Chaque commission avait présenté un ensemble de résolutions et demandait une amnistie générale. Cette structure avait été mise en place par le comité de suivi sous la présidence du Général Amadou Toumani Toure[203].

Le 23 janvier 1997, c'est la déclaration commune préalable à l'accord de fin de mutinerie, une proposition du collectif des officiers de l'armée avaient demandé entre autres :

-L'arrêt des perquisitions et arrestation par l'armée française et les Gardes Présidentielles ;

-La dissolution du Centre National de Recherches et d'Investigations et du Service d'Enquêtes, de Recherches et de Documentation ;

-L'annulation du décret de transfert à Bouar du RDOT ;

-Un gouvernement de transition sur la base de large consensus avec la participation des mutins, la révision de la constitution.

---

[201] Idem.

[202] Entretien avec Keininga Phileas, Bangui le 01-11- 2018.

[203] Idem.

Le 24 janvier 1997, le CIS et le collectif des officiers ont signé la déclaration relative à la fin de la mutinerie sous le contrôle d'Amadou Toumani Touré. Le 25 janvier 1997 enfin, ce fut la déclaration des Chefs d'Etats qu'ils avaient signé : Omar Bongo, Ange Félix Patassé et Jean Marc Simon, Ambassadeur de France en Centrafrique.[204]

Les élections présidentielles du 19 septembre 1999, organisées dans un contexte de tension politique et de déliquescence de l'Etat étaient remportées par le Président Ange Félix Patassé avec 51,63% des voix. Mais la fin du cycle électoral n'avait pas mis un terme aux incertitudes politiques et institutionnelles. Les partis politiques d'opposition avaient déplacé leur combat dans la rue. Ils avaient demandé le départ du Chef de l'Etat ; c'est dans ce contexte qu'avait eu lieu une nouvelle tentative de Coup d'Etat[205].

La nuit du 27 au 28 mai 2001, fut marquée par la réjouissance de la fête des mères au palais de la Renaissance aux environs de 2 heures du matin, Bangui la capitale est sous la détonation des tirs sporadiques d'armes automatiques et lourdes. Ce fut la consternation totale parce que la radio nationale émet seulement la musique militaire. Seules la Radio France Internationale et Africa n°1 informaient le peuple Centrafricain du Coup d'Etat. Ainsi la résidence du Chef de l'Etat, la Radiotélévision centrafricaine, le centre émetteur de Bimbo et l'aéroport international *Bangui M'Poko* étaient pris d'assaut par les groupes armés.

Alertés par le coup de feu, le Général François Djadder voulant se rendre sur les lieux d'affrontement a été mortellement blessé où il a succombé quelques heures après à l'Hôpital Communautaire. Les assaillants ont libéré les détenus de la maison d'arrêt *de Ngaragba* et au Camp de Roux dont le Général Guillaume Lucien Ndjengbot. Le 30 mai 2001 le Général André Kolingba a revendiqué la paternité de ce Coup d'Etat sur RFI en disant :

> Les mutins et le Général Ndjengbot m'ont consulté en tant qu'ancien Chef d'Etat et Général d'Armée ; je m'engage à rétablir l'unité nationale ébranlée et la paix, assurer la transition vers les élections futures ; je demande à Patassé de démissionner ; je demande à la France de m'aider.[206]

En réponse à cette déclaration, le Président Ange Félix Patassé a pris un décret pour le rétrograder avec ses complices au garde des soldats de 2e

---

[204]Entretien avec Balafoundi Germain, Bangui le 21-01-2018.
[205]A. D. Olinga ''République Centrafricaine : entre putsch (s), déliquescence politique et désespérance sociale'', *Enjeux*, n° 09, Octobre-Décembre 2001, p.26.
[206]André Kolingba déclaration sur RFI à 19h30mn

classe[207] ; il avait annoncé aussi les représailles. Dix jours plus tard, les loyalistes et les autres forces d'assistance avaient repris la situation en main par des actions de grande envergure. Les armes lourdes utilisées avaient provoqué des dégâts énormes sur la population civile et des innocents notamment aux quartiers Ouango, Kassaï, Pétévo et Bimbo avaient péri.

Dans l'après-midi du 03 juin 2001, le Président Ange Félix Patassé mis à prix la tête de son adversaire André Kolingba contre 25.000.000 de francs CFA. Le Colonel Kadhafi se porta alors au secours du Président Patassé très affaibli et Jean Pierre Bemba opposant en RDC. En septembre 2001, plusieurs militaires et gendarmes sont mis en arrestation à cause de ce coup d'Etat manqué.[208] Le Ministre de la défense Jean Jacques Demafouth fut limogé puis placé en détention. Le Ministre de l'Intérieur, Théodore Biko, ainsi que le Chef d'Etat-major, le Général François Bozizé s'étaient écartés[209]. Après son retrait à la sortie Nord de Bangui l'ancien Chef d'Etat-major des Armées se réfugia au Tchad où plus de deux cent militaires et fidèles l'avaient suivi.

Du 25 au 28 octobre 2002, une colonne des militaires rebelles depuis Sido avaient attaqué la ville de Bangui après avoir parcouru plus de 600km sans résistance. De retour en province, les rebelles avaient détruit tous les services et les édifices publics des villes et les villages étaient incendiés. Le pays avait connu des évènements douloureux d'ordre social, économique et politique. Pour ce fait le Président Ange Félix Patassé a fait appel aux troupes rebelles de Jean Pierre Bemba pour aider l'armée loyaliste centrafricaine dans la conquête des zones tenues par les rebelles. Mais de toutes ces atteintes à la sûreté intérieure de l'Etat, les plus meurtries sont celles du 25 octobre 2002 au 15 mars 2003 ; des certaines de centrafricains sont tués et plus de 10.000 personnes déplacées à l'intérieur comme à l'extérieur du pays. A partir du 14 au 15 mars 2003, profitant du voyage du Président Ange Félix Patassé au sommet de CEN-SAD à Niamey au Niger, les troupes rebelles du Congo Démocratique se sont repliés au PK 22 puis au PK 12. La panique gagna la population et les troupes rebelles se fondirent dans la nature.

-De François Bozizé à Djotodia

Les militaires fidèles au Général François Bozizé avaient réussi leur Coup d'Etat avec les éléments de l'armée nationale et des Tchadiens sans

---

[207]Le décret du 30 Mai 2001 rétrogradant Kolingba et ses acolytes
[208]Plus de 300 militaires et gendarmes Yakoma sont poursuivis devant la cour criminelle de Bangui
[209]Anonyme, ''Centrafrique : Bozizé visé par une enquête pour violations des droits de l'homme'', *Jeune Afrique* : www.jeuneafrique.com du 04 mai 2013.

résistance de quelques troupes installées à Bangui sauf une petite résistance à l'aéroport Bangui M'poko. Ce fut donc le renversement d'un président démocratiquement élu. La RCA est une nouvelle fois assaillie avec une ampleur sans commune mesure en 2012, quand des bandes armées tchadiennes et soudanaises, auxquelles se rallient des musulmans du Nord, se rassemblent sous l'appellation de *Séléka* et marchent sur la capitale. La *Séléka* entre à Bangui le 23 mars 2013 et chasse le président en place[210]. Son chef, un musulman du Nord, Michel Am-Nondokro Djotodia, s'autoproclame président.

De tout ce qui précède, l'histoire politique de la République Centrafricaine de 1958 à 2013 a été caractérisée par une abondance d'évènements de nature diverse. Cet Etat n'a connu qu'une suite de régime politique autoritaire dont les responsables procédaient chaque fois à un changement radical des textes constitutionnels en vue de servir leurs intérêts personnels. Pendant plus de quarante ans, on a pu constater des carences dans les méthodes de gouvernements. Il en résulte plus particulièrement des phénomènes tels que la personnalisation excessive du pouvoir, le déni des droits fondamentaux de la personne, la prédominance des gouvernements non élus et n'ayant de compte à rendre à personne.[211]

Toutefois, les crises militaro politiques qu'a connues la République Centrafricaine depuis son indépendance le 13 août 1960 jusqu'à nos jours, ont donc été l'occasion d'asseoir en catimini des restrictions inacceptables des droits et libertés inhérents à la personne humaine. Autrement dit, depuis 1966, un rapide décompte statistique révèle que la plupart des manifestations de violence politique est d'origine martiale. Cet activisme est fait de mutinerie, de tentatives de coup d'Etat et de prises effectives du pouvoir par l'armée ; lesquels coups d'Etat se sont traduits par une occupation des institutions par les militaires.

---

[210] E. Picco, ''Centrafrique : pourquoi faut-il encore parler de la Séléka'', Paris, *IFRI,* n°24, 2016, p.1.

[211] Depuis l'indépendance, la République Centrafricaine est une Nation minée par la pauvreté ayant connu des régimes dictatoriaux et d'instabilité politique. Les autres traits qui caractérisent tous les différents régimes sont les suivants : la corruption, le clientélisme, l'improvisation, la confiscation du pouvoir par une minorité, l'arbitraire, l'absence de volonté et de vision politique claires, l'exclusion, l'affairisme et une conception étroite du pouvoir. A cela, il faut ajouter les traits caractéristiques particuliers des hommes politiques centrafricains : crise de confiance entre les différents acteurs de la vie politique du pays. Presque sans exception, chaque dirigeant de la République Centrafricaine est arrivé au pouvoir et a toujours fini à être renversé par un coup d'Etat militaire. Rien qu'au cours de ces quatre décennies, la République Centrafricaine a vécu au moins plus d'une dizaine de soulèvements militaires auxquels s'ajoute aujourd'hui un état de rébellion quasi permanent non encore éradiqué en dépit de l'organisation incessante de ce qui est convenu d'appeler ici « le dialogue national ».

L'insécurité vécue et ressentie en République Centrafricaine depuis 1966 est un vrai problème et une menace réelle sur les valeurs de solidarité et de démocratie. Elle continue de préoccuper les autorités politiques centrafricaines et la population civile, la communauté internationale et la sous-région.

3-De Catherine Panza à Faustin Touadera

Catherine Samba-Panza, est née le 26 juin 1954 à Fort-Lamy (aujourd'hui N'Djamena (Tchad)), est une femme d'État centrafricaine, chef de l'État de la République centrafricaine au cours de la période de transition du 23 janvier 2014 au 30 mars 2016.[212] D'un père camerounais et d'une mère centrafricaine, Catherine Samba-Panza grandit à Bangui où son oncle maternel, un diplomate, est son tuteur. De confession chrétienne, elle parle français et arabe. Elle entame des études de droit en France. Elle obtient divers diplômes : une licence en sciences de l'information et de la communication, ainsi qu'un Diplôme d'Etudes Supérieures Spécialisées (DESS) en droit des assurances obtenus à l'université Panthéon-Assas (Paris II). Dans les années 1990, elle revient à Bangui pour intégrer la filiale en Centrafrique du groupe Allianz. Avant d'entamer sa carrière politique, elle a fondé et dirigé une société de courtage en assurance.

Elle milite au sein de l'association des femmes juristes de Centrafrique (AFJC), association spécialisée dans la lutte contre les mutilations génitales et toutes les autres formes de violence que subissent les femmes centrafricaines.[213] Elle est également formatrice en droits humains au sein du programme Afrique d'Amnesty International, ce qui l'amène à rencontrer de nombreuses organisations non gouvernementales dans la région des Grands Lacs. En 2003, peu après le coup d'État de François Bozizé, Catherine Samba-Panza co-préside le dialogue national puis est élue présidente du comité chargé de suivre et d'évaluer régulièrement les recommandations issues de ce dialogue.

En mai 2013, deux mois après que la Séléka a renversé le régime du président François Bozizé, elle est nommée maire de Bangui par le nouveau régime4. Elle n'est affiliée à aucun grand parti politique. Alors que le pays est plongé dans la crise, le président Michel Djotodia est poussé à la démission le 10 janvier 2014. Un nouveau chef d'État de transition doit être alors élu par le Conseil national de transition, le Parlement provisoire centrafricain, avant la tenue d'élections nationales envisagées en 2015. Catherine Samba-Panza fait

---

[212] V. Duhem, '' Crise centrafricaine : 5 choses à savoir sur Catherine Samba Panza'', la nouvelle présidente de transition », *Jeune Afrique*, 20 janvier 2014, consulté à Bangui le 10-01-2025 à 18h00.
[213] A. Courter, '' À Tourcoing, la maire de Bangui témoigne sur la situation centrafricaine'', La Voix du Nord, 7 décembre 2013, consulté à Bangui le 10-01-2025 à 18h40.

partie des huit candidats retenus par le CNT parmi vingt-quatre déclarés et figure parmi les favoris. Poussée par les associations féministes, non marquée politiquement par un camp, elle a le soutien de nombreux diplomates étrangers5. Frôlant l'élection dès le premier tour avec 64 voix, soit une de moins pour obtenir la majorité absolue, elle l'emporte au second tour sur Désiré Kolingba, le fils de l'ancien président André Kolingba6. Elle obtient 75 voix contre 53. Aussitôt après son élection, elle appelle les miliciens de l'ex-Seleka et anti-Balaka à déposer les armes.[214] Elle prête serment le 23 janvier 2014 et devient la première femme centrafricaine à accéder au rang de chef de l'État ; elle est également la deuxième femme chef de l'État en Afrique francophone après Rose Rogombé, présidente par intérim de la République gabonaise de juin à octobre 2009.[215]

Faustin-Archange Touadéra, né à Bangui le 21 avril 1957, est un professeur et homme d'État centrafricain, Premier ministre de 2008 à 2013 sous le régime de François Bozize, puis président de la République à partir de 2016. Fils d'une famille de 10 enfants, du quartier populaire de Boy-Rabe de Bangui, Faustin-Archange Touadéra est né le 21 avril 1957, d'un père chauffeur et d'une mère cultivatrice1. Il étudie en mathématiques à l'université Lille-I et obtient un doctorat en 1986. En 1987, il devient professeur assistant de mathématiques à l'université de Bangui et il est vice-doyen de la faculté des sciences de l'université de 1989 à 1992. Il rejoint le Comité inter-États pour la standardisation des programmes de mathématiques dans les pays de langue française et l'océan Indien (CIEHPM) en 1999, servant en tant que président du comité de 2001 à 2003.[216]

En 2004, il obtient un deuxième doctorat à l'université de Yaoundé. Il est vice-chancelier de l'université de Bangui en mai 2004 puis recteur de cette dernière de 2005 à 2008, période durant laquelle il contribue au lancement de plusieurs initiatives clés, telles que le programme de formation à l'entrepreneuriat et le consortium Euclid. Il est diacre dans une église baptiste de l'Union Fraternelle des Églises Baptistes. Faustin-Archange Touadéra est nommé Premier ministre le 22 janvier 2008 par le président François Bozizé à la suite de la démission d'Élie Doté. Le 12 janvier 2013, il est destitué de ses fonctions à la suite de la guerre civile menée par une coalition à tendance

[214] T. Borrel, *L'Empire qui ne veut pas mourir: Une histoire de la Françafrique*, Paris, Seuil, 2021, p.918.
[215] Élection présidentielle de 2020 Catherine Samba-Panza, qui n'est affiliée à aucun parti politique, annonce sa candidature le 28 août 2020 pour l'élection présidentielle prévue pour le mois de décembre de la même année10. Elle n'obtient que 0,9 % des voix.
[216] V. Hugeux, ''Faustin-Archange Touadéra: Réconcilier les Centrafricains'', lexpress.fr, France, 29 mai 2016, consulté à Bangui le 22-08-2024 à 12h00.

musulmane la Séléka, avant d'être remplacé le 17 janvier par Nicolas Tiangaye, qui constitue un cabinet d'union nationale le 3 février suivant. En 2014, il se réfugie sur la base de l'ONU de Bangui pendant six mois puis à Villeneuve d'Ascq, en France, avec son épouse et ses trois enfants. Faustin-Archange Touadéra avec le secrétaire d'État américain Mike Pompeo. De retour en Centrafrique en 2015 après l'intervention militaire Sangaris et la mise en place d'une transition politique, il arrive deuxième du premier tour de l'élection présidentielle de 2015-2016, avec 19 % des voix, derrière son opposant, Anicet-Georges Dologuélé qui arrive en tête avec 23,7 %. Il est finalement élu président de la République à l'issue du deuxième tour, avec 62,7 % des suffrages contre 37,3 % à Anicet-Georges Dologuélé.[217]

Le 26 septembre 2020, Faustin-Archange Touadéra, a annoncé sa candidature à l'élection présidentielle prévue le 27 décembre 2020.Selon des résultats provisoires, le président a été réélu à la tête de la République centrafricaine avec 53,92 % des voix au terme d'un cycle électoral mouvementé. Le 18 janvier 2021 la Cour constitutionnelle valide sa réélection avec 53,16 % des voix. Le 17 mars 2023, Faustin-Archange Touadéra prend la présidence de la Communauté économique et monétaire de l'Afrique Centrale (CEMAC). La nouvelle Constitution centrafricaine soumise à referendum le 30 juillet 2023 prévoit de faire passer le mandat présidentiel de cinq à sept ans sans restriction de nombre.[218] En cas d'adoption du texte, Faustin-Archange Touadéra pourrait se représenter en 2025.

Il fait appel à la société de sécurité privée russe Wagner pour aider au rétablissement de la stabilité du pays, ce qui entraine une détérioration des relations avec la France, dont le président Emmanuel Macron ordonne le retrait des coopérants français et la suspension de l'aide économique. Le groupe Wagner obtient, en échange de sa présence, des concessions minières[219]. Le rapprochement du président Touadéra avec la Russie se ressent également dans sa politique étrangère, puisqu'il est l'un des rares chefs d'État à apporter son soutien à la décision de Vladimir Poutine de reconnaître l'indépendance des républiques populaires de Donetsk et de Lougansk en février 2022. Le 2 mars 2022, lors du vote de la résolution ES-11/1 condamnant l'agression contre l'Ukraine, le délégué centrafricain à l'Assemblée générale des Nations unies

---

[217] K. Ornella, ''Centrafrique : S.E Touadera, impliqué dans la promotion de la culture religieuse'', lavoixdafrique.info, 23 août 2022, consulté à Bangui le 15 -11-2024 à 16h00.

[218] P. Huon, ''Centrafrique : Faustin-Archange Touadéra, nouveau président surprise'', Paris, *Liberation*.fr, 21 février 2016, consulté à Bangui le 16-04-2024 à 10h00.

[219] Jeune Afrique avec AFP, '' Faustin-Archange Touadéra annonce sa candidature à la présidentielle centrafricaine '', sur *Jeune Afrique*, 26 septembre 2020 consulté à Bangui le 08-09-2024 à 19h00.

s'abstient.[220] En septembre 2023, il conclut un contrat avec la *Bancroft Global Development* en, une société américaine qui affiche dans son organigramme un ancien mercenaire français et militant au GUD, Richard Rouget. En avril 2024, il est reçu à l'Elysée pour la seconde fois depuis le début de son mandat pour signer une feuille de route qui va prévoir le rétablissement de rapports bilatéraux entre les deux pays.

---

[220] P. Pabandji, '' Centrafrique : la réélection de Faustin-Archange Touadéra validée par la Cour constitutionnelle'', *Jeune Afrique*, 18 janvier 2021, consulté à Bangui le 10-11-202 à 17h00.

CHAPITRE II
LES RICHESSES DE LA REPUBLIQUE CENTRAFRICAINE : LA FRANCE ET L'EXPLOITATION DES DIAMANTS PENDANT LA PERIODE COLONIALE

I-LES TYPOLOGIES DES RICHESSES EN REPUBLIQUE CENTRAFRICAINE

Il convient de démontrer que ces richesses naturelles (métaux, minerais, source d'énergie, nappes phréatique), ont été l'objet d'instabilité national. Les plus convoitées dont fait face notre étude sont les minerais. La République centrafricaine a un potentiel minier très important. Le plan minier national a identifié au moins 470 indices minéraux constitués de substances énergétiques, non métalliques, de métaux non ferreux, de diamant et or. En dépit du formidable potentiel minier et des gisements connus, seul le diamant et l'or sont exploités d'une manière artisanale. Avec une production annuelle de l'ordre de 500000 carats, la République Centrafricaine occupe le 10ᵉ rang mondial par le volume et se place 5ᵉ pour la qualité des pierres.

A-LES RESSOURCES MINERALES

Le Centrafrique a une diversité géologique qui s'organise autour de deux ensembles à savoir les formations du socle, caractérisées par l'Archéen (400.000 km² soit 2/3 du territoire), et les formations d'une couverture sédimentaire d'âge paléozoïque à quaternaire. Ces terrains sédimentaires couvrent le bassin du Tchad au nord et le bassin du Congo au sud. Le Centrafrique présente des formations fluvio-glaciaires primaires (série de Mambéré et de Kombélé); des formations du Crétacé secondaire (plateau de Berbérati-Carnot et de Mouka Ouadda); des formations récentes tertiaires (plateau de Mouka-Ouadda et plateau de Bambio) et quaternaires (bassin de la Sangha et aux abords du lac tchadien). Malgré cette immensité de richesse, la contribution du secteur minier dans le développement du pays reste jusqu'à présent en deçà de l'espoir attendu, avec seulement 4% au PIB et 40% de recettes à l'exportation. Il se pose cependant un problème quant à la gestion publique de ces ressources minérales, qui pourraient mieux participer au développement de la société centrafricaine.

Le sous-sol centrafricain n'a pas encore fait l'objet d'une prospection systématique, ni de recherche sérieuse. Malgré la faiblesse de ces recherches, le plan minier national avec le concours de la Banque Mondiale achevé en mars 1995 a identifié et localisé de manière précise pas moins de 470 indices minéraux. La République Centrafricaine, dotée d'un riche patrimoine minéral (essentiellement diamant mais aussi or, uranium, cuivre, colombo-tantalite, monazite, étain, lignite, phosphates et calcaire) a pour politique d'attirer les investisseurs nécessaires à la mise en valeur de ce patrimoine.[221]

---

[221] Le Gouvernement encourage la création et le développement d'un secteur minier actif et prospère capable de contribuer d'une manière significative à l'économie du pays. Dans ce

1-Les diamants

Des diamants et de l'or ont été découverts pour la première fois en République centrafricaine au début du XXe siècle, lorsque le pays était encore sous la domination coloniale française.[222] L'administration coloniale a alors octroyé concessions à des entreprises privées pour exploiter les ressources minérales. Les diamants sont rapidement devenus la deuxième exportation de la RCA après le coton. Les sociétés minières internationales ont connu leur apogée en RCA dans les années 1950, avec le diamant. Après l'indépendance en 1960, les sociétés minières internationales se retirent du pays et les investissements chutent. Toutefois, le nouveau régime libéralise le secteur du diamant en ouvrant les mines à tous les citoyens, ce qui provoque une ruée vers le diamant, et les exportations annuelles passent de 70000 carats en 1960 à près de 537000 en 1965. La gestion erratique de cette ressource sous Bokassa provoque une baisse des investissements en exploration, et la production baisse pour atteindre en 1979, production environ 290000 carats par an.[223]

Toute la production de diamants de la RCA (530991,68) carats exportés officiellement en 1994 provient de gisements alluviaux, que l'on pense être dérivé des formations des Grès Crétacés de Carnot-Berberati et de Mouka-Ouadda qui en seraient les roches magasins secondaires. L'origine des pierres est toujours inconnue. Bien qu'il soit une association géographique entre les gisements alluviaux et les grès, aucun diamant n'y a jamais été trouvé. On n'a

---

contexte, il souhaite pouvoir participer avec les investisseurs pour le développement de toute substance dans des zones plus favorables. Depuis les années 1930, les recherches sommaires engagées ne couvrent qu'une partie du pays. Portées sur le diamant et l'or en raison de leur valeur, ces recherches vont s'étendre à d'autres indices minéraux pour aboutir entre 1950 et 1960 à un levé géologique au 1/50 000 000e. Quelques gisements ont été mis à jour : Uranium de Bakouma, Lignite de Nzako - Fer de Bogoin - Cuivre de Ngadé - Calcaire de Bobassa A cela s'ajoute à des degrés divers l'étain, le nickel, le chrome et les terres rares. La présence de greenstones belts donne la possibilité de découvrir de gros gisements primaires d'or. De même, la position du pays à cheval sur une zone mobile et sur la bordure du craton congolais fait espérer la mise à jour des kimberlites diamantifères. Enfin, les fosses sédimentaires de Doba au Nord voisines des bassins de Doséo et de Salamat ouvrent des perspectives pour l'exploration pétrolière. Toutefois, malgré la présence des organismes de recherches, la couverture complète du pays n'a pas été assurée. Une grande partie de l'Est reste à prospecter, ce qui promet de véritables révélations, compte tenu de la richesse minérale des Etats voisins. De plus, la plupart des travaux d'exploration sont concentrés sur des objectifs connus, à savoir, diamant, or, uranium, fer. Il convient que l'exploration du sous-sol centrafricain reste à réaliser.
[222]

https://fr.wikipedia.org/wiki/Industrie_mini%C3%A8re_en_R%C3%A9publique_centrafricai ne, consulté à Bangui le 11-02-2023 à 10h00.
[223] A. Jaillon et al, '' Mapping artisanal mining sites in the western central African Republic'', *International Peace Information Services,* novembre 2019, pp.11-12.

pas identifié non plus des kimberlites ou d'autres sources bien que le contexte cratonique de la région y soit favorable. L'étude des sédiments indiquent que, les épandages fluviatiles des formations de Carnot proviennent du Sud. On suppose que, la roche mère des diamants se trouve au Sud de la RCA et qu'elle a été soit érodée, soit recouverte de sédiments plus jeunes

En termes de quantité, la RCA est un producteur de diamants relativement mineur par rapport à l'Angola et la RDC. La qualité des diamants y est cependant beaucoup plus élevée, notamment par rapport à la RDC. Alors que celle-ci produit principalement produit des diamants industriels, 80 % des diamants de la RCA sont de qualité gemme, la RCA est le premier pays d'Afrique centrale producteur diamant donc plus qu'Angola et RDC cinq fois plus chers reste de pays d'Afrique centrale. La qualité des diamants de la RCA se classe ainsi au cinquième rang dans le monde. Les chiffres de la production de diamants dans les années 90 sont en moyenne de 460000 carats. Pendant la période précédant la crise économique 2004-2007, la production s'élevait à 404550 carats puis elle tombe à 328530 carats sur la période 2008-2011 (soit une baisse de 19 %). On estime le potentiel annuel actuel de la production de tous les sites diamantifères de la RCA à environ 187000 carats.[224]

2-L'or

Outre le diamant, la République Centrafricaine possède de nombreuses ressources minières. De nombreux gisements d'or ont été exploités d'abord dans l'Est du pays à Pouloulo et Roandji, ensuite dans l'Ouest : région de la Lobaye, Sud de N'Baïki à Moboma, région de la Haute-Sangha, Ouest de Berberati à Sosso et Poligo et dans la région de Bouar-Baboua. Aujourd'hui, la production d'or est quasi-nulle. Cela est dû essentiellement à l'intérêt porté particulièrement à l'exploitation du diamant. Mais les gisements d'or sont toujours nombreux en République Centrafricaine. De nombreux indices d'or ont été reconnus près de Rogoin et de Boféré entre Damara et Bogangolo entre Bangui et Damara, le bassin de la Kouma entre Sibut et Grimari, le Bassin de l'Ouakini entre Kouango et Mobaye. L'étain a été découvert dans le massif du Yadé. Des zones à forte densité des puits ont fait l'objet "d'investigations méthodiques" au Sud et au Nord de la route Ippy-Bria etc.[225]

Des traces d'or sont relevés dans pratiquement tout le pays, certaines associées avec des granites tardi-tectoniques (par exemple le massif dans le nord

---

[224] Ken Matthysen et al, '' Gold and diamonds in the Central African Republic : The country's mining sector, and related social, economic and environmental issues'', IPIS, février 2013, pp.9-10.
[225] Ibid.

de la feuille de Djéma). Beaucoup sont associées avec des quartzites ferrugineux abondants dans tous les affleurements du Précambrien. Seulement quelques gisements primaires ont été décrits à ce jour. Sosso-Polipo, dans le Sud-ouest: il s'agit d'un réseau de filons de quartz large de 150 mètres et long de 1 kilomètre dans un encaissant de micaschistes gréseux et de schistes graphitiques. Il a été exploité par la Compagnie Minière de l'Oubangui Occidentale (CMOO) entre 1931 et 1950 avec une production de 3,9 tonnes d'or extrait d'alluvions, de l'éluvion ou en roche. Entre 1951 et 1955, la CMOO avec l'aide du Bureau Minier de la France d'Outre-mer (BUMIFOM), qui deviendra le Bureau de Recherches Géologiques et Minières (BRGM), a entrepris une évaluation approfondie du gisement (un peu moins de 1 km de galeries ont été creusées). Un bloc de 21750 m^3 de contenant 349 kg d'or (6,4g/t) a été défini sous 150000m^3 de stériles, ce qui n'était pas économiquement viable à l'époque. Ce n'est qu'en 1987-88 que le BRGM a de nouveau étudié la région avec une campagne d'échantillonnage d'alluvions et de concentrés de minéraux lourds. Ils ont montré que les anomalies en or sont localisées dans les schistes gréseux au contact avec les roches basiques. Moboma, au Sud-Ouest de Bangui constitué par un important champ de filons de quartz encaissés dans des schistes gréseux du Protérozoïque Supérieur qui sont rubéfiés et cariés par l'altération. Les schistes sont recoupés par des intrusions doléritiques. La Société Minière de la Moboma (SMM) a produit entre 1938 et 1950 543 kg d'or essentiellement alluvial. Comme à Sosso, la (SMM) avec l'aide du BUMIFOM a conduit une évaluation approfondie du gisement entre 1951 et 1953. Ce travail comportait 1256 mètres de tranchées et 43 puits. Les résultats obtenus furent presque totalement négatifs et le gisement a été abandonné.[226]

Il y a très peu d'exploitation artisanale dans la région. Bogoin-Toropvo, 130 km au Nord de Bangui: il s'agit d'un stockwerk de filons de quartz encaissé dans des roches vertes et des quartzites ferrugineux du Protérozoïque Supérieur. La Société de Recherche et l'Exploitation Minière en Oubangui (SOREXMO) a exploité entre 1938 et 1950 les alluvions et les éluvions. Soixante-neuf kilogrammes d'or ont été extraits des alluvions et 111 kg des filons de quartz et des épontes minéralisées, soit une teneur moyenne estimée à 6g/t. l'éluvion au Sud et à l'Est du réseau filonien, échantillonné en 1953, à une teneur moyenne de 8,8g/t. Bogoin a fait l'objet de deux études récentes. Une équipe de géologues de l'Université de Bangui a entrepris, sur financement FAC (French Aid and Cooperation), une évaluation des indices aurifères en RCA.[227]

---

[226] Matthysen et al, ''Gold and diamonds in the Central African Republic'', p.12.
[227] Ibid.

Ils ont conduit en 1987-1989 une campagne géochimique et géophysique qui a permis d'identifier une forte anomalie en or (800 pb) à 2 km au Sud du gisement exploité. Il s'agit d'un stockwerk quartzeux minéralisé en sulfures d'or libre. Il est encaissé dans les roches vertes en contact des migmatites. Il a été observé sur une zone de 500 mètres sur 10 mètres avec une teneur de 5g/t. Certains filons donnent des teneurs voisines de 100g/t. un programme de travaux; aidé par la coopération allemande, a couvert entre 1988 et 1991 une superficie de 24 hectares par forage. Il en résulte l'identification d'une zone minéralisée estimée à 1 tonne d'or métal à 6g/t. la zone minéralisée pourrait se poursuivre sur plusieurs kilomètres au Nord et au Sud de la zone forée. Gaga-Yaloké, au Centre-ouest. La Compagnie Equatoriale de Mines (CEM) a extrait, entre 1936 et 1952, 1,54 tonnes d'or des matériaux d'altération de filons de quartz et minéraux pyriteux encaissés dans les migmatites. La région a été prospectée par le BUMIFOM en 1954 et par Edlow Resources, une compagnie canadienne, en 1985. En 1986, ils ont retenu le Bureau de conseils géologiques Robertson Research (UK) pour évaluer les réserves du filon principal (zani) qui s'étend sur plus de 2 kilomètres.

Les teneurs étaient un peu décevantes (300000 tonnes à 1,26g/t).[228] Les autres filons ainsi que l'encaissant (zone de contact entre les quartzo-schistes et un granite gneissique) n'ont jamais échantillonnés et analysés. Roandji, au Centre du pays: la minéralisation parait essentiellement contrôlée par des quartzites ferrugineux pyritisés et silicifiés dans un contexte de ceinture de roches vertes. La Compagnie Equatoriale des Mines (CEM) a extrait, entre 1929 et 1959, 1,7 tonne d'or alluvial. En 1953, le BUMIFOM a foncé un réseau de puits qui a permis de déceler une bande (20 mètres sur 2 kilomètres de long) de stockwerks de filons de quartz avec des teneurs pouvant atteindre 4g/t. le (BRGM) a identifié au cours des campagnes géochimiques stratégiques en 1987-88, deux anomalies à Djoubissi où il n'y a aucune exploitation alluviale. La présence de chrome et de nickel suggère que des roches basiques doivent être associées avec les quartzites ferrugineux et les gneiss à biotite cartographiés. L'analyse des itabirites silicifiées d'Agoudou Manga, au contact avec des granites, donne des teneurs de 50g/t. Le lessivage de l'éluvion (sur un substrat d'amphibolite, itabirite et quartzites) dans la vallée de la Gouda donne des teneurs de 9,32g/t. Irdéré, près de la frontière avec le Cameroun à l'Ouest de Carnot: la minéralisation est contrôlée par des filons de quartz qui lardent un granite séricité. La production alluvionnaire a été de 279 kilogrammes d'or pour la Société Or Oubangui entre 1941 et 1951. La Société Minière de Baboua

---

[228] Matthysen et al, '' Gold and diamonds in the Central African Republic'', p.12.

(SOMIBA), 1954-1956 et la DIAMOR (1956-1957) ont récupéré 3,56 kg d'or par broyage et amalgamation du quartz filonien.[229]

Des filons de quartz aurifères de 940 mètres de long et de 10 mètres de large recoupent des amphibolites migmatisées aux environs du col de Quijoux au Sud-Ouest de Ouanda-Djallé. Ils donnent des teneurs qui montent jusqu'à 5,8g/t. Il est certain que la prospection d'or primaire en RCA a été insuffisante à ce jour. La plus grosse partie de l'or a été surtout extraite des alluvions jusqu'à 1952 et exclusivement depuis. L'exploitation de l'or en filon ou même dans les matériaux d'altération nécessite des techniques et un équipement qui n'est pas à la portée des artisans orpailleurs, qui de toute façon préfèrent chercher le diamant. Depuis l'arrêt de la cartographie de reconnaissance en 1962, peu de prospection stratégique a été faite en RCA. Les quelques programmes d'exploration d'or ont été confinés aux indices connus. Peu de nouveaux gisements alluviaux et aucun nouveau gisement primaire n'ont été découvert depuis les années 40, ce qui est aberrant surtout si on se rappelle que les ceintures de roches vertes archéennes aurifères de Zaïre et du Cameroun voisins se prolongent en RCA. [230]

3-Le marché de l'uranium

Le Commissariat à l'Energie Atomique (CEA) a découvert un gisement d'uranium près de Bakouma après une campagne radiométrique aéroportée en 1959-1960 suivie d'études au sol d'anomalies en 1961. Le gisement a été évalué en 1963 et 1968. Le gisement se trouve dans des sédiments phosphatés de l'Eocène, recouvrant des dolomies karstifiées du Précambrien, et préservés dans un bassin tectonique d'effondrement. Il est relativement profond et contient un pourcentage élevé de phosphate (2,5%), ce qui pose des problèmes de

---

[229] Le BRGM a entrepris en 1987-88, une reconnaissance géochimique et alluvionnaire générale dans la région d'Irdéré. Ils ont mis en évidence des teneurs de 5,6g/t d'or dans des échantillons prélevés par rainurage près du contact entre les filons et le granite et de 7,3 g/t dans des faciès filoniens pyriteux. La zone minéralisée présente une structure Nord-Sud sur plus de 1 kilomètre. A Pouloubou, au Centre-est du pays: la minéralisation est contrôlée par des stockwerks de filons de quartz pyritiques et par des lentilles d'oxydation de pyrite aurifère dans l'encaissant de schistes amphibolitiques et de schistes graphitiques. La CEM a extrait, entre 1932-51, 3,265 kilogrammes d'or d'alluvions de Pouloubou et de Gounda.

[230] La carte des indices miniers de la RCA montre que beaucoup des indices d'or sont associés avec des affleurements de quartzites ferrugineux rubanés, qui sont abondants dans tout le pays. La teneur de fer (surtout oligiste ou hématite spéculaire) est dans beaucoup de localités suffisamment élevée pour être qualifiée de minerai. Certains de ces itabirites (à Bogoin et Roandji par exemple) sont aurifères et font clairement partie des ceintures de roches vertes. Il est recommandé que l'on vérifie la présence d'or autour des affleurements de quartzites ferrugineux.

métallurgie. Les réserves sont estimées à 16765 tonnes d'uranium métal avec un taux de 0,255% d'uranium.

Le 8 novembre 1968, un communiqué officiel du Gouvernement Centrafricain annonce la décision de mettre en exploitation les gisements d'uranium de M'Patou dans la région de Bakouma. Cette décision fait suite aux accords intervenus en juillet et Novembre 1968 entre le Gouvernement Centrafricain et le Commissariat Français à l'Energie Atomique (AEA). L'année suivante, est fondée l'URBA (Compagnie des Mine d'Uranium de Bakouma). Son capital est de 2200 millions de francs CFA. En 1972, la France abandonne le projet. Cause de cet abandon, selon les autorités françaises "importance du coût de transport, et mauvaise conjoncture internationale quant au marché de l'Uranium.[231]

Une Compagnie d'Exploitation(URCA) a été formée en 1975 par Alusuisse (33,3%), le gouvernement de la RCA (33,3%), le CEA (16,7%) et d'autres actionnaires français (16,6%). L'exploitation n'étant plus économiquement rentable après la chute des cours de l'uranium, la compagnie a été dissoute en 1981. La compagnie japonaise *Nuclear Power Corporation* (PNC) a réévalué le gisement entre 1989 et 1991. En 1976, Alusuisse a identifié la source des anomalies radioactives associées avec un granite à 140 km au Nord de Bangui. Il s'agit d'uraninite primaire disséminé et d'haïvesite, autunite et calcaire uranifères secondaires

En Mai 1973, le Gouvernement Centrafricain signe une convention avec une société américaine d'ingénieurs conseils, "Agricola Métals Corporation". Depuis la convention est restée lettre morte. Le 8 janvier 1974, le Gouvernement Centrafricain trouve un remède à la crise. Un accord est signé avec la Société Helvétique ALUSUISSE de Zurich pour l'exploitation de l'uranium. Le lendemain de la signature de cet accord, Monsieur MEYER, président d'ALUSUISSE déclare : "nous avons accepté de faire des études suivies, approfondies et sérieuses du gisement d'uranium de Bakouma en vue de préparer une mise en valeur aussi vite que possible".

- Le cuivre, le fer et le Nickel

Le cuivre repose encore au fond du sel centrafricain. Plusieurs indices ont été décelés au Nord-Ouest de Rafaï, au Sud-Est de Birao et à Ngadé. Le gisement de cuivre de Ngadé semble représenter des conditions géologiques analogues à celles du gisement soudanais d'Ofrat en-Nahas où 300000 tonnes de cuivre ont été mises en évidence.

---

[231] Matthysen et al, " Gold and diamonds in the Central African Republic'', p.12.

On connait dans la région de Ngadé au Sud Est de Birao, des filons de quarts massifs minéralisés en cuivre (pyrite, oxyde de fer, sulfure de cuivre malachite) disposés en échelon sur une distance de 5,5km. L'épaisseur des grains varie entre 0,5 à 14 m. La Direction Générale des Mines les a étudiés en 1965 et une équipe de géologues roumains les ont échantillonnés par rainurage en 1972. La teneur moyenne est de 0,3% de Cu pour 45 rainures avec une distance d'échantillonnage de 50 mètres. Huit échantillons ont une teneur entre 1,21% et 5,77% dont cinq successifs avec une teneur moyenne de 3,2% de Cu sur plus de 250 mètres.[232] L'or est pratiquement absent. Les veines de Ngadé ont toujours attiré l'attention des prospecteurs parce qu'apparemment elles sont associées à une structure orientée OSO-ENE dans le prolongement de laquelle se trouve le gisement de cuivre de Hofrat-en-Nahas au Soudan (350.000 tonnes) à 80km à l'Est. Toutefois, les fractures orientées NE-SO qui contrôlent la minéralisation à Hofrat-en-Nahas sont absentes en Ngadé.[233] Les veines de Ngadé, encaissées dans des quartzites du Protérozoïque Inférieur, transparaissaient à travers la couverture quaternaire de sables tchadiens. Il est possible que les affleurements de surface aient été lessivés et que les teneurs augmentent en profondeur, bien que la nature massive des veines le rende improbable. La cuvette de Bakouma, au Nord de Bangassou, est potentiellement plus intéressante pour l'exploration des métaux de base. Ici le Protérozoïque Supérieur est préservé dans un bassin synclinal ouvert vers l'Est et le Nord. Des sédiments fluvio-glaciaires, dont des tillites grossières, sont recouvertes par des argilites, souvent silicifiées, qui passent vers le haut à des schistes argileux noirs et une dolomie épaisse (Des anomalies en Cuivre (en roches et alluvions) ont été relevées par le BGRM près de Bakouma sur la feuille topographique de Boda.

Le fer abonde en République Centrafricaines. Des réserves intéressantes sont à noter dans la région de Damara et de Bogoin. Ces réserves sont évaluées à 3530500 tonnes avec une teneur pondérée en fer métal de 62,42 % le minerai présente un degré élevé de pureté. Des conditions sont favorables à l'exploitation à ciel ouvert. Les indices de Nickel ont été reconnus dans le centre du pays dans la région de Bossangoa. Le chrome se trouve près de Bogoin. En 1852, des concentrations de manganèse ont été reconnues à l'Est de Ouanda-Djallé. Un peu de cobalt est associé au manganèse. En 1960 et 1961, deux campagnes de mesures gravimétriques ont été entreprises dans le Nord du pays en vue de fournir des éléments à une recherche pétrolière éventuelle : épaisseur des sédiments et possibilité d'existence d'une fosse sédimentaire. Les choses

---

[232]https://wikileaks.org/car-mining/html/CAR-Mineral-Resources/CAR-Mineral-Resources.pdf, consulté à Bangui le 02-02-2024 à 18h00.
[233] Matthysen et al, '' Gold and diamonds in the Central African Republic'', p.13.

semblent s'éclaircir en 1973.[234] La société mixte Centrafricaine-roumaine Scarontine nouvellement créée est chargée entre autres préoccupations de l'étude et l'exploitation du gisement d'hydrocarbure de la République Centrafricaine. Ce gisement est déjà reconnu près des frontières tchadiennes. Des quartzites ferrugineux rubanés sont fréquents dans les affleurements du Protérozoïque (de l'Archéen au Protérozoïque) en RCA. Ils sont composés d'une alternance de bandes millimétriques de quartz et d'oxydes de fer (hématite spéculaire, oligiste et magnétite). Localement, particulièrement dans les axes des plissements et à proximité de failles, le fer a été concentré sous forme d'itabirites à oligiste et magnétite avec jusqu'à 69% de fer métal. Par exemple à Bogoin, un petit gisement à haute teneur a été identifié (3,5 millions de tonnes à 60-64% de Fer). D'autres concentrations de fer sont connues au Nord et au Nord Est de Bossangoa, au Nord Est de Sibut dans la région de Yalinga, et dans l'Est du pays dans les feuilles topographiques de Haute Kotto, Bangana et Dobane. Des bandes d'oligistes de plusieurs mètres d'épaisseur et jusqu'à un kilomètre de longueur de Yalinga.[235]

- Etain

De la cassitérite a été trouvé dans les concentrés de minéraux lourds à plusieurs endroits dans le pays. On n'a pas cependant jamais identifié une source primaire de cassitérite. Le BUMIFOM a conduit des campagnes de prospection d'étain entre 1950 et 1953 autour du massif granitique de Yadé dans le Nord-ouest du pays. Ils ont confirmé l'ubiquité de la cassitérite dans les alluvions, probablement dérivée de l'érosion de pegmatites. Mestraud et Bessoles en 1982 ont délimité des localités où les concentrations sont significatives. Au nord de Baboua, à l'extrémité ouest du pays, les concentrations de cassitérites dans les alluvions dépassent 200g/m3. Des concentrations plus élevés ont été enregistrées dans un affleurement de la Nzako, près de la Yalinga, en association avec une pegmatite altérée. On a observé de la stannine dans une métadolérite au Sud de Bambari (Camp Brustier), associée avec la chalcopyrite et du mispickel.

- Colombo-Tantalite

Des concentrations de colombo-tantalite en alluvions supérieures à $100g/m^3$ ont été observées par le BUMIFOM, lors de leur campagne de prospection d'étain entre 1950 et 1953, au Nord et à l'Est de Bocaranga dans le massif granitique de Yadé.

---

[234] Matthysen et al, '' Gold and diamonds in the Central African Republic'', p.13.
[235] https://wikileaks.org/car-mining/html/CAR-Mineral-Resources/CAR-Mineral-Resources.pdf, consulté à Bangui le 02-02-2024 à 18h00.

- **Manganèse**

Un nodule de manganèse (48,6% de Mn) a été ramassé en 1982 près de Boali, à 100 km au Nord-ouest de Bangui. L'analyse a donné 48,6% de Mn. Parmi les autres indices de manganèse, il y a une latérite riche en manganèse (29%) au Nord-est de Ouadda (avec 0,64% de cobalt) et des petites concentrations dans la vallée de la Lobaye et à l'Ouest de Bouar.

- **Nickel et le Chrome**

Un échantillon d'amphibolo-pyroxénite prélevé à l'Ouest de Bambari contient 1,6% de nickel. Le BGM a observé à l'Ouest de Bossangoa en 1972, une anomalie en Cu, Zn, Cr, Ni (de 2 à 4 fois le fond géochimique) dans un échantillon alluvionnaire pris des métas sédiments quartzitiques entourés de dolérites. D'autres anomalies de nickel et chrome, associées à des massifs amphibolitiques, sont connues sur les feuilles topographiques de Boda, Kaga Bandoro et Fodé.[236]

- **Ilménite et le Rutile**

Des concentrations allant jusqu'à 15kg/m^3) ont été enregistrées sur les feuilles de Paoua et Bossangoa dans des alluvions de la Ouham en aval de Bandakota.[237]

- **Disthène, le Graphite, la Lignite, Calcaires, Dolomies, Argiles et les terres rares**

Des schistes quartzitiques du complexe de base Nord-Est de Bianga contiennent un horizon de schistes à disthène qui n'est pas un minéral détritique courant. Le graphite est extrait occasionnellement à échelle artisanale d'amas veineux encaissés dans les schistes quartzeux et des gneiss près d'Alim à la pointe Ouest du pays et près de Nadziboro au Sud de Bouar. Il est utilisé pour vérifier les poteries. Les schistes graphitiques sont courants dans les schistes quartzitiques du Protérozoïque Inférieur. Lignite a découvert du lignite en 1967 à 30 km au Nord de Bakouma lors d'une campagne de forage pour l'uranium. Ce gisement de 3000000 m^3 a été à un moment donné envisagé comme source d'énergie pour l'exploitation de l'uranium. Le lignite qui peut avoir jusqu'à 40 mètres d'épaisseur fait partie d'une succession de sédiments de l'Eocène préservés dans une cuvette tectonique. Ce gisement de lignite a été étudié en

---

[236] https://wikileaks.org/car-mining/html/CAR-Mineral-Resources/CAR-Mineral-Resources.pdf, consulté à Bangui le 02-02-2024 à 18h00.
[237] Matthysen et al, '' Gold and diamonds in the Central African Republic'', p.12.

détail par Cherchar en 1977.[238] Les calcaires et dolomies, bien que rares, sont connues dans plusieurs régions du pays dans les formations terminales du Protérozoïque Supérieur. Des gisements près de Bangui (Fatima, Bobassa) ont fait l'objet de plusieurs études de leur viabilité économique pour la fabrication du ciment.[239]

Les calcaires subhorizontaux de Bobassa, sur l'Oubangui à 30 km en aval de Bangui, pourrait convenir mais la proximité de la rivière pose un problème d'exploitation, le haut des bancs de calcaire est en-dessous du niveau de l'eau. Les réserves établies par forage s'élèvent à 10 millions de tonnes avec en moyenne 92% de carbonates. La couverture schisteuse convient comme adjuvent pour la fabrication du ciment. Il y a des projets pour suivre le sub-affleurement de calcaire (il est sous 10 à 15m de couverture) loin de la rivière. A Bimbo, près de Bangui, l'argile est exploitée pour la fabrication des briques. D'autres gisements d'argile sont connus à Bombabia (à 55km de Bangui sur la route de M'Baïki) et au PK22 sur la route de Boali, mais ils doivent encore être évalués. Les terres rares sont un groupe de métaux aux propriétés voisines comprenant le scandium 21Sc, l'yttrium 39Y et les quinze lanthanides. Ces métaux sont, contrairement à ce que suggère leur appellation, assez répandus dans l'écorce terrestre, à l'égal des métaux usuels.[240]

B- LA FRANCE ET LES DIAMANTS DE LA CENTRAFRIQUE PENDANT LA PERIODE COLONIALE

Les sociétés d'exploitations privées avaient produit plus de deux millions de carats de diamant et plus de quinze tonnes d'or. Des études particulières avaient été développées sur les gisements d'étain où la puissance publique avait depuis 15 ans entrepris un travail méthodique et rationnel pour le levé de la carte géologique et la reconnaissance générale.

1- L'exploitation des diamants une initiave coloniale

Les gisements analogues à ceux existants dans les pays voisins du Congo ex-Belge, qui ont amené la prospérité de ce pays. Cette déclaration de Monsieur Bapoyo, ancien ministre Centrafricain au lendemain de 'indépendance reste toujours significative de nos jours. Seize années se sont écoulées et le problème de la recherche et de l'exploitation minière est toujours posé en République Centrafricaine. Chaque jour on cite des rumeurs, ou de nouvelles découvertes

---

[238]https://wikileaks.org/car-mining/html/CAR-Mineral-Resources/CAR-Mineral-Resources.pdf, consulté à Bangui le 02-02-2024 à 18h00.
[239] Matthysen et al, ''Gold and diamonds in the Central African Republic'', p.16.
[240] Ibid.

défraient la chronique minière. Dans un article intitulé "Anomalie de Bangui", l'hebdomadaire Jeune Afrique avait écrit : "un satellite mis en orbite par les Etats-Unis il y a onze ans vient de déceler une vaste zone de perturbation magnétique sur le continent africain, le long de l'équateur. De cette découverte, on peut inférer que la région est riche en métaux lourds comme le fer et l'uranium, Baptisée anomalie de Bangui parce qu'elle est essentiellement située en République Centrafricaine, cette perturbation magnétique a une telle ampleur que les géologues pensent qu'il pourrait s'agir d'un gisement d'une importante exceptionnelle, long de plus de 600 kilomètres et profond de 5 à 30 km ". Le dossier minier n'est pas clos. Pourtant la recherche minière a fait du chemin en République Centrafricaine.

2-Les zones d'exploitations

En dehors de la zone du cuivre du Niari au Congo, la République Centrafricaine a été le premier territoire de l'ancienne Afrique Equatoriale Française (AEF) où, l'on se soit intéressé aux ressources minières.[241] Les exploitants d'or du Congo ex-Belge (Zaïre) poussent les prospecteurs au-delà des frontières de ce pays. En 1921, le premier syndicat minier de l'Oubangui-Chari est constitué. Il a pour tâche d'effectuer des recherches dans les régions de la Basse-Kotto et du M'bornou dans l'Est du pays.[242] Le 1er Avril 1927, l'ancien Maire de Brazzaville Marien décide deux de ses anciens concitoyens Pernot et Richoux à constituer sous les auspices de la Banque Bernard Frères, la compagnie équatoriale des mines. A la suite d'une reconnaissance entre le Kouango et la frontière soudanaise, la nouvelle société se fait délivrer 435 permis de recherches. Le 3 Juillet 1928, le géologue Léopold Lombard fonde une société, la compagnie minière de l'Oubangui Oriental (CMOO). D'autre part, les permis du syndicat minier de l'Oubangui-Chari sont rachetés par l'ingénieur Jean Carnet qui constitue avec l'aide d'un groupe de financiers français et belges, une compagnie d'exploitations minières de l'Oubangui-Chari". Les recherches aboutissent à la découverte des gisements d'or de Fouloulou et Roandji, exploités pendant 20 ans, ces gisements fournissent 4 tonnes d'or. La Compagnie Minière de l'Oubangui Oriental (CMOO) découvre les gisements aurifères de Sosso et Polipo. En 1936, le centre de gravité des

---

[241]https://wikileaks.org/car-mining/html/CAR-Mineral-Resources/CAR-Mineral-Resources.pdf, consulté à Bangui le 02-02-2024 à 18h00.
[242] Ibid.

recherches se déplace entièrement vers l'Ouest. L'an 1936, s'achève avec la découverte des gisements diamantifères du bassin de la basse Mambéré.[243]

Après la seconde guerre mondiale, les recherches sont effectuées par les organismes suivants : le bureau minier de la France d'Outre-mer créé en 1948 s'est intéressé à la recherche minière en République Centrafricaine, soit à titre personnel soit en participation. Les travaux exécutés pour le compte du BUNIFOM ont été les études d'indices suivantes : étain dans le massif du Yadé (région de Bocaranga), et dans la région de Bambari, or dans la région de Damara, diamant à l'Ouest de Yalinga et quelques études sur le chrome de la région de Bossangoa. En participation avec des sociétés privées sous la forme de syndicat de recherche, le BUNIFON a participé aux entreprises suivantes : syndicat de la Noboma et de Sosso pour l'or et syndicat de Zamza pour le diamant.

En 1960, le Bureau de recherche géologique et minière se substitue au BUNIFOM. Il poursuit ses recherches dans les mêmes conditions matérielles. Il limite son activité en 1961 à une étude des grands plats pour la recherche de gisements alluvionnaires de diamant. En dehors des travaux de terrain consistant en de nombreuses séries de puits ou tranchées et de sondages, des études photo géologiques de zones permettant la reconnaissance de grandes formations de gravier ont été réalisées par la société.

Le second organisme est le Commissariat français à l'Energie Atomique (CFEA). Il entreprit ses recherches de 1947 à 1961 s'intéressant tout d'abord aux formations cristallies. Il a orienté ensuite ses travaux vers l'étude des formations sédimentaires (1957-1961). Des méthodes modernes ont été mises en application en particulier dans l'Est du pays. Prospection générale aéroportée, prospection aérienne détaillée, étude aux sols des indices retenus. Un accident survenu à l'avion effectuant la prospection détaillée a interrompu l'exécution du programme des travaux en Juillet 1961.[244] Les résultats partiels retenus l'époque sont encourageants. L'effectif de la mission a varié de 1 à 2 géologues de 2 à 4 prospecteurs et de 6 à 10 prospecteurs de 50 à 95 travailleurs centrafricains. Les dépenses occasionnées par la dernière mission 1957-1961 s'élèvent à un total atteignant près de 200000000 francs CFA.

Du secteur administratif nous avons la direction des mines de la République Centrafricaine qui a participé activement aux études portant surtout sur la métallogénie du diamant.

---

[243]https://wikileaks.org/car-mining/html/CAR-Mineral-Resources/CAR-Mineral-Resources.pdf, consulté à Bangui le 02-02-2024 à 18h00.
[244] Ibid.

3- L'histoire des savoirs géologiques français du sous-sol centrafricain

L'année 1946 marqua le début effectif de l'exploitation géologique et minière en République Centrafricaine. Elle suit un programme d'ensemble élaboré par la France dont le coût total s'élève en 1962 à plus de 5000 millions de francs CFA. Auparavant des études localisées sont effectuées. En 1933, Lombard, alors Chef du Service des Mines de l'ex-AEF et Rouquette, Ingénieur des mines procèdent à une reconnaissance géologique dans le centre de l'Est-Oubangui. Ils étudient ils conditions de gisement de l'or à Roandji et Pouloulou et décrivent les grands traits de la géologie régionale. L'année suivante Babet, géologue du gouvernement général de l'ex-AEF est chargé d'une étude minière générale dans l'Ouest du pays. Il recherche en particulier les conditions géologiques favorables à la découverte de l'or et du diamant à l'issue de cette mission, il établit la première esquisse géologique de l'Ouest de la République Centrafricaine. En 1941, J. Nicolaï et R. Bernaud étudient les indices de cassitérite dans la région de Bouar-Baboua. L'année suivante, Marechal, Agent du service des mines étudie au Sud-Est d'Ippy les conditions d'exploitabilité du Mica. A partir de 1946, la direction des mines et de la géologie devenue en 1956, l'Institut Inter-Equatorial de recherches géologiques et minières, commence l'établissement d'une carte de reconnaissance. Au premier janvier 1962, on fait le point. Cinquante-trois missions ont été effectuées qui ont permis d'aboutir au résultat suivant sur 21 coupures géologiques recouvrant la superficie totale de la République Centrafricaine, douze sont publiées, représentant une superficie de 500000 km² reconnues. Pour la métropole, le document de base est avancé en République Centrafricaine.

II- ENTRE FATIMA ET BOBASSA : LES DIAMANTS A TOUT PRIX ET A TOUS LES PRIX

Dès 1968, le Gouvernement Centrafricain dépose auprès du Programme des Nations Unies pour le Développement une requête. Cette requête a pour but l'étude de la rentabilité dans la région de Bangui.

A-ITTINERAIRES DES DIAMANTS CENTRAFRICAINS

Cette requête est basée sur la mise en exploitation d'un petit gisement de calcaire situé à Bobassa (40 km au Sud de Bangui) près du fleuve Oubangui. Le gisement étant trop faible (230000 tonnes) et d'une exploitation difficile parce que placé sous le niveau hydrostatique de la M'Poko, un affluent de l'Oubangui.

1-Le Programme des Nations Unies et la question de la rentabilité de Bangui

A la suite des résultats encourageants fournis par les premiers sondages effectués à Fatima, le Gouvernement présenta en 1969 un avenant à la première requête en vue de compléter les enseignements déjà obtenus. Cette dernière requête a été retenue et le plan d'opération signé le 27 novembre 1970 par le Président de la République Centrafricaine et le représentant-résident du PNUD à Bangui. Aujourd'hui les études du PNUD sont terminées. Il s'agit d'un gisement de calcaire entièrement recouvert, sans aucune possibilité d'étude d'effleurements, même très en dehors de la zone considérée. Les réserves probables ont été estimées à plus de 2 millions de tonnes de calcaire apte à la fabrication du ciment. Ces réserves permettraient de satisfaire aux besoins de la cimenterie pendant environ 25 ans en admettant un début de production de ciment à 30000 t/an, un taux de croissance de 10 % l'an, et une production de croisière de l'ordre de 100000 t/an.

Une étude préliminaire de l'exploitation et du prix de revient de la tonne de calcaire a été réalisée par le PNUD. Pour tenir compte de la période de démarrage, puis d'une activité plus importante, les prix ont été établis aux niveaux de production de 50000 tonnes métriques par an et de 100 000 tonnes métriques par an. Dans les deux cas, on a pris d'une part : une hypothèse optimiste dans laquelle tous les produits issus de la découverture ainsi que les déchets rocheux sont vendus aux prix actuels pratiqués à Bangui. D'autre part, l'hypothèse pessimiste dans laquelle rien n'est vendu. Le loyer de l'argent a été fixé à 8 % l'an. Les prix de revient charges financières et frais généraux compris, s'établissant ainsi qu'il suit : niveau 50000 tonnes par an : hypothèse pessimiste 1220 FCFA, hypothèse optimiste 1000 FCFA ; niveau 100000 tonnes par an : hypothèse pessimiste 98760 FCFA, hypothèse optimiste de 777 FCFA. La réussite de la création d'une cimenterie à Bangui ne peut être espérée que si cette création ne reste pas isolée. Mais si elle constitue la pierre angulaire d'une vaste opération de logement et d'assainissement dans laquelle tous les matériaux issus de l'exploitation du gisement trouveront leur utilisation.

2-Carnot la manne du Diamant : un espoir sans fin

"Tu as beaucoup creusé aujourd'hui, tu n'as qu'un petit diamant. Que Dieu te garde mon fils. Ne te décourage pas, demain tu auras un "Gbangolo"[245]. Un vieillard assis à côté d'une table dans ce bistrot bruyant mâchonne entre deux verres de vin cette phrase prophétique. Ici à Carnot, ville située à trois cent

---

[245] Entretien avec Fabrice Mbgbo, Mineur, 50 ans, Carnot le 26-02-2020.

cinquante kilomètres de Bangui, les derniers rayons de soleil se baignent dans les eaux à présent couleur de sang de la rivière Mambéré. Des enfants nus attardés s'amusent sur la grève. Des piroguiers arrachent de l'eau les derniers filets à poisson. Des femmes aux pagnes serrés à la hanche remplissent les calebasses avant de disparaître derrière des cases rectangulaires envahies petit à petit par la pénombre du crépuscule.[246]

La Mambéré vient de loin. Avant d'arriver à Carnot elle a parcouru des centaines de kilomètres, dans la brousse à travers une forêt demeurée quasi intacte. Elle étale ses eaux pleines de diamant depuis les confins du massif du Yadé au Nord-Ouest de la République Centrafricaine. Ce massif prolongement des hauts plateaux Camerounais de l'Adamaoua culmine au mont Gaou (1420 m). C'est le "Kilimandjaro de la République Centrafricaine.

Sous le mont : quelques collines, des pythons rocheux se dressent avec agressivité à Bouar troisième ville de la République Centrafricaine après Bangui et Bambari. Puis de nombreuses grottes. Centre orographique important, le Yadé présente une grande importance stratégique. Non loin de là les Français avaient installé leur base d'intervention de Bouar à 1019 m d'altitude. La Mambéré prend sa source dans cette région et se lance follement vers le Sud. En 1936, dans ses eaux est découvert le premier diamant. Depuis la vie a changé à Carnot.

Le diamant a vivement transformé la vie de cette population jadis profondément repliée sur les cultures d'autosubsistance. Le manioc, la banane nourrissent les 131350 habitants de la région Baya de la Haute-Sangha. Le sol est fertile. Il tombe en moyenne 1500 m de pluie par an. "Notre pays est un paradis", lance un habitant de Carnot. "Nous avons trouvé un endroit qui nous convient. Mes parents viennent de la région où se couche le soleil, de l'autre côté de la Mambéré" ajoute un vieillard. L'histoire lui donne raison. La région Sud-Ouest de la République Centrafricaine constitue une zone refuge pour les populations Baya.[247] Ils viennent de la région de la Bénoué au Nord du Cameroun, fuyant l'insécurité créée par les guerres d'Ousman Dan Fodio au début du 19e siècle.[248] Ils se dirigent vers le Sud-Ouest sous la direction de leur chef Gassangamo. Etablis dans le Nord du Cameroun, ils subissent les attaques du Modibo Peulh Adama, puis celles de ses successeurs.[249] De nombreux Baya[250] gagnent le massif du Yadé puis les bassins de la Sangha et de la Mambéré.

---

[246] Idem.
[247] Idem.
[248] Idem.
[249] Entretien avec Fabrice Mbgbo, Carnot le 26-02-2020.
[250] Idem.

D'habitude en Afrique, le crépuscule, apporte la tranquillité, message de la paix.[251] Ce n'est pas le cas ici à Carnot. Un bistrot inonde le voisinage avec des airs de mambo et de chacha. De l'autre côté de la rue, dans un bar, une foule vibre au son d'un vieux disque "de Duke Ellington". Un garçonnet reprend à sa manière les quelques phrases qui reviennent en Leitmotiv. Mais pourquoi ce contraste entre l'accoutrement des habitants de Carnot et les paysans que nous avons vu en haillons jusqu'ici ? La raison est bien simple me répond un diamantaire de Carnot. Nous avons de petites pierres qui nous procurent des millions chaque année. Les paysans eux, n'ont que quelques faibles revenus en provenance de la vente de leurs produits agricoles. Personnellement je peux gagner en une seule journée, ce que le paysan gagne en une année.[252] Ces revenus astronomiques font que les gens de Carnot s'habillent avec recherche. Dans le bar voisin, quelqu'un porte gaillardement une belle veste de coupe anglaise avec un nœud fortement noué au cou. Les cavalières sont à la hauteur : des longues robes à l'européenne, des beaux pagnes etc. Sur les tables, des alignements de bouteilles. Elles portent pour étiquettes, Johnny Walker, Martini, Nocaf, Sovibor et Cinzano.

Des hameaux de pauvre apparence font écho à cette opulence ici ou là, un bistrot a surgi entre les murs de torchis et sous les toits de chaume. Nous n'avons pas de belles maisons, mais nous avons l'argent me dit un jeune collégien. Ces cases délabrées, en terre battue, appartiennent aux artisans ou aux collecteurs de diamant. La grande maison, de l'autre côté de la ville appartient à Aoudou Pako. C'est l'un des hommes les plus riches à Carnot. Avec l'argent du diamant il a acheté des bœufs et des cars. Nous autres, on passe notre temps à consommer de l'alcool dans les maisons "Moura et Gouveia ou Portugal Dias.

3-Des carats à fleur de terre : argent du diable, folie et « Far West »

Chantier de la Sama. La terre est bouleversée. Les arbres arrachés abattus, gisent à même le sol. L'accès du chantier est rendu difficile par le travail de vingt hommes. Dix d'entre eux travaillent au fond des marmites boueuses. Des femmes en pagne sortent sans répit des pailletées de terre. Des jeunes filles attendent non loin de là avec leurs petits plateaux de beignets, quelques bouteilles de vin rouge et de Mocaf la bière du pays. Ces hommes et ces femmes travailleront peut être dix à quinze jours sans trouver la moindre trace du

---

[251]S. Bredeloup, ''L'aventure des diamantaires sénégalais'', *Politique Africaine*, spécial Entrepreneurs, ajustement et démocratie, 1994, n°56 pp.77-93.
[252] Ibid.

diamant. Car il faut dégager parfois le gravier sous plusieurs blocs de terre.[253] Pourtant ces gens ne perdent pas l'espoir. Quand on parvient au gravier, un calme se répand dans tout le chantier. Les collecteurs Haoussas arrivent, prêts à se faire rembourser en diamants leurs avances de nourriture, vêtements et argent.

Déjà, ces hommes sortent le gravier qu'ils ont trouvé. Le Chef de chantier divise le gravier en autant de parts qu'il y a de manœuvres et en garde pour lui. Généralement, cette opération peut durer des heures. Ainsi chacun devient propriétaire des diamants qu'il trouvera. Si l'on trouve peu de gravier, c'est le Chef de chantier qui vendra tous les diamants et partagera l'argent. "La dernière fois j'ai été chef de chantier me dit un jeune élève du lycée de Berbérati. En une semaine j'ai gagné 80000 francs CFA. Voilà comment j'ai réparti cet argent. J'ai donné 15000 Frs à mon Kapita, 15000 francs pour la location de la pompe à eau, 22500 à mes quinze manœuvres et 27550 frs pour moi tout seul.[254]

Quand les manœuvres abandonnent le chantier, il arrive souvent que es enfants de huit à douze ans prennent leur place pour trier à nouveau le gravier. "La dernière fois raconte une fillette, j'ai trouvé un "Gbangolo[255] qui a échappé aux ouvriers. Un bon chef de chantier raconte un Kapita, doit savoir au moins deux choses. En sondant le sol avec une barre de fer, il doit pouvoir sentir le gravier diamantifère à trois, cinq ou dix mètres de profondeur, même à des endroits où la rivière ne passe plus car elle peut avoir changé de cours.[256] Le chef de chantier doit ensuite pouvoir reconnaître facilement un diamant. Cela s'apprend comme on apprend à lire et à écrire. Enfin le chef de chantier doit avoir d'autres qualités : savoir commander, savoir négocier les diamants et donc connaître leur valeur avec les collecteurs. Enfin s'il ne veut pas que son équipe ait des accidents (éboulements, noyade), il doit savoir organiser son chantier : déboiser, creuser un cratère assez large, installer des branches entrelacées, pomper l'eau le moment venu, aménager de petits barrages pour détourner le courant, etc."

Avant d'arriver au bureau d'achat, le diamant recueilli dans la brousse fait l'objet d'une série de transactions. Les haoussas, "les hommes au grand boubou" aux chéchias qu'on appelle ici les arabes, les collecteurs, achètent et revendent ces pierres aux démarcheurs qui travaillent dans les bureaux d'achat. Ils sont

---

[253]L. M. Bwana N'Sefu, ''La libéralisation de l'exploitation artisanale de l'or et du diamant en Zaïre. Causes et conséquences'', pp. 291-317., MWAYILA et al, *Problèmes et perspectives de l'industrie minière en Afrique,* enjeux et stratégies, Paris, Présence Africaine. 1992, pp.11-15.

[254] Entretien avec Fabrice Mbgbo, Carnot le 26-02-2020.

[255] Gbangolo : gros diamant.

[256] R. Causse, ''Le diamant en Guinée'', Legoux P et al, *Les mines et la recherche minière en Afrique Occidentale Française,* Paris, l'Harmattan, 1991, pp.10-13.

aujourd'hui 160, qui payent leur patente de 500000 francs CFA au Gouvernement Centrafricain. Sont exclus du nombre ceux qui opèrent d'une manière illégale. Une fois le diamant dans les mains, ils courent rapidement vers des minuscules échoppes : bureaux d'achat. A l'intérieur, un ou deux européens, parfois même des "arabes" eux-mêmes manient avec délicatesse une frêle balance de pharmacien. Dans un coin on peut lire une petite pancarte : *"Diamond Distributors New-York"*. "Les hommes au grand boubou". Les collecteurs sont en face. Ils sont quatre, assis sur un banc. Le premier qui achève de tripoter aux grands de son chapelet, empoche son coran et s'avance. Il tire de sa poche un mouchoir. On le dénue. J'ai un gros diamant dit-il. On examine à la loupe, on pèse, on discute le prix : 200000 francs CFA. D'accord ? "Je ne suis pas d'accord" répond le collecteur. "Je vous propose au moins 350000 francs CFA". Tu es trop cher. Si tu continues à discuter, tu iras revendre ton diamant à Bangui. Et tu paies ton transport toi-même. Alors arrangeons nous. Nous t'ajoutons 25000 francs.[257] Cela fait 225000 francs. Je suis d'accord répond "l'arabe". Le démarcheur se tourne vers un coffre-fort, l'ouvre, extirpe des liasses. Puis il range "la chose". Le diamant.[258] La pierre qui sera revendue quatre fois et même cinq fois plus cher à Tel-Aviv, New-York ou Anvers.

Parlant de l'argent du diable, un collecteur raconte : "Je ne sais pas ce qui m'arrive lorsque j'approche l'argent du diamant". "Quand je reçois cet argent, j'ai immédiatement envie de le dépenser.[259] Si je touche 100000 Frs aujourd'hui, il faut que je dépense au moins 80 000 frs pour que ma conscience soit tranquille. L'argent du diamant, c'est l'argent du diable. Depuis que je suis collecteur je n'ai acheté que les deux 404 bâchés qui se trouvent devant ma maison. L'autre est déjà en panne. Tu vois, nos amis eux, ils ont acheté des Mercédès. Je ne peux même pas colmater la toiture de chaume de ma maison". Dans sa case en terre battue, à peine recouverte d'une faible couche de peinture blanche sont exposés des meubles d'une valeur d'environ trois cent ou quatre-cent mille francs. Tel qu'on en trouverait dans certains hôtels à Bangui ou ailleurs. A côté de cela, la promiscuité.[260] Un mineur souligne :

---

[257] Entretien avec Fabrice Mbgbo, Carnot le 26-02-2020.
[258] Idem.
[259] Idem.
[260] La folie du diamant avait entraîné la prostitution. Une couche de fumée s'élève dans l'atmosphère. Des enfants affairés vendent du pétrole en scandant très fort : "pétrole ! Pétrole ! Les vendeurs de maïs à l'aide des petites lames font leur compte de la journée. Au fond d'une ruelle, une belle petite maison de peinture verte. Enfoncée dans un fauteuil "made in Cameroun", une prostituée. Elle refuse de donner son nom. Elle est belle. Forte de taille. Age approximatif : 38 ans. Sur son cou repose un collier. Tout en diamant. Elle n'est pas née à Carnot. Elle a vu le jour au Zaïre. Quelque part vers Kisangani. Elle est venue ici à Carnot au bon moment. Il y a environ 13 ans. Une amie lui avait écrit aussi avait-elle appris qu'à

Dans une chambre à coucher, trois enfants partagent deux nattes et dorment à même le sol. Où va alors l'argent du diamant ? Cet argent qui rend les gens fous ? "Je ne sais pas" répond l'épouse d'un collecteur. "Il y a environ deux jours, mon mari a vendu pour 200000 frs de diamant. Depuis, je le vois toujours rentrer "saoul". Pourtant, les enfants n'ont même rien à manger. Pour le mois dernier, il m'a seulement donné 10000 frs CFA pour la nourriture. Cela est insuffisant, car les produits alimentaires coûtent très chers ici à Carnot. Un paquet de sucre coûte environ 500 frs CFA". Le Far-West centrafricain s'expliquait par le fait que : certaines personnes étaient arrivées à Carnot quelques années après l'indépendance. Au moment où la ruée vers le diamant" était très forte. En ce moment l'argent pleuvait ici à Carnot. Certaines journées je pouvais encaisser 250000 frs de la part de mes clients. J'avais par exemple un bon ami à moi. Il était collecteur.[261] Si tôt arrivé chez moi qu'il envoyait ma cousine chercher un casier de "Johny Walker". Il achetait aussi plusieurs casiers de soda aux enfants qu'il trouvait près de chez moi.[262] L'argent me dérange, il faut que je dépense disait-il. Après une soirée, il pouvait me laisser un chèque de 100 000 frs à toucher à la banque. A l'époque nous avions au moins deux banques ici à Carnot. Aujourd'hui, c'est bien dommage, il n'y en a plus. C'est seulement u petit exemple que je viens de donner. Certains collecteurs pouvaient acheter tous les casiers de bière qu'ils trouveraient dans un bistrot.[263]

"D'autres collecteurs ont su profiter. Nous avons l'exemple d'Aoudou Pako qui est devenu un grand commerçant et éleveur ici à Carnot. Le chef Ngazi s'est efforcé durant des années à orienter ses administrés vers des investissements, tels que maisons, forages de puits. Mais ce sont là encore des exceptions. Après tout la même fureur de gaspiller est née partout où la perspective de la fortune subite est apparue aux hommes. Ici, à Carnot, l'histoire de Kette est rentrée désormais dans la légende pour illustrer cette folie du diamant.[264]

L'histoire remonte à 1965. Kette était un pauvre chercheur de la région de Carnot. Il passait des journées entières sans trouver souvent la moindre trace de gros diamant. Kette avait parmi ses enfants un garçon de cinq ans. Celui-ci jouant tous les jours près de la hutte familiale sur un tas de gravier. Un jour le garçon apporte à son père un caillou étrange. C'était un diamant d'environ 90

Carnot, il y avait l'argent ". De quoi se faire un petit trésor. Elle a tout abandonné au Zaïre. Sa grand-mère. Ses deux moutons. Elle est venue. A présent elle témoigne.

[261] Entretien avec Fabrice Mbgbo, Carnot le 26-02-2020.

[262] Idem.

[263] Entretien avec Kpora, Bertrant ancien mineur à Carnot, 61 ans, Carnot le 22 juin 2023.

[264] Idem.

carats.[265] La pierre fut vendue aux bureaux d'achat pour une valeur de 11 millions de francs CFA. Moins de 4 mois plutard, Kette n'avait plus rien. L'argent était passé dans l'achat " à prix d'or" d'une Landrover et d'une Versailles. Le reste englouti dans plusieurs casiers de whisky. Fabrice Mbgbo parlant des diamants souligne :

> Les diamants centrafricains étaient à l'origine de beaucoup de superstition. Il faisait beau ce jour-là à Carnot, me raconte une fille. Il y' avait du soleil et beaucoup de vent ; aussi j'ai appelé mes deux sœurs, nous sommes parties nous laver dans la rivière Mambéré. Quand nous sommes arrivées au bord de l'eau, il n'y avait pas beaucoup de monde sur la grève. J'étais la dernière à me jeter à l'eau. J'ai nagé et me suis rendue plus en aval. Subitement de l'eau surgit une boule étincelante. C'était du diamant, un gros diamant. Au fur et à mesure que je m'approchais de la pierre précieuse, elle reculait. Elle semblait m'entraîner vers le centre de la rivière. Aussitôt, je pris mon courage à deux mains et je retournai sur la grève. Je me mis à crier « Mami-Water », « Mami-Water »[266]. C'est vrai, c'était un « Mami-Water » qui me trompait pour me prendre. Le diable en personne. Chaque fois qu'une personne trouve un gros diamant ici à Carnot il faut qu'il y ait au moins un membre de sa famille qui « meure ». Le diamant, c'est le diable en personne. Aussi quand on trouve un gros diamant, il faut qu'on garde la pierre pendant une soirée au milieu d'un troupeau de bœuf, le lendemain au lieu qu'un membre de la famille meurt, deux ou trois vaches trépasseront à sa place.[267]

Or à Carnot, le diamant est désormais entré dans une sorte de mythologie. Les sentiments des hommes sont partagés. Il s'y mêle à la fois la soif du gain, c'est-à-dire la soif du diamant et aussi la peur de l'embarras. Cette situation dans laquelle on se trouverait lors de la découverte du gros diamant. Aussi parle-t-on de tout. De Mami-Water (Sirène), du diable, etc. s'ajoutent également à ces deux situations une certaine peur d'être agressé. Cette peur est née à partir d'exactions ou du climat d'insécurité en zone de forêt. En effet, les trafiquants opérant d'une

---

[265] J'ai vu beaucoup de choses ici à Carnot. La plupart des Haoussas qui sont ici ne paient pas leurs impôts. Je me souviens qu'un Gendarme qui tentait d'arrêter un trafiquant de diamant à Carnot a été grièvement blessé par plusieurs coups de couteau. Dans la brousse se déroulaient souvent des règlements de compte. Un gars qui trouvait un gros diamant était aussitôt poignardé par ses amis. Ces derniers récupéraient ainsi le trésor. Certains trafiquants avalaient les grains de diamant. Après avoir passé la frontière, ils recherchaient la pierre précieuse dans les "selles". Je n'évoque pas le cas de ceux qui venaient par exemple de Ngaoundéré au Cameroun. Ceux qui falsifiaient leurs papiers pour se naturaliser Centrafricains. Tout cela, pour du diamant.
[266] Mami-water : Sirène.
[267] Entretien avec Fabrice Mbgbo, Carnot le 26-02-2020.

manière illégale sont emmenés souvent à opposer une réaction violente face aux forces de l'ordre ou à ceux qui les reconnaîtraient. Une ordonnance présidentielle fixe à vingt-cinq ans de travaux forcés la peine de toute personne étrangère qui serait arrêtée en zone minière pour séjour irrégulier.

B- LES GISEMENTS DE DIAMANTS DE L'EST DE L'OUBANGUI PENDANT LA PERIODE COLONIALE FRANCAISE

En 1914, IPPY au Centre-Est de l'Oubangui-Chari[268]par une belle journée, Brustier, alors agent commercial de la société concessionnaire Kouango-Français et géologue à ses heures découvre le premier diamant.[269] Dès lors, le coup d'envoi d'une course effrénée pour la recherche du diamant est donné en Oubangui.

1-Les exploitants de diamants en République Centrafricaine

Deux grandes zones diamantifères sont mises en évidence. Selon le Directeur des mines à Bangui, le diamant se trouve dans deux grandes zones de formation géologiques. Les grés de Carnot, à l'Ouest du pays, et les grés de Noua Ouadda, à l'Est et au Nord-Est de la République Centrafricaine ces deux formations sont contemporaines. Ils proviennent du démantèlement de formations filoniennes plus anciennes (riches en diamants, kimberlites)[270] qui n'ont pas encore été découvertes en République Centrafricaine. Les exploitants s'acharnant d'abord sur les gisements de l'Est-Oubangui. Les recherches interrompues pendant la première guerre mondiale ne reprennent qu'en 1928. Les premiers diamants sont extraits officiellement en 1931, plusieurs sociétés ainsi que de nombreux particuliers s'intéressent à la prospection diamantifère. La production est ascendante à partir de 1937-1938 avec 15.915 carats. La seconde guerre mondiale ne ralentit pas la production qui ne cesse d'augmenter. Avant l'indépendance de la République Centrafricaine, le maximum de la production du diamant est atteint entre 1950 et 1957 avec 105.232 carats[271] pour une valeur de 415 millions.

---

[268] Oubangui-Chari : nom de la République Centrafricaine actuelle avant l'indépendance.

[269] Brustier découvre le premier diamant centrafricain dans le ruisseau Cheniadaka affluent du Ngrissi près d'Ippy. La pierre découverte était un petit diamant limpide de près d'un demi-carat….. (91 mg) qui figure aujourd'hui dans les collections du muséum d'histoire naturelle de Paris.

[270] ARCA, Direction des mines de la République Centrafricaine, p.12.

[271] 1 carat = 0,2 grammes.

-Les sociétés industrielles face à une production à bout de souffle

Jusqu'en 1961, l'exploitation est faite uniquement par des sociétés minières. A cette date de nombreuses sociétés sont très actives. Avec le fléchissement de la production enregistré en 1960 avec 69 662 carats, il s'opère un groupement de diverses sociétés au sein d'un même groupe financier. En 1961, il existe quatre groupes importants.

Premier groupe : (financé par une société américaine) ;

Région Ouest : La centramine (Compagnie centrafricaine des mines, résultant de la fusion de la CMOO (Compagnie minière de l'Oubangui Oriental) et de la S.M.I (Société Minière Internationale à Berberati.

Région Est : la CDDC (Compagnie diamantifère du Dar Ghalla) à Ouadda.

2ème groupe : (financé par un groupe français)

Région Ouest : La SOMICA (Société minière de Carnot) à Carnot

3ème groupe : rattaché à un groupe parisien

Région Est : la SAREMCA (Société anonyme de recherches et d'exploitations minières centrafricaine à Ouadda-Bria)

4ème groupe : (affilié à un groupe français)

Région Est : La SMEO (Société minière de l'Est-Oubangui) à Yalinga.

Le pourcentage de production de ces sociétés en 1961 est de Centramines : 20,46 % de la production totale, Compagnie diamantifère du Dar Challa, 2,11 % et 3,44 %, Société Africaine des Mines 8,20 %, SAREMCA - 0,70 %, SMEO - 8,55 %.

Trois grandes sociétés commercialisaient le diamant en 1961 :
- *Diamond Distributors Incorporated* (28,20 % des exportations) ;
- SACOD (15,58 %) ;
- OCCMP (12,67 %).[272]

Ces trois sociétés ont commercialisé au total en 1961 : 62.934 carats pour une valeur de 230 000 000 Francs représentant 56,54 % en poids de la production annuelle totale. Le total des exportations de diamants depuis le début des travaux miniers en République Centrafricaine s'élève au 31 décembre 1961 à 2 183 615 carats dont 1 832 150 carats provenant de l'Ouest (27 ans d'activité), 238 531 carats provenant d'exploitations artisanales de l'Ouest pour 90 % (1 an d'activité).

En 1961, un secteur d'exploitation dit artisanal est ouvert aux ressortissants centrafricains. De ce fait, commence la chute de la production industrielle. En zone minière explique un instituteur de Carnot plusieurs

---

[272] ARCA, Direction des mines de la République Centrafricaine, p.13.

dizaines d'ouvriers travaillant pour le solde des grandes sociétés minières, abandonnent leurs emplois et se mettent à la recherche du diamant pour leur compte personnel.[273] Dans une société d'exploitation minière, il arrive qu'on gagne seulement 12000 FCFA par mois. Mais en travaillant pour son compte personnel, on peut percevoir des milliers de francs si non des millions. Après le fléchissement enregistré en 1960 avec 69662 carats, la production prend ainsi un nouveau départ. Elle s'élève rapidement. 265358 carats en 1962, 402 186 carats en 1963 et 53935 carats en 1966. La part des productions artisanales par rapport à la production totale prend de plus en plus d'importance 76,87 % en 1962, 81 % en 1963 et 91,2 % en 1967. Aujourd'hui, la production des exploitations artisanales intéressent environ 45 000 centrafricains.

Tableau 1 : Production de diamant 1960-1970, avec les pourcentages des deux formes d'exploitations dans la production totale

Années	Sociétés		Artisans		Total
	Carats	% total	Carats	% total	(carats)
1960	69 662	100			69 662
1961	43 850	43,55	62 934	56,45	111 484
1962	61 319	23,13	204 039	76,87	265 358
1963	73 782	19	328 494	81	402 281
1964	59 409	13,44	382 872	36,36	442 281
1965	91 794	17,2	445 016	82,8	536 810
1966	77 274	14,3	462 661	85,7	539 935
1967	45 708	8,8	474 920	91,2	520 628
1968	58 048	9,5	551 312	90,5	609 360
1969	27 639	5,2	507 677	94,8	535 316
1970[274]	-	0	493 605	100	493 605
1971	1 222	0,2	466 915	99,8	468 137
1972	2 304	0,53	521 298	99,47	524 102

Source : Bulletins de l'Afrique Noire, n° 738 du 30 mai 1973, p.10.

2-Les diamants et l'économie post coloniale en Centrafricaine

Les diamants centrafricains sont achetés principalement par les Etats-Unis (61 %) suivis d'Israël (30 %) et la France (9 %). Ceci en 1968 au moment où la

---

[273] Ibid.
[274] Les objectifs du plan 1967-1970 portaient sur une production de 640 000 carats.

production culmine à 609360 carats. C'est le record jamais atteint en République Centrafricaine. Depuis la production est en baisse. De 1969 à 1971, c'est le fléchissement : 535000, 482000, 468000 carats. Les raisons : de plus grandes difficultés à exploiter pour les artisans, et regain du trafic clandestin. Il est très difficile d'avoir une idée précise de la fraude sur le diamant déclare le Directeur des Mines de la République Centrafricaine. "Elle existe, principalement vers le Cameroun et le Tchad. Mais il est très difficile d'avancer un chiffre. Les estimations selon lesquelles 50 % de la production seraient exportés illégalement n'ont jamais été vérifiées. Le contrôle des frontières par la brigade minière est une tâche difficile, du fait de leur longueur, de la faible densité de la population et de la végétation.

Mais il ne fait l'ombre d'aucun doute qu'une bonne partie du diamant de la République centrafricaine est exportée d'une manière illégale. Un pays voisin, la République Populaire du Congo a par exemple exporté pour l'année 1969 environ 140000 carats[275] de dimant. Pourtant aucun diamant n'est extrait du sous-sol de ce pays. Il est probable qu'une bonne partie du diamant soit évacuée vers ce pays.

D'autres raisons peuvent justifier l'existence d'un trafic clandestin au profit du Congo. Ce pays ne prélève qu'une taxe de 2 % sur la valeur de ses diamants. En République Centrafricaine, la taxe s'élève à 17,30 % sur la valeur à l'exportation. Ainsi donc, un collecteur clandestin peut acheter les diamants un peu plus cher que ses concurrents à Carnot ou à Berberati, et faire un bénéfice supérieur en les revendant au Congo. Ajouté à cela le trafic au profit du Tchad et du Cameroun. Prenant acte de la tendance à la baisse des années 1969-1970 et 1971, le gouvernement centrafricain est conduit à prendre des mesures énergiques pour réorganiser l'exploitation et la commercialisation des productions artisanales. 1972, c'est le nouveau départ avec 523000 carats. Sur ce total, 0,53 % seulement provient du secteur industriel.

En 1968, la valeur de la production du diamant a atteint 4437014193 CFA pour 609360 carats, dont 551312 carats de provenance artisanale. Les fiscalités payées par les sociétés minières et les bureaux d'achat à l'état centrafricain s'élèvent au total à 441909 CFA en 1975. Cela se répartit de la manière suivante : 390163063 CFA de la part des bureaux d'achat et 51 649 846 de la part des sociétés minières.

En 1975, la commercialisation du diamant a été faite par 5 bureaux d'achat. La Diamond Distributors avec 47864,90 carats pour une valeur de 475532306 CFA. OSCMP, 6905,15 carats pour une valeur de 51352100 CFA

---

[275] ARCA, Bulletin de la commission économique pour l'Afrique (CEA), pp.2-4.

SACOD 6198,5 carats pour une valeur de 42940470 CFA SOPICAD 127418,51 carats pour une valeur de 1010698345 CFA SODIAM 648665,79 carats pour une valeur de 670577730 CFA.[276] La seule société d'exploitation minière qui a vendu du diamant en 1975 a été la SCED.[277] Mais il serait présomptueux de considérer la production de la SCED comme une production industrielle. Le secteur industriel de la SCED n'a produit que 1921,55 carats sur une production totale de 79628,50 carats. Les ¾ des productions de la SCED se sont faites grâce à l'achat du diamant des artisans. La production totale de l'année 1975 a été donc de 338 893,75 carats pour une valeur totale de 2 930 169 489 CFA.

Cette production se répartit comme suit :

Artisans indépendants   :   82,5 %

SCED   :   17,5 %

SCAROMINES[278]: 00,0 %

De prime abord, nous pouvons constater que la production totale du diamant en 1975 est en baisse. C'est une production inférieure à celle de l'année 1963.

Tableau 2 : Production et exportation du diamant des années 1973-1974

	1973		1974	
	Nombre de carats	**Valeur en mil F/CFA**	**Nombre de carats**	**Valeur en mil F/CFA**
Sociétés minières	1 248	11,4	53 131	23,1
Artisans	379 218	2 884,3	284 702	2 877,5
Ensemble	380 466	2 895,7	337 833	2 900,6

Source : Notes d'archives de la Direction des mines et de la géologie RCA années 1973-1974, pp.1-2

Tableau 3 : Exportation du diamant des années 1973-1974

	1973		1974	
	Nombre de carats	**Valeur en mil F/CFA**	**Nombre de carats**	**Valeur en mil F/CFA**
Sociétés	134	0,8	54 058	430,2

---

[276] ARCA, Direction des Mines et de la Géologie Bangui (RCA), pp.4-7.

[277] Ibid.

[278] La SCAROMINE n'a pas eu de production en 1975 : cette société en effet est encore au stade des travaux de recherches et non d'exploitation.

minières				
Artisans	352 159	2 624,9	287 893	2 732,7
Ensemble	352 293	2 625,7	341 951	3 162,9

Source : notes d'archives de la Direction des mines et de la géologie RCA, années 1973-1974, pp.1-2.

3-La SCED: un espoir évanoui : La politique du diamant et les pays de l'occident

La création de la SCED (Société Centrafricaine d'Exploitation Diamantifère) devait conserver la relance de l'activité minière amorcée dès 1972. Mais cette société, dans les faits n'avait pas accompli sa mission. Une mission qui était de promouvoir l'exploitation industrielle du diamant en République Centrafricaine. Née de l'association entre la société canadienne COMINCO LTD Vancouver, qui y détient une part majoritaire et le Diamant Distributors INC (DDI), la SCED avant sa cessation d'activité devait effectuer les tâches suivantes : Partager ses activités entre l'étude dans les concessions diamantifères situées dans l'Ouest, du côté de la Mambéré et dans l'Est du côté de Nzako et d'Ouanda. D'importants gisements de graviers en rivière et en terrasses sont susceptibles d'être exploités industriellement. Les activités de la SCED, ne se sont limitées presque qu'à celle exercée par les bureaux d'achat. Aussi, l'industrialisation s'est révélée être un échec.

La production globale est en baisse au premier trimestre de l'année 1976. En effet, 95 893,43 carats ont été produits au cours du premier trimestre 1975, contre 76 238,56 carats au début de 1976, cela représente une diminution globale de 21 %. La production globale en valeur a baissé également, mais de façon moins importante : 934 586 696 F/CFA au cours du premier trimestre 1975, 839020100 F/CFA dans la même période en 1976. Soit une diminution de 10 %.

La comparaison mois par mois des résultats enregistrés montre qu'une reprise accentuée en fin de premier trimestre 1976. La production du mois de mars 1976 a donc été plus élevée que celle de mars 1975. Mais il ne faudrait pas y voir trop rapidement un indice de reprise. En effet, la production de la SCED au mois de Mars 1975 a été intégralement reportée sur le mois d'avril (exploitation groupée mars-avril 1975). Ceci explique l'augmentation rapide de l'indice de - 28 % à +4 %[279]. Cette baisse au premier trimestre 1976 est compensée par une augmentation du prix moyen du carat. Cette augmentation a été déjà sensible en 1975. Elle n'est pas particulière à la République

---

[279] ARCA, chef de servi 4139,90 ce de la production minière.

114

Centrafricaine. Dès janvier 1976, la *Central Selling Organisation*, le bureau de commercialisation du groupe de Beers annonce une hausse mondiale du cours du diamant brut pour les mois à venir (hausse prévue 3 %).

Il semble que la disparition des sociétés SACOD et OCCMP soient là l'origine de cette chute de production. Au service de la production minière on est optimiste ; le marché du diamant se porte plutôt mieux à la fin du premier trimestre. Si la baisse de production des bureaux d'achat a été sensible, elle a été presque entièrement compensée par l'augmentation du cours du diamant. Les rentrées fiscales de l'Etat Centrafricain sur les bureaux d'achat n'en ont donc pas souffert. Mais l'avenir est sombre. Il semble difficile d'espérer une reprise de production suffisamment importante pour compenser la baisse qu'elle avait subie au cours du premier trimestre 1976. Les conditions d'exploitation deviennent plus difficiles pendant la saison des pluies (mi-octobre). Aussi assiste-t-on à une baisse sensible de la production mensuelle pendant les deuxièmes et troisième trimestre.

Tableau 4 : Productions comparées au cours des premiers trimestres 1975 et 1976 (en carats).

Mois	DDC	SOPICAD	OCCMP	SACOD	SODIAM	TOTAL
décembre 74	784,15	961,00	403,60	393,00	1 203,95	3 745,70
janvier 75	4 146,20	10 551,70	1 318,85	1 970,90	7 649,95	25 637,60
Février 75	4 139,92	13 544,83	1 667,45	7 370,05	7 370,05	27 648,13
Mars 75	3 671,25	15 757,70	749,70	1 038,45	7 101,20	28 317,65

Source : notes d'archives de la Direction des mines et de la géologie RCA, années 1975-1976, pp.2-3

Tableau 5 : Production de la SCED en 1975

Mois	Janvier 75	Février 75	Mars 75	Total trimestriel
Productions	5 720,25	4 824,10	0,00	10 544,35

Source : notes d'archives de la Direction des mines et de la géologie RCA, année 1975, p.2.

Tableau 6 : Entreprises et bureaux d'achat en 1976

Mois	DDC	SOPICAD	SODIAM	TOTAL
Décembre 75	0,00	3 005,20	1 556,95	4 561,55
Janvier 76	3 229,90	6 968,45	8 545,35	18 743,90
Février 76	2 587,75	8 226,15	12 265,80	23 379,70
Mars	2 325,05	15 596,81	11 631,55	29 553,41

Source : d'archives de la Direction des mines et de la géologie RCA, années 1976, p.3.

En conclusion, on déplore en 1975, la mévente des principaux produits d'exportation telque le café et le diamant. Seules les recettes concernant les exportations de coton fibre ont subi une augmentation, 1 772,0 millions FCFA en 1975 contre 1 663,8 millions en 1947 ou + 103,2 millions. Toujours est-il que le diamant détient la plus grande part parmi les recettes d'exportation. La part du diamant oseille toujours aux environs des 40 % de la valeur aux exportations.

Tableau 7 : Exportations de diamant et des autres principaux produits de la République Centrafricaine de 1960 à 1965 en millions de francs CFA).

Années / Produits	1960	1961	1962	1963	1964	1965
Café	854	961	1038	783	1977	1006
Coton	1 536	1 536	1 143	1 364	1 387	1 239
Bois	86	77	106	91	159	160
Sésame	45	21	40	64	93	122
Palmistes	38	25	25	40	34	44
Caoutchouc	92	72	88	121	105	94
Exportations totales RCA	3 427	3 482	3 504	5 430	7 141	6 506
Sociétés minières	348	158	266	408	243	459
Beaux d'achat		230	1 306	2 122	2 825	3 021
% du diamant sur les exportations totales	10,15	14,01	44,70	45,96	42,96	53,33

Source : notes d'archives de la Direction des mines et de la géologie RCA, années 1960-1965, pp.2-4.

La stratégie politique usée en matière des mines en République Centrafricaine a toujours eu pour objectif de sauvegarder les productions nationales au bénéfice des nationaux. Cela est d'autant plus vrai depuis l'accession de la République Centrafricaine à l'indépendance. Cette politique a eu donc pour tâche essentielle d'assainir une situation minière fortement marquée par le pillage colonial. Comme la plupart des états de l'ex-Afrique Equatoriale Française, le pays centrafricain s'est vu porter le lourd fardeau d'une colonisation française absurde.

- La politique du diamant en République Centrafricaine et les pays de l'occident

Les jeux soumis par le pacte colonial essence même de la périphérie du système capitaliste international[280] ont fait que bien des richesses de ce pays ont été transférées vers l'extérieur. Aujourd'hui, l'or n'est plus exploité en République Centrafricaine. Pourtant, de 1930 à 1952 un total de 12 tonnes d'or a été extrait du sous-sol Centrafricain. Pour la seule production du diamant, le total des exportations depuis le début des travaux miniers en République Centrafricaine s'élève au 31 décembre 1961 à 2183615 carats. La valeur totale et les bénéfices au profit des occidentaux. C'est cela le maux essentiel laissé par l'histoire à ce pays. A savoir-faire de la République Centrafricaine, un réservoir de matières premières, une source essentielle de revenus monétaires, pour lui revendre à prix d'or des produits manufacturés tombés en désuétude. Mais cette situation crée par le flux inconsidéré des ressources minières vers l'extérieur a dû être amortie grâce à une volonté de règlementer l'activité minière en République Centrafricaine afin que les nationaux profitent également de la manne.

En 1961, dans un souci d'efficacité dans la politique minière est créé un code minier centrafricain. Ce code minier est régi par l'article 88 de la loi n° 61/203 du 11 avril 1961. C'est un important document composé du total de 109 articles. Il permet ainsi de mettre fin à une exploitation anarchique des ressources minières. En outre, il définit une véritable politique minière. L'article 11 du code minier définit par exemple les titres miniers qui sont à nombre de trois : les permis de recherches minières ; les permis d'exploitation et les permis spéciaux d'exploitation voir les concessions.

Dans tous le cas, l'obtention d'un permis se fait par demande à la direction générale des mines et de la géologie. Ces permis sont acceptés ou refusés, après enquête effectuée par les autorités compétentes. Toujours est-il que des ordonnances donnent plus d'efficacité à la politique minière. Voici à titre

---

[280] Terme repris à l'économiste Samir Amin.

d'exemple l'ordonnance n° 69/67 du 18 novembre 1969 qui complète l'ordonnance n° 67/465 du 6 juin 1967 relative aux droits miniers.[281]

Toute demande ayant pour objet, la délivrance d'une autorisation personnelle en matière minière d'un permis de recherche, l'institution et le renouvellement d'une concession minière sera accompagnée du versement d'un cautionnement dont le montant est fixé ainsi qu'il suit : délivrance de l'autorisation personnelle en matière minière : 100000 FCFA ; permis de recherche ; 150000 FCFA concession ; institution 5 millions CFA.[282] Une ordonnance fixe aussi le taux de la patente que doivent payer les artisans et les collecteurs. Pour les artisans, le taux des patentes s'élève à 5000 FCFA par an. Comme ils sont approximativement 45000, cela représente une entrée d'argent de 22500000 FCFA par an. Les collecteurs quant à eux paient une patente d'environ 500000 FCFA par an. Cela représente, pour l'Etat une entrée de 80000000 FCFA par an.

La politique minière centrafricaine s'est orientée également vers la création d'une taillerie nationale de diamant. Ceci afin de transformer sur place en produit fini, une partie du diamant produit. Les bureaux d'achat installés à Bangui sont tenus de verser à la taillerie nationale 4 % de leur production. Créé par une loi du 6 mai 1964 avec la dénomination de Comptoir National du Diamant, la taillerie nationale est une société anonyme d'économie mixte, associant à l'Etat le groupe Diamant Distributors INC de New York Le capital social entièrement versé est de 50 millions de FCFA (- 50 % souscrits par l'Etat, 50 % par le groupe DDI). Le conseil d'administration au départ a été composé de huit administrateurs (quatre pour chacun des associés). L'objet social prévoit : l'installation, à Bangui de la taillerie nationale ; la formation des spécialistes centrafricains de la taille du diamant ; l'exportation et la commercialisation des pierres taillées.

La direction générale est confiée à la Diamant Distributors Inc. L'atelier est entré en activité dès le 26 juin 1964 avec onze (11) apprentis centrafricains, confiés à deux (02) moniteurs étrangers. La formation d'un apprenti apte et bien doué affirme un expatrié demande cinq ans. Pendant les trois premières années, sous la surveillance constante des moniteurs ; les deux dernières années sont des années de perfectionnement au cours desquelles, le jeune tailleur de diamant commence à travailler seul, mais doit cependant encore être suivi.

Aujourd'hui, la taillerie nationale est profondément entrée dans sa phase opérationnelle. Pour l'année 1975, 36414 pierres ont été traitées 7789 pierres

---

[281] Source : dossier mines RCA Documentation française-Paris-France.
[282] Direction des Mines de la RCA

ont été vendues à Bangui pour une valeur de 140249350 FCFA. 27 665 pierres d'une valeur de 93351400 FCFA ont été exportées. Nous constatons à première vue que vendues sur place, les pierres précieuses rapportent plus d'argent à la taillerie nationale que lorsqu'elles sont exportées.

Tableau 8 : Productions de la taillerie nationale du diamant

Productions				Exportations	Vente à Bangui		
Nombre de pierres	poids carats	Nombre de pierres	poids carats	valeurs en FCFA	Nombre de pierres	poids carats	valeurs en FCFA
36 414	4 515,12	27 665	3 034,1400	93 351 400	7 789	1 239,73	140 249 350

Source : notes d'archives de la Direction des mines et de la géologie RCA, années 1973-1974, pp.4-5.

En 1969, trois sociétés d'exploitation minière sont expulsées de la République Centrafricaine. Selon une dépêche de l'Agence France Presse.[283] Le conseil des ministres de la République Centrafricaine a décidé de retirer son agrément à la société Pituach Centrafricaine de Diamant (SOPIACAD), un important bureau d'achat de diamant israélien. Fraude et trafic illicite de diamant accuse Bangui. Le communiqué du gouvernement poursuit : "Le conseil des ministres a prouvé qu'un diamant de 70 carats a été acheté depuis la fin du premier trimestre 1971 par la SOPICAD". Ce dimant n'a fait l'objet d'aucune déclaration officielle en vue de son exploitation régulière et du paiement à l'Etat centrafricain des droits et taxes prévus par les règlements en vigueur. Démenti à Tel-Aviv, Monsieur Pelek Maoz, Directeur de la SOPICAD déclare au correspondant du journal israélien le Yediot Abromoth : toute cette histoire de diamant de 70 carats est conçue de fils blanc. Un tel diamant n'a jamais existé. Nous connaissons les raisons pour lesquelles le gouvernement centrafricain a décidé d'interrompre nos activités, mais nous ne pouvons pas les révéler à la presse. Monsieur Pelek Maoz a ajouté que sa société a payé à la République Centrafricaine des impôts et des droits de douane d'une valeur de 600 000 dollars par an[284] et que selon ses propres termes, "le prétexte d'une fraude de 2.400 dollars n'est pas sérieux. Citant Monsieur Maoz, une dépêche de l'Agence France Presse poursuit : "Monsieur Maoz a dit que la licence accordée à la compagnie israélienne avait déjà retirée l'année précédente et accordée six semaines plutard. Aujourd'hui, la SOPICAD est sortie de la crise. Dans son

[283] ARCA, "Dossier Mines RCA", Documentation Française Paris, 1969, pp.12-13.
[284] ARCA, "Dossier Mines RCA", Documentation Française Paris, 1969, pp.12-13.

bureau installé au bord de l'avenue Barthélémy Boganda. Un homme d'une cinquantaine d'année nous reçoit. Il est assis devant une balance. En levant les derniers diamants sur le plateau il nous dit : "la situation s'est normalisée entre nous et le gouvernement centrafricain. Nous continuons à acheter des diamants que nous envoyons immédiatement à Tel-Aviv.[285]

La SOPICAD est certainement une des sociétés qui a fait beaucoup de bénéfices en République Centrafricaine. Avec le Diamond Distributors installé depuis l'an 1961, ils se sont taillé la part du lion. Nous n'avons pas de chiffres exacts sur les bénéfices de la Diamond. Car ces chiffres sont tenus secrets. Lors d'un passage à New-York où se trouve le siège de ladite société, il nous a été impossible de rentrer en contact avec Monsieur JOLYS, Directeur de la Diamond Distributors. Mais toujours est-il qu'il est probable que la société se fasse d'énormes plus-values. Lors des achats des diamants à Bangui, me dit un démarcheur de la Diamond, nous n'avons pas de barème de prix. D'ailleurs ce barème on ne l'a jamais vu. Il parait qu'il est au fond du tiroir dans le bureau du chef comptable. Aussi l'artisan est-il soumis au jeu de l'arbitraire. Des prix discutés à la volée, sans véritable fondement scientifique. Aussi, dans cette situation, la société peut acheter un diamant à un prix insignifiant. Pour revendre à l'extérieur à un prix exorbitant. En outre, la Diamond contrôlait les trois sociétés dissoutes en 1963. Elle détient une part importante des actions de la SCED et de la taillerie nationale de diamant.

En conclusion, entre les années 1961 à 1962, la politique minière en République Centrafricaine bat au rythme de l'occident. La majorité des sociétés opérant dans le secteur du diamant proviennent de l'Ouest.

-Une ouverture vers les pays de l'Est

A partir de 1973, dans le cadre des relations liant la République Centrafricaine et le bloc socialiste, plusieurs missions en provenance des pays de l'Est arrivent à Bangui. Plusieurs missions sont affectées à l'intérieur du pays par des géologues roumains. Ceci afin de déterminer les nombreuses richesses minières du sous-sol centrafricain. Avec la Roumanie, une nouvelle société est créée en 1973. Il 'agit de la SCAROMINES, aujourd'hui, la société est toujours à la phase de recherche. En 1976, le vent souffle vers le golfe persique. Une nouvelle société centrafrciano-arabe au capital de 10 millions de francs CFA est créée. Au sommet où sont écrites ces lignes, une délégation irakienne visite les zones minières de Carnot et de Berberati. Ceci afin de voir les possibilités de l'ouverture éventuelle d'un bureau d'achat de diamants.

---

[285] Ibid, p.14.

L'Afrique du Sud nous a offert 4 véhicules. 03 Landrover et 01 Bedford. Elle nous a donné également deux tracteurs tarières, une laveuse des graviers de diamant et quelques matériels de campement, réfrigérateurs, tables, chaises, etc. déclare un fonctionnaire du ministère des mines. La République Sud-Africaine a proposé la coopération par la mise en place de deux petits projets : une campagne de sondage sur les dépôts de calcaire de Fatima et de Bobassa en complément du dossier PNUD et la formation sur le terrain des géologues et techniciens de la République centrafricaine.[286]

Les autres étudiants et stagiaires en formation se trouvent dans les pays suivants : France, Belgique et Union Soviétique. Cette année nous aurons au total trois ingénieurs géologues formés en Union Des Républiques Socialistes Soviétiques. Par ailleurs, les autres cadres sont formés sur le tas au cours des missions de recherche ; etc. Ainsi, lors de la réalisation du projet du PNUD sur les calcaires de Fatima, les cadres suivants ont été formés : 1 préparateur d'échantillons, 1 aide topographe, 1 magasinier.[287]La tendance à la baisse, fait que l'avenir est assez pâle pour l'actuelle production du diamant. La production de 1975 a donné un chiffre inférieur à celui de 1963. Toujours dans ce domaine aucune nouvelle découverte de gisements primaires n'a été réalisée. Certainement pas. Toujours est-il que des milliers de carats ont été retiré du sous-sol centrafricain depuis 1936. Il y a trois ou quatre ans je pouvais trouver un diamant en deux jours de travail, maintenant il m'en faut au moins un mois, affirme un artisan de la région de Carnot. Le travail des artisans est devenu difficile. Aujourd'hui, on peut faire le bilan. Il n'est pas très éloquent dans la région de Carnot. Depuis 1960, la population de Carnot devait s'enrichir à un rythme exceptionnel. Les bureaux d'achat déversant sur eux environ 120 millions de francs CFA par mois d'argent liquide. Cela n'est pas le cas. Cette fortune est gaspillée sans qu'il soit procédé à aucun investissement. Tout part dans l'acquisition des biens de consommation non durables. Les villes comme Carnot sont frappées par des amoncellements de casiers de bières. La société MOCAF déversait en 1967, 40 % de ses productions de boisson dans la région.

---

[286] La République Centrafricaine a été le premier pays d'Afrique Noire à avoir formé ses experts en diamant. Le second pays est le Ghana. La formation des cadres en matière des mines en général et du diamant en particulier est plus que nécessaire. Aussi constitue-t-elle pour nous un impératif, déclare le chef du service de personnel à la Direction des mines à Bangui. Cette année poursuit-il nous aurons au total sept ingénieurs des mines formés à l'Université Jean-Bedel Bokassa. Leur intégration à la fonction publique est en cours. L'Université jean Bedel Bokassa a fourni au total 9 ingénieurs dont un camerounais et un centrafricain, ancien fonctionnaire du Ministère des travaux publics qui a regagné son corps d'origine.

[287] Rapport sur projet PNUD dénommé n° CAF/70/511, Centre de Documentation des Nations-Unies, New-York, p.5.

Enfin, la recherche intensive du diamant par les populations agricoles de la Haute-Sangha et de la Haute-Kotto avait désorganisé la vie rurale de ces régions. Carnot manque souvent de denrées alimentaires comme le manioc. Aussi le gouvernement centrafricain avait fait un effort permanent de régulariser la situation qui prévoyait dans la région.[288]

---

[288] Il fallait également noter que, l'épargne était insignifiante en zone minière. Cela était visible par le manque d'une structure bancaire appropriée et facilitait un gaspillage notoire des ressources monétaires disponibles. Mais le diamant avait toujours été le support essentiel de l'économie centrafricaine. C'était le principal produit qui faisait rentrer le plus d'argent dans les caisses de l'Etat. Mais le grand problème du dimant, était qu'il ne constituait pas une industrie industrialisante. La seule industrie créée par le diamant est la taillerie nationale. Mais cette dernière ne peut pas dans aucun cas favoriser une opération économique intégrée. Aussi l'extraversion du diamant est le seul moyen de permettre l'entrée des devises étrangères. La santé de l'économie nationale dépend en grande partie de la santé du diamant. Le bilan de l'action du diamant au niveau macro-économique pendant la période coloniale française était très satisfaisante. C'était la seule ressource minière exploitée qui apportait depuis des années, l'économie centrafricaine.

CHAPITRE III :
LES DIAMANTS DU « SANG » DE LA REPUBLIQUE CENTRAFRICAINE : ENTRE CONVOITISE, INSTABILITE ET CONFLITS ARMES

I- L'EXPLOITATION ARTISANALE DES DIAMANTS A PETITE ECHELLE : METHODES ET TECHNIQUES D'EXTRACTION

L'exploitation artisanale, à petite échelle du diamant se pratique en RCA de façon rudimentaire et parfois de façon informelle. L'exploitation minière artisanale du diamant offre cependant une importante stratégie de subsistance aux communautés locales car elle constitue l'activité principale de la plupart des travailleurs mineurs centrafricains. Il ressort de notre analyse que, ce type d'exploitation minière a des impacts directs sur les galeries forestières, le sol et les cours d'eau. De plus, nous montrons que la réduction des impacts environnementaux engendrés par l'exploitation artisanale, à petite échelle de diamants n'est pas ressentie comme une nécessité ni comme une préoccupation majeure au sein de la communauté des artisans mineurs.[289] Il y a souvent de la part des artisans mineurs un manque de compréhension des problèmes environnementaux et une insuffisante capacité à y faire face. Les aires protégées au titre de leurs biodiversités, qui revêtent une importance écologique et socioéconomique majeure pour les populations centrafricaines des sites exploités, subissent malheureusement des pressions importantes du fait de cette exploitation minière artisanale du diamant. D'autant que bien souvent la population des artisans mineurs se révèle être en situation socioéconomique très précaire et être souvent préoccupée par sa survie dans des conditions très difficiles. Ces dernières années, le Processus de Kimberley a pris l'initiative de concentrer sa réflexion et son action sur les questions environnementales. En 2012, la Déclaration de Washington, relative à l'intégration du développement de l'extraction artisanale et à petite échelle de diamants dans la mise en application du Processus de Kimberley, a souligné l'importance de prendre en considération les ramifications et conséquences environnementales de l'extraction minière artisanale.

A- LES SITES MINIERS DE BODA, NOLA ET BERBERATI ET LES TECHNIQUES D'EXTRACTION DES DIAMANTS

Les diamants et l'or furent découverts pour la première fois en République centrafricaine au début du vingtième siècle, alors que le pays se trouvait toujours

---

[289] "Conflict diamonds and peace process in Cote d'Ivoire," Bonn International Centre for Conversion, BICC Focus, 2008, 1-7;
https://www.bicc.de/uploads/tx_bicctools/focus_8_ivory_coast.pdf, consulté à Bangui le 10-09-2024 à 13h00.

sous le régime colonial français. L'administration coloniale exerçait un contrôle sévère de l'accès aux ressources naturelles et octroyait des concessions à des sociétés privées pour exploiter le caoutchouc, le café, le coton et les ressources minérales. Les diamants sont rapidement devenus le second produit d'exportation de la RCA, après le coton.[290] Les sociétés minières internationales ont connu leur âge d'or en RCA dans les années 1950, avec une production de diamants atteignant 147104 carats en 1954. Alors que ces chiffres diminuaient et que les résultats d'exploration se tassaient à la fin des années 1950 et au début des années 1960, les sociétés minières ont limité leurs activités à la commercialisation de minerais extraits de leurs concessions par des mineurs artisanaux.[291] Durant la période coloniale, des opérations d'exploration ont été menées pour l'or et les diamants. Cependant, après l'indépendance, les sociétés minières internationales se sont retirées du pays, entraînant la fin des investissements dans l'exploration.[292] Par ailleurs, la production de diamants a augmenté dans une large mesure après la fin de la période coloniale, en 1960. Le nouveau gouvernement centrafricain a libéralisé le secteur du diamant, ouvrant les mines à tous les citoyens, ce qui a entraîné une ruée vers les zones minières.[293] Par conséquent, les exportations annuelles de diamants ont augmenté, passant de 70000 carats en 1960 à près de 537 000 carats en 1965.[294]

Après l'indépendance de la RCA, les dirigeants successifs ont traité le secteur minier du pays comme une importante source de revenus destinée à financer leur réseau de clientélisme. Les dirigeants exigeaient une part de la production et imposaient des taxes élevées sur les exportations de minéraux. L'exemple le plus frappant est le président « empereur » Jean-Bedel Bokassa, qui a pris le pouvoir en 1966. Après une période initiale de forte production, les exportations de diamants ont rapidement diminué en raison de la cupidité de Bokassa, de l'épuisement des gisements les plus facilement exploitables et de l'absence d'investissements dans l'exploration de nouveaux sites.[295] À la fin du

---

[290] International Crisis Group (ICG), *De dangereuses petites pierres : Les diamants en République centrafricaine*, décembre 2010, p. 1.

[291] International Crisis Group (ICG), *De dangereuses petites pierres*, p.5.

[292] F. Barthélémy et al, *Transborder artisanal and small-scale mining zones in Central Africa: Some factors for promoting and supporting diamond mining*, dans: Vlassenroot K. & Van Bockstael S. (eds.), *Artisanal diamond mining: perspectives and challenges*, Anvers, Academia Scientific, 2008, p. 33.

[293] ITIE-RCA, *Premier rapport de l'ITIE-RCA: Collecte et Réconciliation des données statistiques du secteur minier année 2006*, mars 2009, p. 25.

[294] Barthélémy, *Transborder artisanal and small-scale mining zones in Central Africa*, p.3.

[295] International Crisis Group (ICG), *De dangereuses petites pierres*, pp.7-10.

règne de Bokassa en 1979, la production fluctuait aux environs de 290 000 carats par an.[296]

Cependant, durant la décennie suivante, les statistiques d'exportation ont été relancées une fois de plus avec l'introduction d'un système de certificats développé par la Banque mondiale, la création du *Bureau d'évaluation et de contrôle de diamant et d'or* (BECDOR),[297] la réduction des taxes d'exportation[298] et l'exploitation de gisements moins facilement exploitables.[299] L'ancien président Ange-Félix Patassé a ouvertement fait des affaires dans le secteur minier durant son règne. Sa compagnie, Colombo Mines, possédait plusieurs sites miniers et il employait des intermédiaires pour collecter les diamants pour lui. En outre, il attribuait des concessions à des sociétés minières et les exemptait d'obligations légales.

1-De BODA, NOLA A BERBERATI : itinéraires miniers

Les ressources minières constituent l'une des principales sources de recette du gouvernement centrafricain. Elles viennent en troisième position après l'agriculture et le bois. Les villes de Boda dans la préfecture de la Lobaye, de Berberati dans la préfecture de Mambéré Kadéi et de Nola dans la préfecture Sangha-Mbaéré font partie des régions les plus riches en minerais.[300] Il est intéressant de noter que les sites étudiés regroupent en moyenne 52 travailleurs (hommes, femmes et enfants inclus), mais que la moitié de ces sites regroupent moins de 20 travailleurs seulement (médiane). Le site le plus grand que nous avons visité comptait 800 travailleurs, il s'agit de Gbasseme qui se situe dans la région de Boda. Dans le cadre de notre enquête, nous avons constaté que sur les 42 sites visités, les opérateurs notent la production quotidienne sur des cahiers officiels sur seulement 9 sites, et sur des cahiers informels sur 7 sites. Cela signifie que sur au moins 26 sites, la production n'est pas enregistrée par les responsables des sites. Sur les sites visités, la production estimée par semaine sur la plupart des sites (médiane) était de 1 carat pour les sites produisant des

---

[296] Barthélémy, *Transborder artisanal and small-scale mining zones in Central Africa*, p.5.
[297] 286 007 en 1976, 296 909 en 1977 et 284 246 en 1978. (Source : N'Zolamo-N'Zilavo (fonctionnaire au service minier), *Note mines inachevée*, document non publié, 2012)
[298] Ce service de l'État existe toujours et fera l'objet d'une discussion plus détaillée
[299] Ibid.
[300] Cf. PIS - DIIS, République Centrafricaine: cartographie du conflit, Anvers, septembre 2018, p. 83. Nous avons consulté ce document sur https://ipisresearch.be/publication/republique-centrafricaine-cartographie-du-conflit, consulté à Bangui le 12-12-2024 à 18h00.

diamants et de 4 grammes pour les sites produisant de l'or en plus des diamants.[301]

- Différents sites d'extraction de diamants visités dans la ville de Boda

Située à 185 kilomètres de Bangui, la ville de Boda dispose de nombreux sites miniers. Nous avons visité 13 sites d'extraction de diamants, afin de collecter les données relatives aux impacts des exploitations minières sur la vie des communautés riveraines. Les sites sont situés entre 0 et 20 kilomètres de la ville : Louamé (10 km), Gondem (20km), Gbana Gbene (dans la ville), Batali (20 km), Gbasseme (dans la ville), Zibare (10 km), Ngorbor (dans la ville), Pama (dans la ville), Dolet (dans la ville), Kondo A Assa (dans la ville), Ngabara Likondji (dans la ville), Kamon (dans la ville), Loubé (dans la ville). 1381 personnes dont 15 femmes et 133 enfants de moins de 15 ans et participant activement à la production travaillent sur les 13 sites visités. Les hommes réalisent les tâches les plus difficiles et certainement les mieux rémunérées : creuser sous terre pour extraire les minerais. Les femmes et les enfants s'occupent des tâches subsidiaires notamment le portage et le lavage des minerais au bord des cours d'eau. Les femmes exercent également aux alentours des sites miniers de petites activités commerciales. Elles vendent principalement des produits vivriers et tiennent des lieux de restauration. Les techniques d'extraction des diamants auxquelles recourent les artisans miniers sont diverses et variées. Comme le souligne à juste titre Philippe Matheus : *le choix du type de mine dépend de différents facteurs, tels que la profondeur du gisement, sa géométrie, son empreinte au sol et les coûts d'extraction.*[302] Le barrage, le dragage, et le puits sont les trois types de technique d'extraction minière les plus en vue sur les sites visités dans la ville de Boda. On peut retrouver sur un même site la mobilisation de ces trois principales techniques. C'est le cas sur les sites de Dolet, de Kondo A Assa, de Ngabara Likondji, de Kamon, de Gondem et de Louamé. Au final, les types d'exploitation minière artisanale les plus récurrents ici sont l'exploitation minière artisanale en berge (barrage ou dragage), l'exploitation minière artisanale par puits et l'exploitation artisanale sur terrasse ouverte.[303]

---

[301] CCRAG, ''Effets des exploitations artisanales de diamants sur les conditions de vie des communautés riveraines en République centrafricaine'', Bangui-Anvers, 2021, p.1.

[302] Philippe Matheus, '' Les techniques et conditions d'exploitations des mines aurifères'', *Annales des Mines-Réalités Industrielles,* 2018, n°4, pp.10 -19.

[303] CCRAG, ''Effets des exploitations artisanales de diamants sur les conditions de vie des communautés'', p.11.

- Berberati et son espace minier en mutation

Capitale économique du pays, la ville de Berberati est située à 604 km de Bangui. Faisant partie des régions les plus riches en ressources minières, elle dispose de plus d'une dizaine de sites d'exploitation artisanale de diamants située entre 0 et 50 kilomètres : Bembaï (45 km), Sangju (25 km), Lomi 3 (dans la ville), Lomi 2 (10 km), Lomi 4 (10 km), Batouri (15 km), Bantouri (45 km), Sambada (dans la ville), Mabe (dans la ville), Sanko (45 km), Yolongo mambéré (dans la ville), Ndjondjo (dans la ville).[304] 528 personnes dont 37 femmes et 15 enfants de moins de 15 ans participant activement à la production travaillent sur les 13 sites d'exploitation de diamants visités. Les femmes et les enfants représentent près de 10% de l'effectif total des travailleurs. A l'exemple des pratiques observées sur les sites d'extraction de diamants à Boda, le travail des femmes et des enfants consiste à transporter et à laver les minerais au bord des cours d'eau. Se développe également aux alentours des sites miniers la prostitution dont les conséquences seront étudiées dans la deuxième partie de ce rapport. Traversée par une rivière et de multiples cours d'eau, la ville de Berberati offre l'opportunité aux artisans miniers de recourir massivement à l'exploitation minière artisanale en lit-vif, et ce, en plus d'autres types d'exploitation que sont l'exploitation artisanale minière en berge, celle par puits et celle en terrasse ouverte. L'exploitation en lit-vif exige des moyens financiers conséquents et commande l'utilisation d'engins spécifiques à l'instar de la motopompe. Il s'agit là d'un début de mécanisation de l'opération d'extraction. Plusieurs bureaux d'achat de diamant sont opérationnels dans la ville de Berberati. La société BADICA y est toujours implantée et demeure très active. Il existe aussi des circuits parallèles et informels tenus par des débrouillards qui subventionnent les activités d'extraction de diamants.[305] Le circuit informel est tenu par deux catégories d'acteurs : des commerçants et fonctionnaires, d'une part, et des acheteurs venus des pays voisins, d'autre part.

Les commerçants et fonctionnaires subventionnent illégalement les activités d'extraction minière dans la ville de Berberati. Les diamants extraits sont vendus clandestinement au point qu'il est difficile de retracer leur parcours. Des individus venus des pays voisins, notamment, du Cameroun sont les

---

[304] Bureau d'Achat de Diamant en Centrafrique, plusieurs fois mentionnées dans des affaires de fraudes, voir par exemple:https://www.lemonde.fr/evasion-fiscale/article/2015/02/14/hsbc-et-les-diamants-de-centrafrique_4576780_4862750.htm, consulté à Bangui le 10-11-2024 à 15h00.

[305] "Conflict diamonds and peace process in Cote d'Ivoire," *Bonn International Centre for Conversion*, BICC Focus, 2008, 1-7;https://www.bicc.de/uploads/tx_bicctools/focus_8_ivory_coast.pdf, consulté à Bangui le 19-09-2023 à 13h00.

principaux acheteurs. Souvent, ces opérations sont effectuées à l'insu des autorités administratives et locales et créent une forme de concurrence déloyale vis-à-vis des collecteurs de diamants qui s'en plaignent. Un collecteur résident affirme à ce sujet que les fonctionnaires affectés dans la ville de Berberati leur font concurrence en finançant illégalement les sites d'extraction de diamants.[306]

- Les différents types d'exploitation minière à Nola

Située dans la préfecture de Sangha-Mbaéré, la ville de Nola est à 164 km de Berberati et 754 km de Bangui. Elle est l'une des régions les plus riches en minerais et dispose de près d'une vingtaine de sites d'extraction de diamants. Notre mission a visité 16 sites : DSTM (dans la ville), CMC (dans la ville), Lopo (dans la ville), Yanssi (5km), Libangui (6km), Monsende (1km), Nyama-Mindou (1km), Baukere (2km), Bouli (1km), Bouli 2 (1km), Kadéi (30km), Lopo (30 km), Ndelengué (6km), Gbasona (7km), Sengué (4km), Sangha (dans la ville). 252 personnes dont 23 femmes et 15 enfants de moins de 15 ans participent activement à la production travaillent sur les 16 sites d'extraction de diamants visités (Figure 2). Les enfants de moins de 15 ans représentent 6% de l'effectif global des travailleurs. A l'instar des réalités observées sur les sites d'extraction à Boda et à Berberati, les femmes et les enfants s'occupent du transport et du tri des minerais. La faible présence des femmes et enfants dans les chantiers de diamant s'explique en partie par la dureté des travaux relatifs aux opérations d'extraction. Les fouilles se font généralement à la main et sont énergiquement exigeantes, exception faite des exploitations en lit-vif où les engins sont mis à contribution. Les exploitants miniers recourent à quatre types d'exploitation que sont : le puits, le lit vif, la berge (barrage ou dragage) et la terrasse ouverte. Le lit vif demeure la technique la plus mobilisée dans la localité de Nola qui est, à l'instar de la ville de Berberati, traversée par une rivière et de multiples cours d'eau. Le paysage minier de la ville de Nola dispose de trois sites d'exploitation semi mécanisée dont deux appartiennent à des citoyens chinois et de cinq bureaux d'achat de diamant et or. La main d'œuvre est moins sollicitée sur les sites d'exploitation semi mécanisée. L'exploitation se fait en lit vif et à l'aide des machines à l'instar des dragues. Très peu d'ouvriers sont sollicités pour le dégagement des graviers tamisés.

---

[306] CCRAG,"Effets des exploitations artisanales de diamants sur les conditions de vie des communautés'', p.12.

2- Extraction artisanale des diamants en RCA

Les diamants sont presque exclusivement extraits par des moyens artisanaux en RCA. Selon les chiffres cumulés relatifs aux exportations de diamants depuis 1931, plus de 84 % de l'extraction se font de manière artisanale.[307] Depuis l'indépendance, l'exploitation industrielle a presque entièrement disparu. Il existe quelques possibilités de rejoindre légalement le secteur minier artisanal. Avec une carte d'exploitant artisan minier, les mineurs ont l'autorisation de travailler dans les zones d'exploitation artisanale désignées, qui sont délimitées par l'administration des mines du gouvernement.[308] Cependant, jusqu'à présent, aucune zone d'exploitation artisanale n'a été désignée. Dans le cas où un mineur souhaite obtenir un droit en dehors d'une zone d'exploitation artisanale désignée, il doit également demander une autorisation d'exploitation artisanale ou de prospection.[309] Le secteur minier pour les diamants en RCA comprend essentiellement de petits gisements alluvionnaires dans les rivières et les zones adjacentes qui conviennent parfaitement à l'exploitation artisanale.[310] Le Sud-Ouest du pays est la zone la plus densément peuplée par les mineurs artisanaux. Elle comprend les préfectures de Nana-Mambéré, Mambéré-Kadéï Sangha-Mbaéré et Lobaye.[311] Les gisements s'étendent le long des rivières Mambéré, Lobaye, Sangha et Kadeï.[312]

Parmi les importantes zones minières, il y a Berbérati, Carnot, Nola, Boda, Salo, Bouar et Bozoum.[313] Plusieurs autres sites miniers importants sont situés dans les préfectures du centre-est Ouaka et Haute-Kotto, le long de la rivière Kotto. Les zones minières sont concentrées autour de Bria, Ippy, Dimbi, Bambari, Bangassou, Ndélé et Sam-Ouandja. On trouve généralement l'or et les diamants dans les mêmes zones. L'or, par exemple, est plus souvent produit à proximité de Bouar, dans la région frontalière avec le Cameroun. La zone du sud-ouest produit davantage de diamants que l'est on estime qu'il s'agit de 80

---

[307] Barthélémy, *Transborder artisanal and small-scale mining zones in Central Africa*, p.36.

[308] K. Matthysen et al, *L'or et les diamants de la République Centrafricaine : le secteur minier et les problèmes sociaux économiques et environnementaux y afférents*, Anvers, 2013, pp.5-10.

[309] Loi n° 09.005 (29 avril 2009); Lintzer et Mitchell H., ''The artisanal diamond mining sector in the Central African Republic: Formalization and livelihoods'', dans, Van Bockstael S. & Vlassenroot K. (eds.), *A farmer's best friend? Artisanal diamond mining and rural change in West and Central Africa*, Egmont Institute, Gent, Academia Press, pp. 103-124, p.106.

[310] Barthélémy, *Transborder artisanal and small-scale mining zones in Central Africa*, p.38.

[311] International Crisis Group (ICG), *De dangereuses petites pierres*, p.10.

[312] Ibid.

[313] Ibid.

% de la production totale, mais leur taille est plus petite. Historiquement, la région de la Haute-Sangha représentait environ 60 % de la production de diamants de la RCA.

La production officielle inférieure dans l'est pourrait s'expliquer en partie par le fait que les diamants plus gros sont plus attrayants pour la contrebande[314] et par le contrôle relativement limité du gouvernement sur l'est de son territoire.[315] Dans les zones minières susmentionnées, l'exploitation minière artisanale et à petite échelle offre une importante stratégie de subsistance aux communautés locales. Il s'agit d'une opportunité d'emploi intéressante dans des zones rurales pauvres, car cette exploitation ne requiert guère de capitaux, de connaissances et de technologie. En outre, il s'agit d'une activité qui nécessite beaucoup de main d'œuvre et qui constitue donc un important pourvoyeur d'opportunités d'emploi, fournissant un revenu monétaire qui aide la population à payer les soins de santé, l'éducation des enfants et la construction d'infrastructures. On estime que le secteur minier artisanal emploie 80000 à 100000 mineurs ; 600000 personnes -13 % de la population du pays[316] dépendent au moins partiellement du secteur pour leurs revenus.[317]

Pour gagner leur vie, de nombreux habitants des zones rurales combinent l'exploitation minière avec d'autres activités économiques telles que l'agriculture de subsistance et la pêche. En particulier durant la saison des pluies, de mai/juin à octobre/novembre, il y a un recul de la production minérale et les mineurs doivent compter davantage sur ces sources de revenu alternatives.[318] Cependant, dans les années 1980 et 1990, bon nombre de ménages ont commencé à compter plus exclusivement sur l'exploitation artisanale de diamants pour leurs revenus quotidiens, ce qui a augmenté leur dépendance au secteur minier, les rendant plus vulnérables aux chocs. Et des chocs, il y en a eu plusieurs durant la première décennie du siècle : l'instabilité politique due à un coup d'État manqué en 2001, le renversement de Patassé, la

---

[314] Ibid.

[315] Lombard décrit cette zone comme une ancienne zone tampon. Il s'agit d'une zone qui s'est retrouvée historiquement entre plusieurs administrations politiques centralisées, mais n'a jamais été réclamée par l'une de ces administrations. Par conséquent, elle est assez difficile à intégrer dans un État-nation officiel. (Source : Lombard L., *Raiding and refuge: The political economy of a Central Africn buffer zone*, Conflict Prevention and Peace Forum, février 2012, p. 2.

[316] La RCA compte 4,5 millions d'habitants. (Source : BBC, Central African Republic profile, consulté pour la dernière fois le 16 octobre 2012 (http://www.bbc.co.uk/news/world-africa-13150041), consulté à Bangui le 10-03-2024 à 10h00.

[317] Ibid.

[318] International Crisis Group (ICG), *De dangereuses petites pierres*, p.12.

fermeture de plusieurs bureaux d'achat import-export en 2008 et la chute des prix des diamants sur le marché mondial.[319]

En raison de la crise dans le secteur du diamant, il apparaît qu'un nombre croissant de personnes veulent quitter l'exploitation minière artisanale, car souvent, les revenus de cette exploitation ne suffisent plus à pourvoir aux premières nécessités. Bon nombre de personnes ont dès lors décidé de retourner à l'agriculture afin de gagner davantage d'argent et assurer leur propre approvisionnement en nourriture.

3-L'activité d'exploitation minière artisanale sur le terrain

Pour mieux cerner les étapes de l'exploitation minière artisanale d'une part et les détails différenciés du processus d'exploitation, nous avons distingué 02 phases à savoir la phase pré-exploitation et la phase d'exploitation proprement dite. Dans chacune de ces phases, nous avons regroupés les sites en fonction de leur conformité à la légalité.

- **La phase pré-exploitation**

Elle est le préalable à toute activité d'exploitation proprement dite. Il s'agit essentiellement du défrichement et de la prospection. Cette prospection regroupe les divers moyens de s'assurer de la présence du minerai avant d'engager les travaux d'extraction. Avant de se livrer à quelque sondage, il faut trouver le moyen d'accéder au sous-sol. La principale activité ici consiste à effectuer le débroussaillage de la zone jugée digne d'intérêt. Généralement, cela se fait sur un espace réduit qui correspond à peu près à l'espace à forer et à celui sur lequel les stériles issus de l'excavation du puits vont plus tard être déversés. Dans la plupart des cas, en plus du site d'exploitation, il faut également défricher à quelques mètres de là un autre espace qui servira à installer le campement dédié aux besoins de logement.[320] Cette logique du défrichement est partagée par tous les sites en dehors de quelques-uns sur lesquels les artisans n'ont pas jugés utiles de s'établir à proximité du chantier d'extraction. La plupart du temps, il s'agit des chantiers situés à moins de 10 km d'un village classique d'où viennent et repartent les mineurs chaque jour de travail. Pour ce

---

[319] Le prix du diamant a subi une forte baisse durant la première décennie du siècle. Le prix par carat de 47 643 francs CFA, soit 95 dollars, en août 2008 était inférieur à la moitié du prix moyen de l'année 2000. (Source : DeJong T. U., *PRADD – Environmental rehabilitation and artisanal diamond mining: A case study of land and livelihoods in the Central African Republic*, Tetra Tech ARD/ USAID, mars 2012, p. 16.)

[320] Matthysen et al, *L'or et les diamants de la République Centrafricaine : le secteur minier et les problèmes sociaux économiques*, p.13.

qui est de la prospection, les logiques de travail ne sont pas les mêmes sur tous les sites. En effet, on observe une certaine différence entre les sites et ceux qui sont sous le contrôle des seuls artisans miniers.[321]

Photo 1 : Tamis de l'artisan minier dans un bac de lavage

Source : cliché Blaise Yandji, Berbérati le 16-02-2022

- **La phase d'excavation**

Au premier trou, une dizaine d'ouvriers répartis en deux groupes, en général des apprentis procèdent à l'ouverture d'un nouveau chantier. Une aire de 4 m sur 4 est délimitée et constitue la nouvelle parcelle d'extraction. Il sera procédé par la suite à l'agrandissement du chantier ainsi ouvert. A l'aide de pelles, de pioches et de barre à mines, les ouvriers creusent le sol jusqu'à une profondeur de 3 mètres où se trouve la couche de gravier diamantifère localement appelée *bon cœur*. Ils ont la responsabilité d'abattre les arbres qui se trouvent dans le périmètre d'excavation. A ce sujet une technique intéressante

---

[321] Les sites contrôlés par les seuls artisans ne fonctionnent pas selon ce schéma. Tant la prospection que l'exploitation et même la commercialisation future sont libres, et s'effectuent au gré des artisans. La prospection se fait simplement à l'aide de barres à mines et de pioches. Les artisans miniers en charge de cette activité sont généralement les plus anciens et les plus expérimentés. Ils se rendent sur les lieux, le plus souvent le lit des cours d'eaux ou à proximité, en raison de ce que le processus de sédimentation qui forme le minerai est réputé s'y effectuer. La prospection proprement dite consistera à creuser le sol à l'endroit choisi, jusqu'à atteindre la couche de gravier au sein de laquelle se niche le minerai. Dans le cas où cette couche est présente, les mineurs en déduisent que la zone est fertile en substances minérales, sinon le chantier est abandonné. Mais la plupart du temps, le site est jugé susceptible d'être productif parce que ces mineurs disposent des quelques indices de fertilité qui les poussent à travailler à un point et pas à un autre

est utilisée : la terre qui entoure l'arbre est progressivement enlevée, au point de dénuder complètement les racines et l'arbre s'effondre.[322]

- **La phase d'extraction**

C'est un stade plus avancé d'un point de vue technique. Des manœuvres munis de pelles et pieds nus sont au fond du trou, duquel ils rejettent le gravier aurifère ou diamantifère. Les abords du trou sont garnis d'un lit de feuilles pour empêcher le retour des mottes de terre, qui sont très friables, en raison de ce que dans la région la terre est gorgée d'eau.

Photo 2 : Quelques puits en phase d'extraction de minerai

Source : cliché Blaise Yandji, Berbérati le 16-02-2022.

C'est également un travail dangereux en raison de la nature des travaux qui exigent de la robustesse, et du manque total de protection des ouvriers qui bien qu'œuvrant avec des instruments très coupants, tels que les pelles sur lesquelles ils prennent appui de leurs pieds nus.

La difficulté à ce stade est la gestion des écoulements d'eau très importants vu que l'on se trouve dans une zone forestière. Pour ce faire, les travailleurs disposent de motopompes, grâce auxquelles l'eau est aspirée hors des chantiers. Le gravier est alors extrait du sol et expédié vers une autre partie du chantier.

---

[322] Matthysen et al, *L'or et les diamants de la République Centrafricaine : le secteur minier et les problèmes sociaux économiques*, p.13.

- **La phase de lavage**

Chaque artisan minier a ici devant lui un tas de ce gravier précédemment extrait. A l'aide d'une pelle, il verse dans un tamis à très grosses mailles une ou deux pelletées de gravier, qu'il immerge dans le cours d'eau. Les plus gros déchets sont retenus par les mailles, tandis que les plus petits se déposent dans un tamis aux mailles très fines, placé aux pieds de l'artisan dans le cours d'eau. Ce nouveau gravier aux grains beaucoup plus fins, recèle de diamants, qui sont en majorité de petite taille. Un petit instrument de la taille d'une carte téléphonique et taillé dans une matière plastique rigide, permet de trier ce gravier et d'en retirer les diamants. Les diamants plus lourds que les grains de gravier, se déposent au fond des tamis.[323]

Photo : lavage du minerai

Source : cliché Blaise Yandji, Berbérati le 16-02-2022.

- Structure du secteur minier artisanal et de la chaîne de commercialisation

Une fois le minerai obtenu, qu'il s'agisse de l'or ou du diamant, il faut ensuite trouver le moyen de le commercialiser. Il existe deux processus de commercialisation fort contrastés selon que l'on se trouve dans la zone de couverture.[324] Il faut également distinguer deux processus d'accès à la

---

[323] Matthysen et al, *L'or et les diamants de la République Centrafricaine : le secteur minier et les problèmes sociaux économiques*, p.17.

[324] Il n'existe pas d'organisation formelle si ce n'est celle d'ailleurs encore perfectible. Car globalement, l'activité s'exerce de manière anarchique. Il suffit alors d'avoir d'une part pelle minière ou non et batée et d'autre part des biceps à valoriser pour devenir artisan minier. Il est vrai qu'il faut aussi avoir la capacité de distinguer le minerai d'entre toutes les autres particules contenues dans la boue extraite des fosses. Et c'est là qu'intervient le mimétisme

profession de collecteurs selon que qu'il se fait légalement ou non. Sur le plan juridique, la collecte des minerais est faite par les commissionnaires qui peuvent être des personnes physiques ou morales de droit camerounais ayant obtenues une autorisation du ministre des mines et l'ouverture d'un bureau d'achat. Une fois ces préalables remplis, le commissionnaire est libre de disposer des produits qu'il achète auprès des mineurs. Ainsi, on rencontre dans la région un collecteur légal d'une part et les autres collecteurs informels d'autre part. Malgré ses imperfections présentées plus haut, les artisans du pôle minier disposent à proximité d'un bureau d'achat légal qui remplit sa mission d'achat.

Dans les autres sites, la collecte se fait d'une autre façon. Dans la pratique, l'exercice de la fonction de collecteur n'est conditionné que par la capacité financière dont justifie l'individu qui aimerait accéder à l'activité. Une fois cette condition remplie, il ne reste plus à ce dernier qu'à se rendre d'un site de production à un autre pour collecter le produit de la mine. De l'avis des mineurs, bien que ceux-ci ne disposent pas toujours de balances justes, ils offrent l'avantage de venir jusqu'à eux et de pratiquer parfois les prix avantageux.

Les collecteurs informels de diamant qui opèrent généralement dans les centres commerciaux de village. Ceux-ci ont exactement le même profil : Ils disposent d'espèces sonnantes et trébuchantes, ils sont musulmans, ils se connaissent mutuellement et pourraient d'un commun accord fixer les prix à pratiquer pour l'achat du diamant dans leurs rassemblements. En tout cas, le résultat sur le marché le confirme car en effet, d'une échoppe à une autre, les prix pratiqués sont identiques. Cette union sacrée est toujours, comme on peut s'y attendre, au détriment des artisans miniers. Les artisans miniers sont les victimes résignées de ces trafiquants qui opèrent pourtant au vu et au su de tous. Mais ils semblent bien obligés de se soumettre au diktat de ces acheteurs faute de trouver de plus magnanimes ailleurs.

Dans le cas des autres acheteurs illégaux, ils constituent simplement une espèce d'intermédiaire entre les artisans miniers et de prochains acheteurs. Ainsi, dans cette phase transitoire précédant l'acheminement du minerai vers le

---

très en vogue sur les sites miniers qui à mesure de l'expérience, on finit par avoir une certaine maîtrise de la pratique de l'activité. Ainsi, depuis l'obtention du puits jusqu'à la sélection par lavage du minerai, rien ne semble particulièrement organisé. Toutefois, il faut reconnaitre que les phases de l'activité d'extraction sont identiques sur le même site et varient très faiblement d'un site à un autre. Bien souvent, le plus expérimenté du site qui se trouve bien souvent être un mineur d'origine Centrafricaine, est le modèle que les autres copient. Ses méthodes, techniques et les outils sont alors adoptées sans réticence ni discernement par ses collègues de site. Cela est vrai à la fois pour les sites.

marché ou l'utilisateur final, ces collecteurs s'en servent dans certains cas de monnaie d'échange du Congo voisin et dans d'autres, il est convoyé et revendu dans des lieux appropriés grandes villes à meilleur prix. C'est ainsi que d'autres types de trafiquants d'or et de diamant que l'on trouve dans cette partie du pays avec un mode opératoire fort différent de ce qui est connu ailleurs en RCA. Dans le cas de la monnaie d'échange, quelques commerçants-acheteurs s'en servent par la suite dans les échanges commerciaux au Congo voisin. Ils l'utilisent pour acheter le type de marchandises qui correspond à la quantité à échanger. Dans l'autre cas par contre, l'or est simplement transporté jusque dans les grandes villes camerounaises (Yaoundé, Douala) pour y trouver preneur au prix fort.

- Mineurs

En amont de la chaîne d'approvisionnement en minerais, on estime à 80000 à 100000 le nombre de mineurs artisanaux qui extraient les minerais d'or et les diamants en RCA.[325] Les ouvriers miniers fournissent la main-d'œuvre pour extraire ainsi que transporter et laver les minerais. Avec une carte de la brigade minière, ils sont officiellement déclarés.[326] Les ouvriers miniers sont connus pour travailler avec des outils très rudimentaires. Selon une étude effectuée par le CIFOR dans le paysage TNF98 en 2009, 97 % des mineurs centrafricains signalaient que les méthodes d'extraction n'ont pas changé au fil des ans. Par exemple, la plupart des mineurs vident leurs puits manuellement lorsqu'ils sont inondés.[327] Parallèlement aux ouvriers miniers, les plongeurs sont un autre genre de mineur.[328] À l'aide d'une pelle, ils ramènent le sable du fond des rivières à la surface. En RCA, l'or est essentiellement extrait par des ouvriers miniers, alors que pour les diamants, il y a des ouvriers miniers et des plongeurs.[329] Les exploitants artisans sont les mineurs les mieux lotis. Ils dirigent un groupe d'au moins trois ouvriers miniers, qui travaillent sur le site d'extraction qu'ils exploitent. En RCA, les groupes de mineurs sont souvent assez restreints, car les gisements alluvionnaires sont eux-mêmes restreints et

---

[325] International Crisis Group (ICG), *De dangereuses petites pierres*, p.10.

[326] Il s'agit vraiment d'une estimation grossière, car personne ne connaît réellement le nombre de mineurs artisanaux qui sont actifs dans le pays. (Source : ICG (décembre 2010).

[327] International Crisis Group (ICG), *De dangereuses petites pierres*, p.16.

[328] Matthysen et al, *L'or et les diamants de la République Centrafricaine : le secteur minier et les problèmes sociaux économiques*, p.19.

[329] Matthysen et al, *L'or et les diamants de la République Centrafricaine : le secteur minier et les problèmes sociaux économiques*, p.19.

proches de la surface.[330] Dans certains cas, ces exploitants artisans possèdent eux-mêmes le site d'exploitation, mais souvent, ils l'exploitent pour un agent collecteur qui, légalement, n'a pas l'autorisation d'exploiter un gisement en tant que mineur. Les agents collecteurs préfinancent également souvent les activités minières artisanales, acquérant ainsi des droits d'achat exclusifs.[331] Les exploitants artisans ont également l'obligation d'acquérir un permis, qui coûte 30 000 francs CFA.

En 2011, 1945 étaient officiellement enregistrés, dont 1046 dans le sud-ouest, 265 dans le nord-ouest, 358 dans le Nord-Est et 47 dans le Sud-Est.[332] En moyenne, on estime que le nombre de mineurs disposant d'un permis ne dépasse pas 5 à 10 %.[333] Les mineurs enregistrés ont l'autorisation de détenir, transporter et vendre des diamants et des minerais d'or.[334] Cependant, ils sont uniquement autorisés à vendre leur propre production, ce qui signifie qu'ils ne peuvent pas collecter la production d'autres sites d'exploitation et ne sont pas autorisés à exporter des minéraux. Par conséquent, ils peuvent vendre leur production à des agents collecteurs agréés, des bijoutiers, des agents représentant des bureaux d'achat import-export, des sociétés minières et des tailleries. Toutes les ventes de minéraux doivent être consignées dans le cahier de production de l'exploitant artisan, y compris le lieu de la vente, la quantité et le nom de l'acheteur.[335]

Les revenus des ventes de minéraux sont souvent répartis comme suit : 50 % pour le propriétaire de la mine et 50 % pour l'équipe de mineurs.[336] Dix mineurs artisanaux ou plus peuvent créer une coopérative. Le gouvernement centrafricain encourage cette pratique afin de stimuler la formalisation du secteur minier artisanal. En outre, cela devrait aider les mineurs à rassembler leurs ressources pour investir dans un meilleur équipement, augmentant ainsi leur production, ce qui leur assurerait un revenu plus stable en atténuant le risque de ne pas trouver le moindre diamant.[337] Les coopératives minières

---

[330] Le paysage TNS ou *Tri-National de la Sangha* s'étend sur le Cameroun, la République du Congo et la RCA. Le coin sud-ouest de la RCA, qui fait partie du TNS, comprend le parc national de Dzanga-Ndoki et la réserve spéciale de Dzanga-Sangha et a une superficie de 4644 kilomètres carrés.

[331] ITIE-RCA (mars 2009), pp.29-33.

[332] Ibid

[333] Ibid.

[334] Ibid.

[335] Ibid, p.36.

[336] Ministère des Mines de la République centrafricaine, *Rapport annuel de la Direction Générale des Mines*, 2011.

[337] Câble diplomatique US, *Diamonds in the CAR: Deleterious to Development*, Wikileaks, janvier 2010, pp.2-3.

artisanales ont également le droit de contourner les bureaux d'achat et d'exporter leurs propres minéraux en payant une taxe d'exportation réduite qui s'élève à 9%.[338] Cette mesure a pour but de leur permettre d'échapper, au fil du temps, à leur dépendance vis-à-vis des agents collecteurs.[339] En 2004, le gouvernement a créé l'Union Nationale des Coopératives Minières de Centrafrique (UNCMCA), une organisation qui regroupe les coopératives agréées[340] et qui compterait plus de 150 membres.[341]

Actuellement, il n'y a guère de coopératives actives et les activités de l'UNCMCA sont plutôt limitées. Les mineurs estiment souvent que la création d'une coopérative et l'adhésion à l'UNCMCA coûtent trop cher. Ces coûts gomment l'avantage procuré par la taxe réduite de 3 %.[342] En outre, il est visiblement difficile de trouver un partenaire extérieur prêt à investir dans les coopératives et à acheter leurs pierres.[343] En 2011, l'ensemble des coopératives ne sont parvenues à réaliser que six exportations de diamants.[344] En outre, les mineurs artisanaux se méfient souvent de l'ingérence du gouvernement et des fonctionnaires, les suspectant d'être uniquement mus par l'appât du gain.[345]

-Les collecteurs

Les acteurs suivants, positionnés plus haut dans la chaîne d'approvisionnement en minerais, sont les agents collecteurs. Ils sont souvent installés dans les villes commerçantes locales et achètent les minéraux aux mineurs.[346] Ensuite, ils vendent les minéraux qu'ils ont récoltés à d'autres agents collecteurs, aux bureaux d'achat import-export, aux sociétés minières, aux bijoutiers ou aux tailleries. Ils n'ont pas l'autorisation d'exporter eux-mêmes l'or ou les diamants.[347] Ces agents collecteurs proviennent souvent d'Afrique de l'ouest y compris le Mali et le Sénégal[348] et possèdent une compétence

---

[338] S. Van Bockstael et al, *Feasibility of direct marketing of artisanal diamonds from Liberia and CAR to the USA*, projet DPDDA, USAID, juin 2011, p.7.
[339] International Crisis Group (ICG), *De dangereuses petites pierres*, p.18.
[340] Van Bockstael et al, *Feasibility of direct marketing of artisanal diamonds from Liberia and CAR to the USA*, p.10.
[341] Loi n° 09.005 (29 avril 2009), articles 144 et 178 ; Décret n° 09.126 (29 avril 2009).
[342] La dépendance des mineurs vis-à-vis des collecteurs et leurs relations avec ces derniers seront abordées ci-après.
[343] International Crisis Group (ICG), *De dangereuses petites pierres*, p.19.
[344] Africa Mining Intelligence, *Coopératives minières cherchent partenaires*, 16 mars 2011.
[345] Van Bockstael et al, *Feasibility of direct marketing of artisanal diamonds from Liberia and CAR to the USA*, pp.11-12.
[346] Matthysen et al, *L'or et les diamants de la République Centrafricaine : le secteur minier et les problèmes sociaux économiques*, p.20.
[347] Ibid.
[348] Ibid.

technique considérable dans l'évaluation des minerais d'or et plus particulièrement des diamants. Les agents collecteurs agréés doivent posséder une patente de collecteur et un carnet de collecteur. En 2011, 352 agents collecteurs étaient officiellement enregistrés ; 362 étaient enregistrés dans les six premiers mois de 2012. Un étranger qui souhaite demander une autorisation doit vivre dans le pays depuis au moins cinq ans. En outre, les agents collecteurs ont l'obligation d'établir un bordereau en quatre exemplaires de chaque vente de diamants ou d'or effectuée. Une copie doit être remise au vendeur, une doit être conservée par l'agent collecteur et deux copies doivent être remises au bureau d'achat auquel les pierres sont vendues. Le bureau d'achat transmet ensuite une copie du bordereau au BECDOR lorsqu'il demande une licence d'exportation. Le bordereau mentionne le nom du vendeur, le nom de l'acheteur, la qualité des pierres, le site d'exploitation, la quantité, le prix ainsi que la date et le lieu de l'achat. Certains agents collecteurs travaillent seuls, mais la plupart travaillent pour un bureau d'achat qui paie pour la patente du collecteur et préfinance ses activités.[349] L'agent collecteur est libre de choisir la manière dont il utilise les moyens mis à sa disposition, pour autant qu'il fournisse un montant suffisant de pierres pour l'argent qu'il a reçu.

Par conséquent, la plupart des agents collecteurs utilisent une partie de leur budget pour acheter les pierres et une autre partie pour préfinancer les activités d'extraction. En échange, les mineurs d'un site donné ont l'obligation de vendre aux prix les plus bas à l'agent collecteur qui a préfinancé leurs activités. L'agent collecteur peut gagner davantage d'argent de cette manière, mais il court également le risque d'investir dans une mine qui n'est pas à la hauteur des attentes.[350] Le rôle de l'agent collecteur est ambivalent et fait l'objet de nombreuses discussions. D'une part, les agents collecteurs sont des acteurs essentiels dans l'existence du secteur minier artisanal, en octroyant des investissements nécessaires dans des régions minières souvent isolées.[351] Étant donné que souvent, les sites d'extraction ne sont pas immédiatement rentables et que de nombreuses autres mines ne deviennent même jamais productives, ces investissements sont essentiels pour financer le travail des mineurs au début de l'exploitation d'un site minier. Durant ces phases initiales, les agents collecteurs donnent souvent un coup de main aux mineurs lorsque les temps sont durs et que

---

[349] Van Bockstael et al, *Feasibility of direct marketing of artisanal diamonds from Liberia and CAR to the USA*, pp.11-12.
[350] International Crisis Group (ICG), *De dangereuses petites pierres*, p.19.
[351] Ibid.

des frais imprévus s'accumulent par exemple, pour un traitement médical.[352] D'autre part, cela crée une relation asymétrique et tendue dans laquelle les mineurs artisanaux sont dépendants des agents collecteurs. Les mineurs sont souvent très contrôlés par leur agent collecteur, qui offre seulement des prix non concurrentiels pour leur production. Si l'on découvre qu'un mineur a vendu des pierres à un autre agent collecteur, le harcèlement est assez courant.[353]

La relation asymétrique est aggravée par le fait que la plupart des mineurs artisanaux ne possèdent pas le matériel ou la compétence technique pour estimer la valeur réelle de leur production.[354] En outre, les mineurs n'ont que très peu d'informations à jour sur le prix des pierres sur le marché mondial, s'en remettant ainsi au bon vouloir des agents collecteurs. En outre, la connaissance géologique des mineurs est très limitée, rendant leurs activités d'exploration inefficaces. Un autre inconvénient est le manque d'organisation des mineurs artisanaux en tant que groupe d'intérêt, ce qui ne leur laisse guère de pouvoir de négociation. Une fois de plus, les mineurs sont forcés de rester des preneurs de prix.[355] Par conséquent, il leur est très difficile de monter dans l'échelle sociale et d'échapper à la pauvreté.

- Bureaux d'achat import-export

Les bureaux d'achat import-export constituent le dernier maillon de la chaîne d'approvisionnement en minerais du pays.[356] Ils ont l'autorisation d'acheter l'or et les diamants aux mineurs artisanaux, aux coopératives, aux agents collecteurs et aux sociétés minières pour les exporter. Le Code minier stipule qu'un bureau d'achat peut acheter des pierres dans ses succursales locales en employant des agents, les agents acheteurs.[357] Cependant, les bureaux d'achat préfinancent également les agents collecteurs qui achètent des pierres pour leur compte. Le Code minier ainsi que ses règlements d'application imposent plusieurs obligations :

- l'établissement dans un délai d'un an d'au moins cinq centres secondaires d'achat ou succursales dans des villes commerçantes ;
- le dépôt au Trésor public d'une somme de 50 millions de francs CFA ;

---

[352] Van Bockstael et al, *Feasibility of direct marketing of artisanal diamonds from Liberia and CAR to the USA*, pp.11-12.
[353] Ibid.
[354] International Crisis Group (ICG), *De dangereuses petites pierres*, p.20.
[355] Ibid.
[356] Matthysen et al, *L'or et les diamants de la République Centrafricaine : le secteur minier et les problèmes sociaux économiques*, p.22.
[357] International Crisis Group (ICG), *De dangereuses petites pierres*, p.20.

- l'investissement dans un délai de trois ans de 350 millions de francs CFA dans l'immobilier au profit de l'État centrafricain ou de la communauté locale ;
- la construction dans un délai de cinq ans d'un siège social d'une valeur minimale de 150 millions de francs CFA ;
- l'exportation d'or et/ou de diamants au moins une fois par mois.[358]

Plusieurs bureaux d'achat ont déclaré que ces obligations étaient difficiles à supporter pour eux et compromettaient leur avenir dans le pays. Plusieurs bureaux d'achat ont effectivement quitté le pays en 2008 après l'instauration de mesures similaires par le gouvernement en vue de renforcer le contrôle du secteur minier et d'augmenter les revenus du commerce de minéraux. Des amendes allant de 20 à 25 millions de francs CFA ont été imposées à huit des onze bureaux d'achat actifs dans le pays à ce moment pour n'avoir pas investi autant dans l'immobilier en RCA que l'exigeait le Code minier de 2004. Le président a ensuite procédé au retrait des permis de ces bureaux d'achat en raison de leur refus de payer les amendes. Cependant, d'autres bureaux d'achat estiment que ces obligations sont supportables. Les fonctionnaires de l'administration soulignent également les effets positifs de ces mesures, affirmant que ce sont les bureaux d'achat qui n'exportaient presque rien en particulier qui ont fermé leurs portes. En effet, six des bureaux fermés n'auraient exporté que de petites quantités ; mais deux autres faisaient partie des cinq plus gros exportateurs. En outre, plusieurs bureaux d'achat ont débuté leurs activités dans le pays au cours des dernières années. Outre les charges fixes pour lancer leurs activités dans le pays, les bureaux d'achat doivent également payer une taxe de 12 % sur la valeur des diamants qu'ils exportent. En ce qui concerne l'or, les bureaux d'achat payaient 5,25 % sur la valeur de leurs exportations. Cette taxation a changé avec l'arrivée du décret n° 039/12/PR/MM du 18 juin 2012. Désormais, la taxe à l'exportation pour l'or s'élève à un montant fixe par gramme d'or. En 2011, les taxes à l'exportation sur l'or et les diamants ont rapporté 2,2 milliards de francs CFA à l'État centrafricain.[359] Il y a actuellement sept bureaux d'achat officiels dans le pays : BADICA, ADR, IAS International, SODIAM, Sud Azur, Adamas Swiss et Sino Sango. La plupart d'entre eux se concentrent sur les diamants, à l'exception d'Adamas Swiss qui s'occupe uniquement de l'or. Le bureau d'achat COMIGEM.

---

[358] Ibid, pp.21-25.
[359] International Crisis Group (ICG), *De dangereuses petites pierres*, p.22.

B- ACTEURS GOUVERNEMENTAUX DANS LE SECTEUR MINIER ARTISANAL CENTRAFRICAIN

La Direction Générale des Mines est responsable de l'administration du secteur minier du pays. Le service est dirigé par le Directeur général des mines, soutenu par trois directeurs centraux et quatre directeurs régionaux établis à Berberati, Bouar, Bria et Bangassou. Les trois directeurs centraux sont établis à Bangui et ont chacun la charge d'un service, avec les responsabilités suivantes : Direction de la Commercialisation, de l'Industrie et du Fichier Minier (DCIFM) : entre autres choses, elle est responsable de la délivrance des permis à tous les acteurs de la chaîne d'approvisionnement en minerais et de l'estimation des exportations de minéraux.

- Le BECDOR est un des services qui relèvent de son autorité ;
- Direction d'Appui à la Production Minière (DAPM) : elle est responsable de la promotion de la formalisation du secteur minier artisanal et est chargée de fournir une formation et une assistance technique aux mineurs artisanaux ;
-Direction de la Programmation des Études et de la Recherche (DPER) : principalement axée sur le secteur minier industriel, elle se charge de la recherche géologique, dresse des cartes et attribue les permis d'exploitation.[360]

Dans les régions où il n'y a pas de direction régionale, la brigade minière surveille certaines de ces responsabilités. La tâche principale de cette brigade consiste à surveiller le secteur minier et l'intégrité de ses contrôles internes.[361] La brigade minière compte 13 unités : deux à Bangui (une en ville et une à l'aéroport) et 11 réparties dans les régions minières du pays.[362] La brigade minière compte une centaine de gendarmes et policiers beaucoup trop peu pour contrôler un aussi vaste territoire ; en outre, ils sont mal équipés.

La brigade minière sera remplacée par une Unité Spéciale Anti-Fraude (USAF), qui devrait compter environ 1 000 hommes. Le Code minier de 2009 a légalisé la création de l'USAF et décrit sa responsabilité, qui consiste en la recherche, l'identification et la poursuite des infractions au Code dans le secteur minier. Une différence importante avec les policiers de la brigade des mines est que l'USAF est placée sous l'autorité du ministère des Mines. Par conséquent, il devrait être plus facile pour le ministère d'éviter et de résoudre les problèmes rencontrés avec la brigade des mines. L'USAF n'est toutefois pas encore opérationnelle et pour l'instant, la brigade minière est toujours en poste. Un

---

[360] Ibid.
[361] Ibid.
[362] Ibid.

autre acteur important dans le secteur minier de la RCA est le BECDOR, fondé en 1982, après l'instauration par la Banque mondiale d'un système de certificats d'origine pour les diamants. [363]

Le BECDOR a pour tâche de surveiller le marché de l'or et des diamants du pays et d'évaluer les exportations officielles, afin de fixer la taxe à l'exportation. Le BECDOR est également chargé d'entretenir une base de données concernant la totalité de la production et des exportations d'or et de diamants. Il valide également les certificats d'origine du Processus de Kimberley. Le Comptoir des Minéraux et Gemmes (COMIGEM) est un bureau d'achat propriété de l'État et légalisé par le Code minier de 2009. Il a cependant rencontré de grosses difficultés de fonctionnement, car il ne dispose d'aucun moyen lui permettant de préfinancer les activités des agents collecteurs et ne peut donc rivaliser avec les bureaux d'achat privés. COMIGEM exportait toujours quelques carats en décembre 2011, mais n'a pas effectué d'autres exportations au premier semestre de 2012. En mars 2010, le gouvernement a créé l'Office de Recherches Géologiques et d'Exploitation Minière (ORGEM). Cet organisme était chargé d'améliorer la connaissance des richesses minérales du pays afin d'attirer davantage de sociétés minières industrielles. Ce n'est toutefois pas une tâche aisée, car elle requiert une expertise, une capacité technique et des moyens financiers considérables, que ne possède pas l'ORGEM à l'heure actuelle. Il y a assurément un manque d'informations géologiques sur le sous-sol du pays, et les données disponibles, datant des années 1960, époque où certaines études françaises avaient été menées, sont largement dépassées.[364] Un important problème rencontré par toutes les autorités minières de l'État est le manque de moyens, qui empêche les agents de l'État d'effectuer un nombre suffisant de visites sur le terrain pour surveiller de près le secteur minier.[365]

1- Niveau d'informalité du secteur minier artisanal

La formalisation du secteur minier artisanal est un fameux défi pour le gouvernement centrafricain. Nous avons déjà mentionné plus haut que selon les estimations, 30 % de la production de diamants et 95 % de la production d'or quittent le pays clandestinement, ce qui signifie que le gouvernement perd des montants considérables de taxes. La taille du pays, sa faible densité de population, l'inaccessibilité de nombreuses zones minières et l'aspect « dispersé » des gisements alluvionnaires compliquent singulièrement le contrôle et la surveillance du secteur. La légitimité de la propriété du gouvernement centrafricain sur le territoire du pays et ses ressources naturelles peine souvent à

---

[363] International Crisis Group (ICG), *De dangereuses petites pierres*, p.23.
[364] Ibid.
[365] Ibid.

être admise dans les zones rurales éloignées de Bangui. Dans ces régions, les droits coutumiers sont souvent bien plus reconnus que la loi moderne. En outre, dans ces régions où l'État est à peine présent, les mineurs ne sont guère motivés à s'enregistrer et à payer des frais de permis, car le risque d'être pris en défaut est pour ainsi dire inexistant.

De plus, le manque d'actions visibles du gouvernement pour améliorer le bien-être public dans ces régions éloignées n'encourage pas les mineurs à formaliser leur exploitation. En dépit du fait que selon les estimations, 70 % de la production de diamants quittent le pays légalement, le degré d'informalité est largement supérieur au niveau de la production. Le pays compte de nombreux opérateurs semi-légaux qui mettent en contact les réseaux formels et informels. On estime à seulement 5 à 10 % le nombre de mineurs qui possèdent un permis. Dans de nombreux cas, ils n'en ont un que lorsqu'un agent collecteur l'a acheté pour eux. En dehors du fait que le risque d'être pris en défaut est très réduit, il y a un aspect économique qui encourage les acteurs de la chaîne d'approvisionnement en minerais du pays à travailler de manière informelle. Les taxes à l'exportation de minéraux sont nettement inférieures dans plusieurs pays voisins. Pour ce qui est des diamants, par exemple, les taxes à l'exportation s'élèvent à 3,25 % en RDC et à 5 % en République du Congo,[366] alors que la taxe à l'exportation est de 12 % en RCA. De même, pour l'or, plusieurs fonctionnaires ont dit que la taxe à l'exportation appliquée au Cameroun est plutôt restreinte par rapport aux 5,25 % en vigueur en RCA. Par conséquent, les contrebandiers peuvent gagner davantage d'argent que les bureaux d'achat légaux et donc offrir des prix supérieurs, encourageant ainsi le commerce illégal et la production informelle. En outre, la pureté de l'or des bijoux fabriqués en RCA doit atteindre au moins 18 carats, alors que le Cameroun n'exigerait que 12 carats.[367]

---

[366] Matthysen et al, *L'or et les diamants de la République Centrafricaine : le secteur minier et les problèmes sociaux économiques*, p.22.

[367] Les bijoutiers du Cameroun peuvent par conséquent offrir des prix plus élevés par gramme d'or que les bijoutiers installés en RCA. La corruption est un autre problème important qui stimule le secteur informel et prive le gouvernement de revenus de taxes dont il a tant besoin. Les autorités locales, y compris la brigade minière, essaient souvent de tirer profit du secteur minier. Une étude réalisée en 2009 par le CIFOR a révélé que les agents de l'État sont considérés comme une source importante de harcèlement par les mineurs. En outre, il est presque impossible de déposer une plainte

2-La nouvelle orientation minière industrielle centrafricaine

Les études de faisabilité menées par AXMIN pour son projet aurifère Passendro semblent confirmer ce point de vue. Le gouvernement croit que les richesses minérales du pays pourraient rapporter à l'État et à ses habitants des bénéfices nettement plus importants qu'actuellement si le secteur était industrialisé.[368] Il reconnaît toutefois que le secteur minier artisanal constitue un important fournisseur d'emploi et admet que l'exploitation minière artisanale reste appropriée pour les gisements dont l'exploitation industrielle n'est pas viable. Cependant, le retard de développement des infrastructures du pays, y compris les infrastructures de transport et d'alimentation électrique, constitue un obstacle de taille aux investissements étrangers et au commerce dans le secteur minier.[369]

---

[368] Ibid.

[369] Les limites de la RCA dues à sa position enclavée sont aggravées par le manque de liaisons ferroviaires vers un un ports maritimes des pays voisins. En outre, les zones minières isolées sont pratiquement inaccessibles car il n'existe aucun service ferroviaire interne et le réseau routier du pays est plutôt délabré. Cela pose d'importants problèmes logistiques et entraîne un coût élevé d'importation de matériaux pour les sociétés minières intéressées par le lancement d'activités dans le pays. Un autre problème est la nécessité de disposer de conditions de gouvernance adéquates pour attirer des activités minières à grande échelle dans le pays. L'absence de vision à long terme du Ministère des Mines centrafricain a été dénoncée et il semble que les relations entre le Ministère et plusieurs sociétés minières internationales sont difficiles. La patience des sociétés internationales est également mise à l'épreuve par les lenteurs administratives du pays. Parmi les autres problèmes décourageant les entreprises minières industrielles d'investir dans le pays, citons le manque historique d'investissements dans l'exploration, l'instabilité politique au cours des quinze dernières années, l'insécurité dans les zones isolées et les difficultés économiques mondiales. Les prix des diamants, par exemple, se sont effondrés de 40 % fin 2008. Comme nous l'avons expliqué ci-dessus, l'exploitation industrielle des minerais de la RCA n'a pas encore commencé. Néanmoins, plusieurs acteurs ont déjà cité quelques préoccupations discrètes qui devraient être prises en considération alors que l'exploitation industrielle est susceptible de décoller au cours des années à venir. Les conflits entre les communautés (minières) locales et les mineurs industriels, qui sont assez courants dans de nombreux autres pays, n'ont pas posé de problèmes majeurs en RCA jusqu'à présent. Cela s'explique par l'absence actuelle de ces mineurs industriels sur le territoire du pays. Cependant, cela pourrait devenir plus problématique dans le futur. Les Evaluations des Incidences sur l'Environnement (EIE) sont obligatoires pour les projets miniers industriels. Toutefois, les règlements d'application du Code de l'Environnement devraient être publiés d'urgence pour définir clairement le contenu de ces EIE. En ce qui concerne les EIE, l'audience publique est visiblement faible. Le nombre d'interactions requises entre la société et les communautés locales concernant les impacts socio-économiques du projet est plutôt limité. Selon les règlements actuels, lorsque la société a recueilli toutes les préoccupations des communautés locales, elle doit les consigner dans un rapport et communiquer les nouvelles mesures aux communautés locales. Il n'y a toutefois aucune autre exigence de consulter à nouveau ces communautés. Il serait néanmoins conseillé de demander une véritable participation de ces communautés sur la manière d'atténuer ces

- AXMIN

AXMIN est une entreprise canadienne de prospection d'or ayant des projets en Afrique centrale et occidentale.[370] Elle est actuellement la seule société minière toujours active en RCA. La présence d'AXMIN dans le pays remonte à 1996, époque où son prédécesseur Asquith Resources a débuté l'exploration. Le projet aurifère Passendro de la société est situé à environ 60 km au nord de la ville de Bambari, dans la préfecture d'Ouaka, en RCA.[371] Le projet implique trois permis. Le permis d'exploitation Passendro pour 357 kilomètres carrés a été accordé pour 25 ans en août 2010 à la SA SOMIO Toungou, ou Société des Mines d'Or de l'Ouaka, filiale à part entière d'AXMIN. En outre, deux permis d'exploration aurifère ont été accordés en août 2010 à une autre filiale à part entière d'AXMIN, appelée Aurafrique SARL. Il s'agit des permis Bambari 1 et 2, qui concernent respectivement 481 et 432 kilomètres carrés et sont valables pour une période de trois ans renouvelable pour deux autres périodes de trois ans. Selon les accords, AXMIN avait l'obligation de débuter la production à Passendro dans les 24 mois suivant la date de délivrance du permis. Cependant, la RCA a accordé une prolongation de deux ans à AXMIN en janvier 2012. Par conséquent, l'extraction d'or devrait débuter avant janvier 2014 George Roach, CEO d'AXMIN, a toutefois affirmé en janvier 2013 que ce délai serait reporté d'au moins un an.[372] M. Roach a invoqué la force majeure, en raison des rebelles de la Seleka qui ont occupé et pillé le camp d'exploitation d'AXMIN près de Bambari. D'autres dispositions des permis comprennent :- le paiement au gouvernement de RCA d'une redevance superficiaire annuelle de 20 000 francs CFA par kilomètre carré ;[373] le paiement de 2,25 % de droits sur la production, applicable au permis d'exploitation et aux permis d'exploration ; l'État a reçu un bonus à la signature de 11 millions de dollars, payable en trois tranches.217 La dernière tranche a été payée en janvier 2012 ; une exemption de TVA et de taxe sur le carburant pour la durée de vie de la mine ; une exemption de taxes et de TVA pendant cinq ans

---

impacts. Au contraire, la présentation de toute une série de résultats d'EIE à une communauté à la fin du processus de recherche ne lui laisse guère l'occasion de participer activement.

[370] AXMIN, Document d'information annuel, 7 juin 2012, p. 11

[371] SENET, Passendro Gold Project: BFSOU report rev.5, commandé par AXMIN, novembre 2011, pp.1-5.

[372] Marketwire, *AXMIN Notifies the CAR Government of a Force Majeure Due to Ongoing Rebel Activities in Country, 24 décembre 2012* ; Bloomberg, Axmin Delays Mine as War in Central African Republic Resumes, 9 janvier 2013.

[373] http://www.axmininc.com/site/Newsnbsp/News2010/Aug92010.aspx, consulté à Bangui le 16-02-2024 à 10h00.

sur le capital, l'équipement et les consommables ;[374] une prolongation de cinq ans pour l'impôt des sociétés de 30 %.

Avec cet accord renouvelé en 2010 et le paiement avancé de la troisième tranche du bonus à la signature de 11 millions de dollars en janvier 2012, il semble qu'AXMIN se dirige vraiment vers la production après plus de dix ans d'exploration. Apparemment, durant ses premières années en RCA, AXMIN a rencontré certaines difficultés. Le gouvernement centrafricain a interrompu à plusieurs reprises ses concessions en raison de différends à propos des termes des précédents permis. Selon les récents développements, il semblerait toutefois que l'atmosphère entre les deux parties se soit améliorée pour aboutir à une relation de travail concrète. En matière d'opportunités d'emploi pour les communautés voisines, AXMIN déclare vouloir poursuivre une politique de localisation et a par conséquent l'intention de publier des avis de recrutement en Sango, en français et en anglais. Néanmoins, la société s'abstient de toute promesse spécifique en affirmant : « Cependant, en raison de la réalité de la situation socio-économique de l'environnement externe immédiat, les compétences ne sont pas toutes disponibles localement.[375] Dans un premier temps, les candidats seront recrutés dans le voisinage ; dans le seul cas où ces compétences ne peuvent pas être trouvées localement, le recrutement sera ouvert à des zones plus vastes. Cela implique cependant une promesse de donner la préférence au peuple centrafricain. En plus de cela, AXMIN déclare : *Nous aurons pour politique de former et promouvoir le personnel centrafricain pour remplacer à terme les travailleurs expatriés là où c'est possible.* Un projet de rapport du Secrétariat pour l'Évaluation Environnementale en Afrique Centrale (SEEAC) indique que durant la phase d'exploitation, 936 possibilités d'emploi seront créées, dont 633 seront proposées aux travailleurs locaux. L'infrastructure constitue toujours un problème majeur dans le pays. Par conséquent, AXMIN devra investir une somme considérable dans son développement. Pour importer des marchandises et de l'équipement, la société a choisi de les faire expédier par bateau vers le port de Douala (Cameroun), puis par transport routier vers le site d'exploitation. Selon les estimations, la remise à neuf et la construction de routes et de ponts en RCA coûtera environ 5,9 millions de dollars à la société. La route reliant Douala à Bangui ne nécessite aucun investissement de la part

---

[374]http://www.axmininc.com/site/OperationsProjectsnbsp/AdvancedProjects/PassendroGoldPr oject.aspx, consulté à Bangui le 16-02-2024 à 11h00.

[375] Dans le cadre de l'accord, AXMIN devait seulement payer la troisième tranche en avril 2012. (Source: http://www.axmininc.com/site/OperationsProjectsnbsp/AdvancedProjects/PassendroGoldProj ect.aspx, consulté à Bangui le 16-02-2024 à 20h00.

d'AXMIN, car elle fait déjà partie d'un accord de subvention de la Banque africaine de développement (67 millions de dollars) avec la République centrafricaine et la Communauté économique et monétaire d'Afrique centrale.

En matière d'environnement, le Ministère centrafricain de l'Environnement et de l'Écologie a renouvelé le Certificat de Conformité d'AXMIN. Dans ce cadre, la société doit mettre en oeuvre le projet conformément à l'Étude d'impact social et environnemental (EISE) et le Code de l'Environnement du pays.[376] L'EISE du projet Passendro a été préparée pour la première fois en 2008 par *Golder Associates Limited*. On a identifié les impacts sociaux et environnementaux possibles du projet et défini des mesures d'atténuation. L'EISE définitive devrait être finalisée pour le dernier trimestre de 2012.

3- La reforme et l'attribution de nouveaux titres d'exploitation aux sociétés

À l'heure actuelle, toutes les autres sociétés qui détiennent des concessions d'exploration ou d'exploitation en RCA ont suspendu leurs activités. La plupart d'entre elles invoquent la crise économique mondiale comme principale raison de leur absence du pays. Au sud des concessions d'AXMIN, Tala Mining et Dimbi Diamants détiennent des permis d'exploration à proximité de la frontière congolaise. Tala Mining était présente dans le pays depuis mars 2010. Cette année, elle a contribué plus que 500000 dollars à la Trésor publique.[377] L'entreprise a suspendu ses activités il y a quelques mois seulement. Dimbi Diamants est installée dans le pays depuis plus longtemps. En tant que filiale de Pangea Diamond fields, elle explorait le projet Dimbi à proximité de Kembé, et en 2009, le rapport ITIE a annoncé que l'exploitation industrielle de diamants était prévue dans un proche avenir. Cependant, Pangea Diamond fields a déposé le bilan en 2010 et ses concessions ont été reprises par IGE Resources AB, qui ne considère plus comme pertinents les anciens projets de Pangea en RCA, aussi bien Dimbi qu'Étoile.[378]

Dans l'Est du pays, AREVA détient un permis d'exploration et d'exploitation d'uranium pour 25 ans, à proximité de Bakouma. La société a

---

[376] En 2008, par exemple, un décret a limité le permis Bambari d'Aurafrique à l'or. Avant cette date, le permis comprenait l'exploration pour l'or, l'argent, le cuivre, le nickel, le plomb, le zinc et le minerai de fer. (Source: Africa Mining Intelligence, Bangui réduit la portée des permis d'Axmin, 10 septembre 2008.

[377] SEEAC, ''Rapport final du projet de synergie des connaissances et apprentissage autour de l'étude d'impact sur l'environnement des projets miniers en Afrique Centrale'', novembre 2010, p. 140.

[378] Africa Mining Intelligence, ''Accord routier clé en Afrique centrale'', 12 mars 2008.

acquis les concessions en août 2007, lorsqu'elle a acheté la petite société minière sud-africaine UraMin. Les dernières années, l'entreprise était la source la plus importante des recettes fiscales du secteur minier. En 2010, par exemple, elle était responsable pour 39% des recettes fiscales du secteur minier centrafricain. Depuis le début de cette année, AREVA a suspendu ses activités dans le pays. À côté des concessions d'AREVA, il y a plusieurs concessions d'uranium détenues par le Groupe Forrest, un groupe de sociétés détenues par George Arthur Forrest. Forrest a acquis les concessions en 2008 lorsqu'il a facilité les négociations entre AREVA et Bangui pour modifier la convention minière pour UraMin alors qu'AREVA souhaitait obtenir plusieurs concessions adjacentes pour une extension potentielle dans le futur. D'autres blocs adjacents qui intéressaient AREVA étaient apparemment détenus par la société Uranion AG de Richard Ondoko. Richard Ondoko est actuellement le représentant d'AXMIN dans le pays.[379]

La plupart des concessions du pays se situent toutefois dans la partie ouest du pays. En 2011, la Société Perrière a acquis un permis d'exploration de trois ans pour l'or et les diamants à proximité de Boda.[380] De même, Kamach Mines détient également un permis d'exploration pour l'or et les diamants à proximité de Boda ; cependant, comme la plupart des autres, cette société a suspendu ses activités. Plus à l'ouest, à proximité de Carnot, Good Speed détient un permis d'exploration et d'exploitation.[381] Le gouvernement a accordé la concession à Good Speed en 2007,[382] mais en 2008, la société a suspendu ses activités dans le pays. Ensuite, vers le sud, aux environs de Nola, Mossoro Mining a renouvelé son permis d'exploration de trois ans en 2011, mais a également suspendu ses activités peu après.

Les données relatives à la production et à l'exportation de diamants en République centrafricaine (RCA) pour la période de 2016 à 2021 indiquent des fluctuations marquées tandis que les données concernant l'or montrent des évolutions progressivement croissantes d'une année à l'autre. La production et l'exportation du diamant et de l'or en RCA de 2016 à 2021.

---

[379] AXMIN, ''Document d'information annuel'', 7 juin 2012, p.4.

[380] AXMIN, ''Positive feasibility study at Passendro Gold project'', Central African Republic, communiqué de presse, 12 avril 2008, pp.10-12.

[381] AXMIN, ''AXMIN issues warrants to the Standard Bank of South Africa Limited and provides Passendro project update'', communiqué de presse, 15 août 2012.

[382] Africa Mining Intelligence, Les « middlemen » du secteur, 24 septembre 2008.

Tableau 9 : Évolution de la production et des exportations de diamant entre 2016 et 2021

Années	2016	2017	2018	2019	2020	2021
Production (en milliers de carats	10,66	47,64	13,6	27,55	61,74	92,77
Variation annuelle (%)	-	346,90%	(71,45%)	102,57%	124,10%	50.26%
Exportation (en milliers de carats)	10,66	59,89	91,81	26,23	50,44	103,65
Variation annuelle (%)	-	461,82%	53,30%	(71,43%)	92,30%	105,49%

Source : Rapport annuel d'activités 2021 - SPPK

La divergence entre l'exportation et la production pour l'année 2018 est due principalement à l'exportation de 61559,41 carats issus des réserves accumulées entre les années 2013 et 2015.

II- DIAMANTS, CONFLITS ARMÉS ET FINANCEMENTS EN RÉPUBLIQUE CENTRAFRICAINE

La République centrafricaine est l'un des pays les plus pauvres du monde. En décembre 2012, une alliance rebelle appelée Seleka issue principalement de la minorité musulmane du pays a lancé une offensive militaire qui a abouti au renversement du gouvernement en mars 2013. À la mi-2013, on a vu apparaître dans le pays des milices armées connues sous le nom d'anti-balaka composées majoritairement de chrétiens et d'animistes. Résolues à se débarrasser de la Seleka, elles s'en sont aussi prises aux civils musulmans. Aussi bien la Seleka que les anti-balaka se sont rendus coupables d'horribles exactions tout au long du conflit, qui a déjà fait plus de 5 000 morts. Un gouvernement provisoire a été mis en place en janvier 2014, mais il ne dispose pas des capacités militaires ni d'un pouvoir suffisants pour faire cesser les violences.[383] Si la présence de soldats internationaux de maintien de la paix a rétabli un certain niveau de

---

[383] ''Rapport Diagnostic terre et conflits dans les communautés d'exploitation artisanale du diamant de Séguéla et Tortiya'' du projet DPDDAII (Droit de Propriété et Développement du Diamant Artisanal II) produit par Tetra Tech pour l'Union Européenne, Mai 2014, pp.2-3.

sécurité dans certaines régions, des groupes armés restent actifs dans de nombreuses parties du pays.[384]

Photo 3 : Présence des militaires dans les chantiers d'extraction des diamants

Source : cliché Blaise Yandji, Nola le 16-03-2021

Avant la prise du pouvoir par la Séléka, le secteur du diamant jouait un rôle essentiel dans l'économie de la République centrafricaine, représentant environ la moitié de toutes ses exportations et 20 % de ses recettes budgétaires. En mai 2013, deux mois après l'arrivée au pouvoir de la Séléka, le Processus de Kimberley a interdit l'exportation de diamants centrafricains. Le Processus de

---

[384] La Séléka et les anti-balaka tirent largement profit de ce commerce intérieur. S'ils ont pris le contrôle de quelques sites d'extraction, la plupart du temps ils se contentent de collecter de l'argent en réclamant aux mineurs et aux négociants des « taxes » ou une redevance en échange de leur protection. Ils se sont aussi rendus coupables d'attaques d'une extrême violence contre des mineurs artisanaux et des négociants. On ignore dans quelle mesure précisément les diamants financent les activités de la Séléka et des anti-balaka. Ces groupes ne contrôlent pas la totalité du commerce du diamant et, par nature, l'extorsion est difficile à mesurer. Par ailleurs, les deux camps se financent aussi en taxant d'autres biens comme l'or et les produits de l'agriculture. L'implication de groupes armés n'est pas la seule préoccupation en matière de droits humains dans le secteur du diamant en République centrafricaine. Les mineurs artisanaux travaillent souvent dans des conditions dangereuses et l'État, à supposer qu'il soit opérationnel, n'offre guère de mesures en matière de protection. Les mineurs sont exposés à de sérieux risques en termes de santé et de sécurité sur des sites d'extractions non réglementés. Se retrouvant bien souvent dans une relation d'exploitation avec les intermédiaires qui font le commerce des diamants, ils effectuent un travaillent éreintant pour une rémunération dérisoire. Des organisations non gouvernementales ont signalé des cas de travail des enfants dans des mines de diamant, et Amnesty International a vu plusieurs enfants, dont un garçon de 11 ans, travailler dans des conditions dangereuses sur un site d'extraction. Toutefois, l'ampleur de ce phénomène n'a jamais été étudiée.

Kimberley[385] est une initiative intergouvernementale de contrôle de la chaîne d'approvisionnement en diamants qui a été mise en place en 2003 pour tenter de mettre un terme au commerce international des diamants de la guerre. L'interdiction des exportations imposée par le Processus de Kimberley ne rend pas illégal le commerce de diamants à l'intérieur de la République centrafricaine. Tout au long du conflit, des milliers de petits mineurs artisanaux ont continué d'extraire des diamants et de les vendre à des négociants, qui les ont ensuite revendus aux sociétés exportatrices de diamants ou bureaux d'achats de Bangui, la capitale, où ils sont toujours stockés. La poursuite du commerce de diamants en République centrafricaine était inévitable dans un pays où le diamant fait vivre plusieurs dizaines de milliers de personnes.

A- ATTEINTES AUX DROITS HUMAINS DANS LA CHAINE D'APPROVISIONNEMENT EN DIAMANTS

En examinant toute la chaîne d'approvisionnement en diamants, on note en quoi les risques associés dans les domaines juridiques, éthique et des droits humains vont au-delà de la simple question du conflit. Depuis les conditions de travail dans les sites d'extraction jusqu'aux sorties illicites de richesses des économies en développement par le biais des pratiques de prix et de la contrebande, on constate qu'une série d'acteurs : groupes armés, contrebandiers et entreprises, entre autres tirent profit de la pauvreté, des atteintes aux droits humains et d'autres activités illégales. La contrebande et les pratiques fiscales contestables privent les pays pauvres de recettes tandis que les acteurs concernés en tirent injustement des profits financiers. Le caractère transnational de la chaîne d'approvisionnement en diamants facilite ces abus. Le Processus de Kimberley est l'une des rares initiatives de contrôle d'une chaîne d'approvisionnement en minerai fondée sur la coopération internationale et complétée par un mécanisme de mise en oeuvre. Toutefois, il a montré un certain nombre de limites et faiblesses importantes et ne permet pas de remédier à la majorité des atteintes aux droits humains.[386] L'une de ses principales

---

[385] http://www.kimberleyprocess.com/fr/system/files/documents/2012%20Washington%20Declaration%20FR.pdf, consulté à Bangui le 02-02-2023 à 17h00.

[386] Non seulement des groupes armés centrafricains continuent de profiter du commerce de diamants pour financer leurs activités, mais en plus la contrebande semble avoir augmenté depuis l'interdiction d'exportation. L'un des autres points faibles du Processus de Kimberley est qu'il n'impose nullement aux entreprises de vérifier leurs propres chaînes d'approvisionnement. En vertu des normes internationales sur la responsabilité des entreprises en matière de droits humains, ces dernières ont l'obligation de respecter les droits fondamentaux dans toutes leurs activités et doivent disposer d'une procédure en matière de

faiblesses est sa portée relativement   étroite   il concerne uniquement les diamants de la guerre et ne couvre donc pas les diamants extraits ou négociés dans des circonstances marquées par des atteintes aux droits humains, ni les diamants qui servent   à financer des forces gouvernementales se rendant coupables de violations.[387] Par ailleurs, il vise uniquement le commerce international de diamants de la guerre, et non les marchés domestiques. Même en ce qui concerne l'objectif principal du Processus de Kimberley empêcher des diamants ayant financé des groupes rebelles d'entrer sur le marché international.

1-Les chaînes d'approvisionnement en minerais

En mai et juin 2014, les autorités belges ont saisi à Anvers trois lots de diamants qui, pense-t-on, contenaient des diamants provenant de la République centrafricaine.[388] La République centrafricaine est l'un des pays les plus pauvres du monde. Depuis décembre 2012, elle est en proie à un conflit qui a provoqué la mort de milliers de personnes.[389] Selon des experts des Nations unies, certains des diamants provenaient d'une zone de la République centrafricaine contrôlée

---

diligence requise leur permettant d'identifier les atteintes aux droits humains liées à leurs activités, de les prévenir, d'en atténuer les incidences négatives et – le cas échéant d'accorder des réparations aux victimes. Plusieurs milliers d'entreprises interviennent dans la chaîne internationale d'approvisionnement en diamants et, si ce rapport n'étudie pas leurs pratiques de façon exhaustive, il révèle clairement que les principaux acteurs du secteur ne font rien pour remédier aux problèmes soulevés, en violation de leurs obligations aux termes de ces normes internationales. Par exemple, les entreprises qui ont recours à des pratiques fiscales abusives ne respectent pas les normes internationales relatives aux droits humains. Ces normes précisent clairement que l'obligation de respecter les droits humains existe indépendamment des exigences de l'État en matière de responsabilité des entreprises. Le fait que certaines de ces pratiques fiscales soient légales n'est pas une excuse et ne justifie pas qu'une entreprise les utilise en toute connaissance de cause pour échapper à l'impôt et en tirer des profits importants aux dépens d'économies en développement. Du fait des manquements – de la part des États et des entreprises décrits dans ce rapport, des diamants associés à des conflits et à des atteintes aux droits humains circulent sur le marché international et sur les marchés de consommation. De façon plus générale, les recherches menées par Amnesty International et d'autres ONG révèlent que des chaînes d'approvisionnement en d'autres minerais sont touchées par des problèmes similaires.

[387] C. Dietrich ans al, ''The Criminalized Diamond Economy of the Democratic Republic of Congo and its Neighbours, The Diamonds and Human Security Project'', *Occasional Paper* 4, 2002, p. 5. GLOBAL WITNESS, Same old story. A background study on natural resources in the Democratic Republic of Congo, 2004, pp.2-3.

[388] Rapport final du Groupe d'experts sur la République Centrafricaine créé en application de la résolution 2127 (2013) du Conseil de sécurité, doc. ONU S/2014/762, 29 octobre 2014, p.114.

[389] Banque mondiale, '' République centrafricaine : Vue d'ensemble'', disponible sur www.banquemondiale.org/fr/country/centralafricanrepublic/, consulté à Yaoundé le 19 août 2021 à 14h30.

par un groupe armé issu de la Séléka qui taxe les négociants et leur extorque de l'argent. La Séléka s'est rendue responsable de graves atteintes au droit relatif aux droits humains et au droit humanitaire, dont des crimes de guerre et des crimes contre l'humanité.[390] Ces diamants ont été saisis en raison de l'interdiction en vigueur du commerce de diamants provenant de la République centrafricaine.[391] Cette mesure a été prononcée après la suspension du pays du Processus de Kimberley, une initiative instaurée pour empêcher les diamants de la guerre ou diamants du sang d'entrer dans les chaînes d'approvisionnement mondiales.

Un nombre non négligeable de pays dotés d'importantes ressources minières sont durement frappés par la pauvreté, la guerre et la corruption, ainsi que par les atteintes aux droits humains liées aux activités extractives telles que l'exploitation de main-d'œuvre et la pollution de l'environnement.[392] Ce phénomène, parfois appelé : malédiction des ressources, a fait l'objet de nombreuses études réalisées par des ONG et des chercheurs[393]. Parmi ses causes profondes, multiformes, on retrouve la mauvaise gouvernance et le comportement illicite ou moralement contestable d'entreprises et d'individus.

---

[390] Amnesty International, *République centrafricaine. La crise des droits humains devient incontrôlable*, AFR 19/003/2013, disponible sur www.amnesty.org/fr/documents/AFR19/003/2013/fr/ (ci-après : Amnesty International, *La crise des droits humains devient incontrôlable*) ; Amnesty International, *Nettoyage ethnique et tueries intercommunautaires en République centrafricaine*, AFR 19/004/2014, disponible sur www.amnesty.org/fr/documents/afr19/004/2014/fr/ (ci-après : Amnesty International, *Nettoyage ethnique et tueries intercommunautaires*) ; Fédération internationale des ligues des droits de l'homme (FIDH), Centrafrique : « Ils doivent tous partir ou mourir », juin 2014, disponible sur www.fidh.org/La-Federation-internationale-des-ligues-des-droits-de-l-homme/afrique/republique-centrafricaine/15617-centrafrique-ils-doivent-tous-partir-ou-mourir (ci-après : FIDH, « *Ils doivent tous partir ou mourir* » (tous ces documents ont été consultés à Yaoundé le 22 août 2021 à 15 h00.

[391] Amnesty International, *République centrafricaine. Une réaction est requise en urgence afin de combattre la violence croissante dans le centre du pays*, index : AFR 19/010/2014, disponible sur www.amnesty.org/fr/documents/afr19/010/2014/fr/ consulté à Yaoundé le 19 août 2021 à 17h00 ci-après : Amnesty International, *Une réaction est requise en urgence*]; Amnesty International, *République centrafricaine. Il est temps de rendre des comptes*, index : AFR 19/006/2014, disponible sur www.amnesty.org/fr/documents/afr19/006/2014/fr/ (ci-après : Amnesty International, *Il est temps de rendre des comptes*) ; Human Rights Watch (HRW), *République centrafricaine : Des civils en danger*, 15 septembre 2014, disponible sur www.hrw.org/fr/news/2014/09/15/republique-centrafricaine-des-civils-en-danger (ci-après : HRW, *Des civils en danger*) consulté à Yaoundé le 19 août 2023 à 17h30.

[392] Banque mondiale, '' Industries extractives : Vue d'ensemble'', disponible sur www.banquemondiale.org/fr/ (consulté à Bangui le 10 mai 2023 à 18h00.

[393] Voir par exemple: Brookings Institution, "*Poverty in the Midst of Abundance: Governance Matters for Overcoming the Resource Curse*", 13 Septembre 2012, disponible sur www.brookings.edu/research/opinions; Global Witness, www.globalwitness.org/fr/ consulté à Bangui le 13 mai 2020 à 15h00.

En règle générale, les minerais tels que le diamant sont extraits puis exportés du pays où se trouvent les gisements vers les marchés internationaux.[394] Avant qu'on les retrouve dans des biens de consommation ou des produits industriels, ils subissent une série de transformations et autres traitements lors d'un parcours complexe dans lequel sont impliqués différents acteurs et de nombreux pays. Le commerce des minerais met souvent en rapport des mineurs totalement démunis et des personnes et des entreprises qui comptent parmi les plus fortunées du monde. La nature transnationale du commerce des minerais et de la chaîne d'approvisionnement vient cependant dissimuler les points de connexion. Peu de gens savent d'où viennent les minerais présents dans leurs bijoux, leurs smartphones ou d'autres produits de consommation, ni dans quelles conditions ils ont été extraits.

En finir avec la malédiction des ressources et les violations des droits humains associées passe nécessairement par l'identification des liens existant entre l'extraction, à une extrémité de la chaîne d'approvisionnement, et les entreprises et les consommateurs se trouvant à l'autre bout. Si les entreprises ignorent d'où viennent les minerais qu'elles utilisent, elles ne disposent ni des éléments d'information ni des moyens d'incitation qui leur permettraient d'agir pour éviter de provoquer ou d'exacerber des atteintes aux droits humains. Les atteintes aux droits humains intervenant dans la chaîne d'approvisionnement des minerais ne concernent pas seulement les entreprises. Lors de leur parcours au fil de cette chaîne, les minerais traversent de nombreux pays et sont soumis à chaque fois à des contrôles à l'importation et à l'exportation, ainsi qu'à d'autres inspections réglementaires. La réglementation du commerce international des minerais est pour l'essentiel parcellaire, ne se concentrant que sur une partie de la chaîne d'approvisionnement et ne tenant pas compte des aspects liés aux droits humains. Certaines de ces dispositions réglementaires, que nous évoquons dans le présent rapport, favorisent même sans le vouloir des comportements non éthiques de la part d'acteurs non étatiques – particuliers et entreprises notamment, qui contribuent directement ou indirectement à la perpétration d'atteintes aux droits humains dans le pays producteur de minerais.

Face à l'ampleur des enjeux liés au commerce mondial de minerais, l'attention de la communauté internationale a été mobilisée et un certain nombre d'initiatives ont été lancées pour assainir les chaînes d'approvisionnement. Certaines concernent les États, d'autres plus spécifiquement les entreprises. Certaines portent sur un minerai ou un groupe de minerais en particulier. La

---

[394] B. Jewsiewicki, et al, "Chasse au diamant au Congo/Zaïre", *Cahiers africains*, n°45-46, 2001, p.30.

plupart des initiatives existantes ne sont pas juridiquement contraignantes – mais les États peuvent naturellement toujours incorporer certaines de leurs dispositions dans la législation nationale.

Ces initiatives utilisent en grande partie la notion de devoir de diligence concernant la chaîne d'approvisionnement.[395] Il s'agit d'un processus par lequel les entreprises qui achètent ou utilisent des minerais mettent en place en amont des systèmes d'évaluation des risques associés à l'extraction et au commerce de ces minerais. Le travail des enfants dans les activités extractives ou le financement des groupes armés par le commerce, interviennent pour réduire les risques identifiés et rendent compte publiquement des mesures qu'elles ont prises. L'exercice du devoir de diligence sur la chaîne d'approvisionnement pour garantir un approvisionnement responsable est une pratique bien établie et répandue dans de nombreux secteurs.

Celui des produits alimentaires et des boissons, où les législations relatives à la santé et à la sécurité, ainsi que la pression des consommateurs, imposent aux entreprises de révéler un certain nombre d'informations concernant la composition et l'origine des produits de consommation.[396] C'est lorsqu'il implique toutes les entreprises présentes dans la chaîne d'approvisionnement que l'exercice du devoir de diligence se révèle le plus efficace.[397] Ces entreprises peuvent ainsi partager les informations, mettre en place de bonnes pratiques et peser collectivement sur les fournisseurs.[398] Le Guide s'adresse aux entreprises tout au long de la chaîne d'approvisionnement et détaille les mesures pratiques qu'elles doivent prendre pour être sûres d'agir dans le respect des

---

[395] J. Maton, *Congo 1997-1999. La guerre des minerais et la fin temporaire des espoirs, Unité d'enseignement et de recherche au développement*, Université de Gand, 1999, p.5.

[396] Cependant, le type et le niveau de devoir de diligence attendu d'une entreprise varie selon la position occupée par celle-ci dans la chaîne d'approvisionnement, ainsi qu'en fonction de sa taille et de son influence. Concernant les minerais, l'une de ces initiatives est le Guide OCDE sur le devoir de diligence pour des chaînes d'approvisionnement responsables en minerais provenant de zones de conflit ou à haut risque , un cadre de large portée couvrant tous les minerais, y compris les diamants.

[397] K. Hund and al, *The state versus the people? Governance, mining and the transitional regime in the Democratic Republic of Congo: the case of Katanga, Fatal transactions*, 2006, pp. 59-60.

[398] OCDE, *Guide OCDE sur le devoir de diligence pour des chaînes d'approvisionnement responsables en minerais provenant de zones de conflit ou à haut risque*, 2e édition, 2013, Éditions OCDE, disponible sur; OCDE, Recommandation du Conseil relative au *Guide sur le devoir de diligence pour des chaînes d'approvisionnement responsables en minerais provenant de zones de conflit ou à haut risque*, C(2012)93, 17 juillet 2012, disponible sur webnet.oecd.org/oecdacts/Instruments/ShowInstrumentView. (Consultés à Yaoundé le 29 août 2021) à 17h00. Le Guide OCDE sur le devoir de diligence comprend en outre des suppléments détaillés concernant l'exercice du devoir de diligence pour les chaînes d'approvisionnement en étain, tantale, tungstène et or.

droits humains et de ne pas financer la guerre lorsqu'elles s'approvisionnent en minerais venant de zones de conflit ou à haut risque. Le Guide OCDE sur le devoir de diligence a été adopté par les États membres de l'OCDE en 2011. Bien qu'il ne s'agisse pas en soi d'un instrument juridiquement contraignant, ses dispositions s'imposent aux entreprises dans le cadre de la législation de certains États. C'est ainsi qu'aux termes d'une réglementation adoptée en 2012, les entreprises cotées en bourse aux États-Unis ont l'obligation légale de conduire des enquêtes sur leurs chaînes d'approvisionnement conformément au Guide OCDE sur le devoir de diligence, pour s'assurer que les minerais utilisés dans leurs produits ne contribuent pas au financement de groupes armés ou à la perpétration d'atteintes aux droits humains en RDC et dans les pays voisins dont la République centrafricaine.[399]

L'Union Européenne (UE) examine actuellement une proposition en vue de l'adoption de dispositions qui imposeraient aux entreprises en Europe de s'acquitter d'un devoir de diligence conformément au Guide OCDE. Comme indiqué plus haut, une initiative internationale porte spécifiquement sur le diamant : le système de certification du Processus de Kimberley. Le Processus de Kimberley a été mis en place en 2003 par des États, des représentants de la profession et des organisations de la société civile, pour mettre un terme au commerce international de diamants de la guerre. L'initiative est intervenue après des révélations établissant que le commerce de diamants servait à financer des violences et des atteintes aux droits humains perpétrées par des groupes armés dans des pays comme l'Angola et la Sierra Leone. Au total, 81 pays,[400] dont les principaux producteurs de diamants, sont membres du Processus de Kimberley. Ils représentent environ 99,8 % de la production mondiale de diamants bruts[401]. Le Processus de Kimberley est centré sur les États les membres doivent mettre en place et appliquer un système effectif de contrôles à l'exportation et à l'importation, afin d'empêcher que des « diamants de la guerre » n'entrent dans la chaîne d'approvisionnement internationale. Il ne s'agit pas d'un cadre pour l'exercice du devoir de diligence, mais d'un mécanisme imposant que chaque exportation de diamants bruts s'accompagne d'un certificat du Processus de Kimberley confirmant que le lot n'est pas lié à un quelconque conflit. Les opérations commerciales concernant des diamants bruts

---

[399] L'Union européenne (UE) est représentée en bloc. Le Processus de Kimberley compte donc 54 participants, qui représentent 81 pays.

[400] U.S. Securities and Exchange Commission, "Fact Sheet: *Disclosing the Use of Conflict Minerals*", disponible sur www.sec.gov/News/Article/Detail/Article/1365171562058 (consulté à Bangui le 09 juin 2023 à 13h00.

[401] « Processus de Kimberley, Participants », disponible sur www.kimberleyprocess.com/fr/participants, consulté à Yaoundé le 14 mai 2024 à 10h00.

ne sont autorisées qu'entre participants au Processus de Kimberley. Le Processus donne une définition étroite des diamants de la guerre : les diamants de la guerre sont les diamants bruts utilisés par les mouvements rebelles ou leurs alliés pour financer des conflits visant à déstabiliser des gouvernements légitimes. Ainsi le Processus de Kimberley ne couvre-t-il pas les diamants extraits ou négociés dans des circonstances marquées par des atteintes aux droits humains, ni les diamants qui servent à financer des forces gouvernementales se rendant coupables de violations.[402]

Le Processus de Kimberley prévoit la seule responsabilité de l'État, ce qui affranchit les entreprises de tout devoir d'enquête sur leurs propres chaînes d'approvisionnement concernant les atteintes aux droits humains ou le financement de groupes armés. Les diamants saisis en Belgique en mai et juin 2014 avaient été importés de Doubaï, dans les Émirats arabes unis, munis d'une certification du Processus de Kimberley. Lorsqu'ils sont arrivés à Dubaï ils étaient déjà certifiés par le Processus de Kimberley et avaient donc été exportés par des pays membres du Système de certification.[403] D'après des experts du secteur, certains des diamants des lots saisis étaient importés de la République démocratique du Congo (RDC), un pays voisin de la République Centrafricaine qui ne fait l'objet d'aucune interdiction sur les exportations de diamants.[404] Ainsi, officiellement du moins, aucun des diamants saisis en Belgique ne provenait de la République centrafricaine. Les initiatives portant sur la chaîne d'approvisionnement ne sont efficaces que dans la mesure où le système de contrôle l'est, à tous les points de la chaîne. Le fait que les diamants saisis en Belgique aient été exportés par la RDC, puis soient passés par les Émirats arabes unis, soulève une question : les diamants de contrebande peuvent-ils intégrer, en ces lieux, la chaîne d'approvisionnement du Processus de Kimberley.[405] On note par ailleurs, une chaîne d'approvisionnement mondiale en diamants, qui va des pays producteurs tels que la République Centrafricaine aux grands centres internationaux de négoce que sont les Émirats arabes unis et

---

[402] KP, ''Kimberley process certification scheme'', 2003, http://www.kimberleyprocess.com/ home/ index_en.html, p. 3.consulté à Bangui le 10-02-2023 à 19h00.

[403] Voir Système de certification du Processus de Kimberley, version en anglais sur www.kimberleyprocess.com/en/kpcs-core-document, consulté à Bangui le 23 juin 2021 à 10h00 ; une version en français est disponible sur www.admin.ch/opc/fr/federal-gazette/2003/3333.pdf.

[404] Adopté en janvier 2003, le Système de certification du processus de Kimberley (KPCS) est un dispositif international de certification de l'origine des diamants, qui vise à mettre fin au commerce des diamants de conflits.

[405] I. Smillie, *The Kimberley Process Certification Scheme for Rough Diamonds*, ODI Case Study, Verifor, 2005, p.2.

la Belgique.[406] Ce rapport examine trois points spécifiques de la chaîne : les diamants en République centrafricaine, tout d'abord, puis la situation dans deux des pays voisins, vers lesquels des diamants sont exportés clandestinement, puis, pour terminer, celle dans les centres de négoce aux Émirats arabes unis et en Belgique.[407] Au-delà du Processus de Kimberley et de la question des diamants de la guerre, il se penche sur un certain nombre de points problématiques tout au long de la chaîne d'approvisionnement, qui peuvent avoir des répercussions sur l'exercice et la jouissance des droits fondamentaux. Les chaînes d'approvisionnement en minerais, portent donc les responsabilités des acteurs étatiques et des entreprises.

2-Le financement du conflit en République Centrafricaine

Avant 2013, la République centrafricaine était le 14e producteur mondial de diamants bruts en volume, et le 12e en valeur.[408] Ses exportations de diamants bruts dans le cadre du Processus de Kimberley se sont élevées à 60,8 millions de dollars des États-Unis en 2011 et à 62,1 millions de dollars en 2012, soit environ la moitié de ses exportations totales et 20 % de ses recettes budgétaires.[409] Depuis le début du conflit, l'extraction de diamants a cessé ou baissé dans certaines régions, du moins temporairement. Dans d'autres parties du pays, cependant, elle a augmenté, en lien avec l'activité des groupes armés.[410]

---

[406] Les 48 membres (représentant 74 pays) du processus de Kimberley sont les suivants : Afrique du Sud, Angola, Arménie, Australie, Bangladesh, Biélorussie, Botswana, Brésil, Canada, Chine, Communauté européenne, République du Congo, République Démocratique du Congo, Corée, Côte d'Ivoire, Croatie, Emirates arabes unis, États-Unis, Fédération de Russie, Ghana, Guinée, Guyana, Inde, Indonésie, Israël, Japon, Laos, Lesotho, Liban, Liberia, Malaisie, Maurice, Namibie, Norvège, Nouvelle-Zélande, République Centre-Africaine, Sierra Leone, Singapour, Sri Lanka, Suisse, Tanzanie, Thaïlande, Togo, Turquie, Ukraine, Venezuela, Vietnam, Zimbabwe.

[407] F. Schram, *The legal aspects of the Kimberley process*, IPIS, 2007, p.7.

[408] Initiative pour la Transparence dans les Industries Extractives (ITIE), '' République centrafricaine'', disponible sur eiti.org/fr/rep-centrafricaine, consulté le 17 avril 2021 à 13h 00.

[409] Processus de Kimberley, "Annual Global Summary : 2011 Production, Imports, Exports and KPC Counts" et "Annual Global Summary: 2012 Production, Imports, Exports and KPC Counts", disponibles sur www.kimberleyprocessstatistics.org/public_statistics, consultés à Yaoundé le 26 avril 2023 à 12h 00.

[410] Le conflit en République centrafricaine a eu des répercussions sur le secteur du diamant. Il a contribué à développer les groupes armés impliqués dans ce secteur et qui sont tributaires graves atteintes aux droits humains qu'ils ont commis durant le conflit (notamment contre des négociants en diamants et des mineurs), ainsi qu'à la manière dont ils continuent de tirer profit du commerce du diamant à l'intérieur du pays. Au-delà du conflit, on note ici également sur les préoccupations plus larges en matière de droits humains dans le contexte de

L'exploitation par le régime du secteur minier, et de l'Etat en général, a éveillé la convoitise d'individus et de factions marginalisées, poussant certains d'entre eux à prendre les armes. La pauvreté endémique dans les communautés minières incite par ailleurs les mineurs à rejoindre les rangs rebelles pour améliorer leurs conditions de vie. La prédominance des réseaux de contrebande de diamants et la faiblesse de la brigade minière permettent aux groupes armés de profiter de l'extraction et de la vente illégale des pierres précieuses. Les profits, individuels ou collectifs, servent ainsi à perpétuer la lutte armée et incitent les combattants à ne jamais désarmer. Il n'existe pas de corrélation entre les zones d'extraction de diamants et celles où des rébellions se sont formées. En 2005, des rebelles ont pris les armes au Nord-Ouest, où il n'y a pas de diamants, alors qu'il n'y a eu aucune activité insurrectionnelle dans le Sud-Ouest, pourtant riche en diamants. Cependant, deux groupes rebelles sont actifs dans la zone diamantifère de l'Est.[411] La possibilité de tirer profit des diamants n'est pas la seule raison pour laquelle les rebelles prennent les armes, et ne mène pas non plus automatiquement au conflit ; même si elle y contribue et rend la résolution des rébellions beaucoup plus difficile.[412] L'Union des Forces Démocratiques pour le Rassemblement (UFDR) a vu le jour fin 2006 dans la préfecture de Vakaga au Nord-Est, a signé des accords de paix avec le gouvernement en avril 2007 et en juin 2008 mais ne désarme toujours pas. La Convention des Patriotes pour la Justice et la Paix (CPJP) s'est formée quant à elle fin 2008 dans la préfecture de Bamingui-Bangoran, au Nord-Est du pays, et est toujours en rébellion ouverte.[413] La présence de ces groupes armés fait de l'Est une région dangereuse et rend la tenue des élections prévues pour le 23 janvier 2011 très compliquée.

---

l'extraction et du commerce des diamants en République centrafricaine préoccupations qui existaient déjà avant la crise actuelle.

[411] La rébellion en RCA n'a que peu à voir avec des aspirations politiques mais est plutôt un moyen pour certains opportunistes de forcer le président à acheter leur reddition. Cela tend à prouver la théorie soutenue par Paul Collier que la cupidité nourrit la guerre civile. Pour ceux qui forment le gros des troupes néanmoins, le besoin d'échapper à des conditions de vie misérables constitue également un puissant facteur de motivation. Voir Paul Collier, Anke Hoeffler, « Greed and Grievance », Policy Research Working Paper 2355 (2000), World Bank Development Research Group.

[412] Pour en savoir plus sur les différents facteurs qui éclairent le conflit en RCA, voir '' Mapping Conflict Motives: Central African Republic'', International Peace Information Service (IPIS), 17 février 2009 ; et Marielle Debos, '' Fluid loyalties in a regional crisis: Chadian 'ex-liberators' in the Central African Republic'', *African Affairs*, 107/427 (2008), pp. 225–241.

[413] Crisis Group, ''De dangereuses petites pierres : les diamants en République centrafricaine'', *Rapport Afrique* de Crisis Group n°167, 16 décembre 2010, p.17.

3-Le conflit armé

Au cours de la fin du mois de mars 2013, une coalition de groupes armés rebelles connue sous le nom de Séléka a pris Bangui, la capitale de la République centrafricaine, et a chassé du pouvoir le président François Bozizé. Le dirigeant de la Séléka, Michel Djotodia, s'est autoproclamé président.[414] Les forces de la Séléka étaient composées de centrafricains principalement issus de la minorité musulmane du pays mais aussi de mercenaires et de braconniers étrangers, originaires notamment du Tchad et du Darfour du Sud (Soudan). Le dirigeant de la Séléka, Michel Djotodia, avait été consul de la République centrafricaine à Nyala, la capitale régionale du Darfour du Sud.[415] Avant même de prendre le pouvoir, pendant leur offensive militaire dans le nord de la République centrafricaine, les membres de la Séléka avaient mis à sac et pillé d'innombrables villages et tué de nombreux civils. Une fois entrés dans Bangui, et pendant les mois qui ont suivi, ils se sont rendus coupables de graves atteintes aux droits humains, telles que des exécutions sommaires, des viols, des disparitions forcées et des pillages massifs. Michel Djotodia a dissout la Séléka en septembre 2013, mais cette mesure purement formelle a eu peu d'effets concrets sur les exactions commises.[416] La violence et le caractère arbitraire des actions de la Séléka pendant la brève période où elle a été au pouvoir ont contribué à accroître fortement les tensions intercommunautaires.

Mi-2013, des milices armées appelées anti-balaka, associées à d'anciens soldats fidèles au président Bozizé, ont commencé à apparaître dans tout le pays. Les membres de ces groupes, principalement chrétiens ou animistes, étaient non

---

[414] Amnesty International, *La crise des droits humains devient incontrôlable*, p.7.

[415] Rapport intermédiaire du Groupe d'experts sur la République centrafricaine créé par la résolution 2127 (2013) du Conseil de sécurité des Nations unies, doc. ONU S/2014/452, 26 juin 2014, § 27 et 29 (ci-après : Groupe d'experts, Rapport intermédiaire) ; International Crisis Group, *De dangereuses petites pierres : les diamants en République centrafricaine*, 16 décembre 2010, p.17. note 151, disponible sur www.crisisgroup.org/fr/regions/afrique/afrique-centrale/republique-centrafricaine/167-dangerous-little-stones-diamonds-in-the-central-african-republic.aspx (ci-après : International Crisis Group, De dangereuses petites pierres) ; International Crisis Group, *La crise centrafricaine : de la prédation à la stabilisation*, 17 juin 2014, p. 16-18, disponible sur www.crisisgroup.org/fr/ regions/afrique/afrique-centrale/republique-centrafricaine/219-the-central-african-crisis-from-predation-to-stabilisation.aspx (ci-après : International Crisis Group, *De la prédation à la stabilisation*) consultés à Yaoundé 10 avril 2023 à 13h00.

[416] Rapport final de la Commission d'enquête internationale sur la République centrafricaine créée conformément à la résolution 2127 (2013) du Conseil de sécurité des Nations unies, doc. ONU S/2014/928, 22 décembre 2014, § 26 et 44 (ci-après : Commission d'enquête internationale, Rapport final) ; Rapport préliminaire de la Commission d'enquête internationale sur la République centrafricaine créée conformément à la résolution 2127 (2013) du Conseil de sécurité des Nations unies, doc. ONU S/2014/373, 26 juin 2014, pp. 42-44. (Ci-après : Commission d'enquête internationale, Rapport préliminaire).

seulement déterminés à chasser la Séléka, mais se montraient aussi très virulents à l'encontre des musulmans. Plutôt que d'attaquer des bases de la Séléka, ils s'en sont souvent pris à des civils musulmans sans protection. L'escalade de la violence, les vives tensions intercommunautaires et la crainte que le pire reste à venir ont attiré l'attention de la communauté internationale. Le 5 décembre 2012, tandis que les milices anti-balaka lançaient une offensive coordonnée sur Bangui, le Conseil de sécurité des Nations unies a adopté une résolution sur la République centrafricaine au titre du chapitre VII de son mandat.[417] En vertu de cette résolution, des forces militaires françaises ont commencé à se déployer en nombre dans le pays, et la force africaine de maintien de la paix déjà présente sur place a été renforcée et placée sous l'autorité de l'Union africaine (UA).[418]

Le 10 janvier 2014, sous la pression de la communauté internationale, et en particulier de la France et du Tchad, Michel Djotodia a démissionné de la présidence. Immédiatement après sa démission, et pendant les semaines qui ont suivi, la Séléka a commencé à abandonner les villes les unes après les autres dans le tiers occidental du pays, laissant le pouvoir aux milices anti-balaka. Les anti-balaka ont commis une série de massacres de musulmans dans des villages et des villes de l'ouest du pays, forçant des centaines de milliers de musulmans à fuir vers les pays voisins, tels que le Tchad, le Cameroun et la République démocratique du Congo (RDC).[419] Comme l'a conclu la Commission d'enquête internationale dans son rapport de décembre 2014, l'objectif des anti-balaka était de débarrasser la République centrafricaine de sa population musulmane, ce qui s'apparente à un nettoyage ethnique.[420] Catherine Samba-Panza a été nommée présidente de transition le 23 janvier 2014, mais son gouvernement, dépourvu de force militaire, n'avait pas le pouvoir de mettre un terme à la violence.[421] Les

---

[417]Conseil de sécurité des Nations unies, Résolution 2127 (2013), doc. ONU S/Res/2127(2013), 5 décembre 2013, pp.1-2.

[418] Une petite force de maintien de la paix sous les auspices de la Communauté économique des États de l'Afrique centrale (CEEAC) était déjà déployée en République centrafricaine. Le 19 décembre 2013, elle a été placée sous l'égide de l'Union africaine et ses effectifs ont été renforcés. Voir J. Fortin, "Africa Prepares for Central African Republic Deployment", Inter Press Service, 10 décembre 2013, disponible sur www.ipsnews.net/2013/12/africa-prepares-central-african-republic-deployment/ (consulté à Yaoundé le 26 avril 32021 à 8h00. En septembre 2014, cette force a été placée sous l'autorité de l'ONU, et ses effectifs ont été de nouveau renforcés

[419] Amnesty International, *Nettoyage ethnique et tueries intercommunautaires*, p.30.

[420] Ibid.

[421] Voir, par exemple, Amnesty International, *Une réaction est requise en urgence*. Ce document attire notamment l'attention sur l'escalade de la violence dans la préfecture de Ouaka, qui a entraîné la mort de dizaines de civils et contraint des milliers d'autres à quitter leur foyer.

soldats de maintien de la paix français et de l'UA, bien que puissants sur le plan militaire, ont été longs à se déployer en dehors de la capitale et de quelques grandes villes et n'ont réussi que partiellement à contenir la violence généralisée. Plus de 5 000 hommes, femmes et enfants ont été tués durant le conflit.[422]

En septembre 2014, la Mission Multidimensionnelle Intégrée des Nations Unies pour la Stabilisation en République Centrafricaine (MINUSCA). L'ancienne force de l'UA renforcée par des effectifs supplémentaires a pris le relais des opérations de maintien de la paix dans le pays. Son déploiement a amélioré les conditions de sécurité dans certaines parties du pays, mais n'a pas mis fin totalement à la violence en République Centrafricaine.[423] La Séléka, retirée dans ses bastions du centre et du nord-est du pays, à la frontière avec le Tchad et le Soudan, s'est séparée en divers groupes. Après avoir compté semble-t-il jusqu'à 20 000 combattants, elle s'est divisée en plusieurs petits groupes armés relativement mal coordonnés. Bien que la Séléka et les anti-balaka aient conclu plusieurs accords de cessez-le-feu, les violences se poursuivent, et des groupes armés irréguliers continuent de contrôler la plupart des zones habitées du pays, ou d'y exercer un pouvoir important.[424] Les deux parties continuent de commettre de graves violations des droits humains et du droit humanitaire, dont des crimes de guerre et des crimes contre l'humanité.[425]

Depuis qu'ils ont quitté le pouvoir, les groupes de la Séléka ont incendié des maisons et des villages et se sont rendus coupables de massacres, d'exécutions sommaires, d'actes de torture et de disparitions forcées.[426] Les

---

[422] K. Larson, "More than 5,000 dead in C. African Republic", Associated Press, 12 Septembre 2014, disponible sur bigstory.ap.org/article/ap-more-5000-dead-c-african-republic consulté 0 Yaoundé le 27 avril 2021 à 10h00.

[423] Amnesty International, entrée République centrafricaine du *Rapport 2014/2015. La situation des droits humains dans le monde*, index : POL 10/0001/2015, disponible sur www.amnesty.org/fr/countries/africa/central-african-republic consulté à Yaoundé le 10 mai 2021 à 12h00.

[424] Les principaux groupes sont l'Union pour la paix en Centrafrique (UPC), dirigée par Ali Daras ; le Front populaire pour la renaissance de Centrafrique (FPRC), sous la direction de Noureddine Adam ; et le Rassemblement patriotique pour le renouveau de la Centrafrique (RPRC), mené par Zacharia Damane et Joseph Zoundeko. Voir: Armed Conflict Location & Event Data Project (ACLED), *Country Report, Central African Republic*, janvier 2015, disponible sur www.acleddata. com/wp-content/uploads/2015/01/ACLED-Country-Report_Central-African-Republic.pdf ; et projet Enough, *Behind the Headlines: Drivers of Violence in the Central African Republic*, mai 2014, p.8. disponible sur www.enoughproject.org/files/CAR%20Report%20-%20Behind%20the%20Headlines%205.pp.1-6. .pdf consulté à Yaoundé le 18 avril le 2023 à 16h00.

[425] Amnesty International, *Une réaction est requise en urgence*, p.2.

[426] Ibid.

milices anti-balaka ont commis des exactions similaires. Elles ont non seulement continué d'attaquer des musulmans à Bangui et dans l'Ouest du pays, mais aussi mené des raids violents dans des zones principalement peuplées de chrétiens. Elles se sont également heurtées à maintes reprises aux forces de maintien de la paix françaises et de l'UA lors d'affrontements, en particulier depuis mars 2014.[427] En février 2015, l'ONU a annoncé que la flambée de violence en République centrafricaine avait contraint des dizaines de milliers de personnes à fuir de chez elles depuis le début de l'année afin d'échapper aux massacres, aux viols et aux pillages perpétrés par les milices.[428] Les violences sont particulièrement fréquentes dans la région située entre le tiers occidental du pays et la zone où l'ex-Séléka[429] continue d'exercer un pouvoir important, à savoir la région autour de Bambari, Batangafo, Kaga- Bandoro et Kouango.[430]

---

[427] J. Mariner, '' République centrafricaine : terreur et dégoût à Bangui'', 24 octobre 2014, disponible sur www.amnesty.org/fr/latest/campaigns/2014/10/central-african-republic-fear-and-loathing-in-bangui/ (consulté à Yaoundé le 02 février 2023 à 11h00, qui décrit une attaque anti-balaka dans le quartier de Nguingo, à Ouango, dans la banlieue de Bangui

[428] Centre d'actualités de l'ONU, '' Centrafrique : un regain de violence provoque de nouveaux déplacements, selon l'ONU'', 24 février 2015, disponible sur www. un.org/apps/newsFr/storyF.asp? République centrafricaine, consulté à Yaoundé le 17 février 2023 à 8h00.

[429] Groupe d'experts, *Rapport intermédiaire*, pp.58-65. International Crisis Group, *De dangereuses petites pierres*, pp.1-2 et pp.7-12. ; US Geological Survey, ''Les ressources potentielles en diamants alluviaux et l'évaluation de la capacité de production en République centrafricaine'', Scientific Investigation Report 2010 – 5043, p. 7, disponible sur pubs.usgs.gov/sir/2010/5043/french/pdf/SIR2010-5043_FrenchVersion.pdf ; International Peace Information Service (IPIS), ''L'or et les diamants de la République centrafricaine. Le secteur minier et les problèmes sociaux, économiques et environnementaux y afférents'', mars 2013, p.14-20, disponible sur ipisresearch.be/publication/lor-et-les-diamants-de-la-republique-centrafricaine-le-secteur-minier-et-les problèmes-sociaux-économiques-et-environnementaux-y-afférents/: IPIS, ''L'or et les diamants de la République centrafricaine'' ; Rapport Annuel 2014 d'activités du Secrétariat permanent du Processus de Kimberley (SPPK) en République centrafricaine, p.3. disponible sur www.kimberleyprocess.com/fr/system/files/doc-uments/2014_kpcs_annual_report_central_african_republic_0.pdf (ci-après : République centrafricaine, Rapport annuel 2014 dans le cadre du Processus de Kimberley) ; Loi n° 9-005 du 29 avril 2009 portant code minier de la République centrafricaine (tous consultés à Bangui le 19 août 2023) à 10h00.

[430] Voir, par exemple, "At least 20 killed in C. African sectarian violence: police", Yahoo News, 25 août 2021, disponible sur news.yahoo.com/least-20-killed-c-african-sectarian-violence-police-152147825.html consulté à Yaoundé le 26 août 2023 à 9h00.

- L'implication des groupes armés dans le secteur du diamant

La Séléka et les milices anti-balaka ont été les principaux groupes armés liés au secteur du diamant durant le conflit. On ignore avec précision dans quelle mesure ces groupes profitent du commerce du diamant et dans quelle mesure ce commerce alimente le conflit. Ils ne contrôlent pas la totalité du commerce des diamants et ne récupèrent donc pas la valeur totale des diamants vendus.[431] Les deux groupes ont aussi d'autres sources de financement notamment l'extorsion dans les secteurs de l'or et de l'agriculture.

B- La prolifération de groupes armés et des armes légères

Au début des années 1980, la prolifération des armes légères au sein de la société centrafricaine ne constituait pas un problème urgent. En effet, si l'on remonte à 1979, il y a lieu de croire que le nombre d'armes en circulation en dehors des acteurs étatiques au sein de la société centrafricaine était relativement restreint. Lorsque le gouvernement Bokassa a commis une seconde série de massacres de civils à grande échelle en 1979, 32 des citoyens ont riposté avec des flèches empoisonnées. Étant donné le niveau de violence auquel le gouvernement a eu recours, il semble probable que les personnes attaquées auraient utilisé des armes à feu pour se défendre si elles en avaient eu à leur disposition. Dans tout le pays, les civils ont aujourd'hui un accès plus aisé aux armes légères[432].

Le nombre et le type d'armes en circulation diffèrent toutefois sensiblement selon les régions. Bien que les recherches sur la mesure dans laquelle les individus se sont armés confisquées et détruites, comme la loi le stipulait. Ceci valait même pour les armes traditionnelles de fabrication locale. Plusieurs facteurs contribuent à expliquer pourquoi la réglementation gouvernementale relative aux armes n'est plus si rigoureuse. La dégradation du service public en raison des perturbations et des arriérés salariaux et la centralisation de l'État contribuent ensemble au fait que peu de citoyens procèdent à l'enregistrement de leurs armes. Après la chute de Mobutu, les Centrafricains pensent pouvoir se procurer facilement des armes auprès de

---

[431] En réalité, la valeur des diamants importe peu aux groupes armés – l'argent qu'ils touchent sous forme de taxes ou en échange de leur protection ne dépend pas de la valeur des diamants qui transitent par la chaîne d'approvisionnement en République centrafricaine, et il est peu probable qu'ils aient une idée précise de la valeur réelle des pierres vendues et achetées.

[432] Conférence des Nations Unies sur le commerce illicite des armes légères sous tous les aspects, 2ème séance 09 juillet 2001, p.3.

contrebandiers qui naviguent en pirogue sur le fleuve Oubangui, qui est une frontière hautement perméable entre les deux pays[433]. En outre, la désinvolture dont Patassé a fait preuve face à la création et à l'armement de milices est devenue partie intégrante de son héritage, et par conséquent de très nombreuses armes ne sont pas comptabilisées. La photo ci-dessous illustre les groupes armés en RCA.

Le Mouvement de libération du peuple centrafricain de nombreux membres du parti politique du président Patassé, le Mouvement de libération du peuple centrafricain (MLPC), étaient armés. Le président et ses partisans ont d'abord reçu des armes après avoir brigué sans succès la présidence en 1981. Certains cadres du MLPC ont conservé leurs armes, y compris après l'intronisation du Président en 1993. Par la suite, le gouvernement du président Bozizé a décidé que l'effectif d'une force de police parallèle armée de membres du MLPC devait être de 820 hommes.[434] On ignore s'il s'agit de la même milice du MLPC mentionnée par certains observateurs informés. En 2003, une source évalue les effectifs de ce groupe entre 500 et 1 000, ajoutant que chaque membre est équipé d'une arme automatique, voire pour certains d'armements collectifs et de lance-grenades. De manière générale, il semble que les partisans des autres partis politiques n'aient pas été armés dans le cadre d'une politique généralisée certainement pas dans la même mesure que le MLPC. Kolingba, par exemple, ne fournissait apparemment pas d'armes aux partisans de son parti, le Rassemblement démocratique centrafricain (RDC). On peut expliquer cela de manière plausible par le fait qu'il sentait qu'en matière de sécurité, il pouvait pleinement compter sur l'armée française et sur l'armée nationale dont il a progressivement, comme expliqué ci-dessus, gonflé les rangs par des membres de son groupe ethnique, les Yakomas, pendant son mandat de président.

Par ailleurs, rien ne prouve que d'autres partis politiques, tels que le Mouvement pour la démocratie et le développement de Dacko (MDD) ou le Front Patriotique pour le Progrès de Goumba (FPP), aient donné des armes à leurs partisans l'armement des partisans politiques est toutefois devenu une pratique plus répandue à partir de la fin des années 1990. Si l'on en croit des

---

[433]E. G. Berman, *La République Centrafricaine et les armes légères : une poudrière régionale*, Genève, Small Arms Survey/Institut universitaire de hautes études internationales, 2008, pp.165-170.
[434] Il était tellement préoccupé par des rumeurs selon lesquelles le fils de Kolingba, Serge, était en train d'armer une milice Yakoma à Mobaye après les élections de 1999, qu'on prétend qu'il a envoyé des forces gouvernementales pour intercepter et tuer un collaborateur suspect. Dix-huit mois plus tard, Kolingba cherchait à reprendre la capitale par la force, sans cependant y parvenir.

rumeurs circulant après les élections présidentielles de 1999, certains partis politiques se sont armés avec des armes provenant des ex-Forces armées zaïroises (ex-FAZ) ou de soldats des FAC qui ont traversé la RCA avec leurs armes lorsqu'ils ont fui le conflit armé qui sévissait au sud du fleuve Oubangui. Evariste Konzale, délégué du ministre centrafricain pour le désarmement et la sécurité de l'époque, a reconnu ces allégations mais il a minimisé leur signification, en affirmant qu'il n'existait aucune preuve permettant de les corroborer. Patassé a vraisemblablement pris la menace au sérieux et ce non sans raison.

-Les Karakos, les Balawas et les Sarawis

Après les mutineries de 1996, le président Patassé, qui jusque-là avait pu compter

sur la Garde présidentielle et les éléments armés du MLPC, a alors estimé que ces forces ne suffisaient plus pour garantir sa survie personnelle et politique. Il a donc mis en place trois milices basées à Bangui, connues sous les noms de Karakos, Balawas et Sarawis. Ces milices de voisinage se sont rapidement développées pour compter quelque 1500 personnes au total. Elles étaient constituées pour une bonne part de jeunes hommes que le président comptait parmi ses partisans. Patassé a bénéficié du soutien de groupes ethniques du nord, en particulier les ethnies Kaba, Sara et Gbaya. [435]

Sous la direction de Patassé, les ministres du MLPC ont fondé trois milices à la suite de la deuxième mutinerie militaire de 1996 La milice était basée dans le quartier de Boy-Rabe, occupé principalement par des Gbayas dans le quatrième arrondissement. Par la suite, sur ordre du président, ses membres ont été officiellement intégrés dans les FACA, mais il s'est avéré que cette mesure n'a été que partielle et temporaire. La milice Balawas « noix de karité » dans le dialecte local, comprenant principalement des membres de l'ethnie Kaba, était basée dans le quartier Combattant du huitième arrondissement. Quant à la milice Sarawis, elle était concentrée dans le quartier Sara, dénommé d'après le groupe ethnique qui l'occupe en grand nombre, dans le cinquième arrondissement. Des membres de la milice Sarawis étaient également présents en grand nombre dans d'autres quartiers du cinquième arrondissement, comme Malimaka, Miskine, Mustapha et Ngouciment. Demafouth a affirmé que chaque milice comptait environ 500 hommes

---

[435] Ces groupes constituent la majorité de la population du Nord-ouest, où il a été élevé. Il est né dans la préfecture d'Ouham-Pende dans la ville de Paoua. Son père était membre du sous-groupe Suma de l'ethnie Gbaya, alors que sa mère était une Sara. Bangui possède huit arrondissements, subdivisés en quartiers, tous dominés par un groupe ethnique particulier.

généralement armés de Kalachnikov. Le général Bozizé a estimé l'effectif des trois milices réunies à 1700 hommes.[436]

S'agissant de la circulation et trafic d'armes légères comme on a pu le voir, les gouvernements centrafricains successifs ont restreint et relativement mal armé leurs forces armées et de police. Ce n'est que par comparaison avec d'autres entités qu'un service particulier peut être décrit comme bien armé. Avec peu de ressources naturelles à échanger et sans rôle à jouer dans la concurrence induite par la Guerre froide entre les superpuissances, la RCA ne connaît que des transferts directs relativement limités avec d'autres États. En effet, Bangui avait tellement peu de prétendants que l'on comprend que Kolingba ait décidé de créer des relations diplomatiques avec un pays fictif. Selon la base de données de l'ONU sur le commerce de marchandises (UN Comtrade), 20 pays ont fourni des armes légères, des pièces détachées et des munitions à la République centrafricaine entre 1962 et 2003. Selon Bangui, la République du Congo, la France et l'Espagne ont été de loin les fournisseurs les plus importants. Mais Bangui n'a fait aucune déclaration auprès de l'UN Comtrade pendant 17 ans, entre 1962 la première année où des armes légères ont été signalées à l'UN Comtrade et 2004. Des données d'exportation provenant de l'UN Comtrade révèlent que les plus gros fournisseurs d'armes légères, de pièces détachées et de munitions de la RCA sont l'Espagne, la France et la Roumanie. Sur ces listes, les armes de chasse et leurs munitions constituent un élément important à la fois des importations et des exportations, si l'on se réfère aux données disponibles de l'UN Comtrade[437].

Il existe une grande différence entre les importations signalées par la RCA et les exportations déclarées par les pays fournisseurs pour les années où l'on dispose de données provenant des deux côtés. Qui plus est, les statistiques de l'UN Comtrade ne comprennent pas tous les pays qui fournissent des armes légères et des munitions à Bangui : elles n'incluent pas, notamment, la Chine, la Libye et l'ex-Union soviétique. Il faut savoir que les transferts indirects d'armes émanant de forces armées voisines défaites, démobilisées ou en passage sont plus importants que les transferts d'armes légères entre gouvernements. La première vague d'armes à pénétrer en RCA provenait du Tchad au début des années 1980. D'autres armes à feu provenant du Soudan ont été introduites dans

---

[436] Rien n'indique toutefois que l'État en question, le Dominion du Melchisédech, ait fourni quelque équipement militaire que ce soit. Les transferts directs entre gouvernements ne représentent pas une quantité particulièrement importante de matériel.

[437] Au sein de la RCA, la remise en circulation des armes provenant des stocks gouvernementaux s'est révélé une source essentielle des armes circulant hors du contrôle des acteurs étatiques.

le pays pendant les années1980 et 1990. 1997 fut la première année pendant laquelle une importante quantité d'armes a été transférée en RCA depuis le Zaïre-RDC, d'autres transferts ayant eu lieu en 1999, 2001, 2002 et 2003. Tant les armées nationales voisines que les groupes armés non étatiques sont à l'origine de cette générosité. Bien qu'il soit difficile d'obtenir des chiffres, les transferts indirects émanant des forces armées voisines représentent la majorité des armes légères qui sont entrées dans le pays, sans doute depuis le début des années 1980.

L'absence de routes bitumées et de liens de transport entre le nord et le Sud du pays limite les échanges à travers le pays et isole particulièrement les populations du nord de la RCA. Cet isolement est encore plus important pendant la saison des pluies où faire 50 kms devient un réel exploit. Dans le nord, les échanges commerciaux se font alors plus facilement avec les pays voisins qu'avec le reste de la RCA. A Birao en particulier, la majorité des biens viennent du Soudan. Bien que cette absence de liens de transport empêche le développement, cet isolement est une barrière naturelle contre toute avancée rebelle vers la capitale. Souhaitant avant tout protéger la capitale d'une attaque rebelle potentielle, Bozizé a concentré son armée autour de Bangui, déployant peu de troupes pour protéger le reste du pays.

-La rébellion de l'UFDR dans le Nord-Est

Active dans le nord-est de la RCA depuis 2003, l'Union Démocratique des Forces du
Rassemblement (UFDR) regroupe un ensemble de rebellions. L'UFDR a ces racines dans l'extrême marginalisation des régions du nord-est et consiste principalement d'ex-libérateurs
et des membres de l'ethnie Goula victimes de discrimination[438]. Les 500 soldats de l'UFDR sont relativement bien équipés et entraînés. Le groupe a également développé un programme politique, revendiquant davantage d'autonomie et le développement de la région. Les habitants du nord-est rencontrés par *Waging Peace* et *Survie* partagent les revendications de l'UFDR mais opposent son recours à la violence.[439]

De plus, contrairement aux allégations du gouvernement centrafricain et de son équivalent français, selon la population locale et les ONG, le soutien du Tchad et du Soudan serait très limité. En Octobre et Novembre 2006, l'UFDR, menée par Abdoulaye Miskine, a obtenu ses premiers succès militaires en

---

[438] *Waging Peace* et *Survie* avec le Préfet de Birao (18 Juillet 2007).
[439] 18 soldates Français étaient positionnées à Birao à la suite de l'attaque de Novembre 2006.

capturant les villes de Birao, Ouanda-Djallé, Sam Ouandja, Ouadda et Ndele au nord-est de la RCA. Mais en Décembre, les Mirage F1 Français et les troupes du contingent Boali sont venus au secours de Bozizé et repoussent l'UFDR jusqu'à ses bases.[440] Etant donné les affirmations contradictoires concernant cette dernière attaque et les accusations de crimes de guerre faites dans la presse à l'encontre de la France, il est important de revenir sur certains détails de ces affrontements. Au lever du jour le 3 Mars 2007, les forces de l'UFDR attaquent les positions des FACA et des forces Françaises dans la ville de Birao et à l'aéroport situé à 12 km de Birao. Alertée par les combats, la population fui immédiatement dans la brousse environnante. Le jour même, l'UFDR s'est retiré avant d'attaquer de nouveau les forces gouvernementales dès le lendemain. Les Français ont fait appel au 3ᵉ RPIMA de Bangui et aux Mirage stationnés à N'Djamena afin de venir au secours des 18 soldats Français positionnés à Birao au moment de l'attaque. Face à la puissance militaire Française, l'UFDR s'est retiré rapidement de la ville. Les ex-libérateurs sont d'anciens partisans de Bozizé qui l'ont aidé à prendre le pouvoir et se sont sentis lésés par la suite. Ces derniers combats ont eu des conséquences dévastatrices sur la ville de Birao. A la suite d'une mission d'évaluation à la fin Mars, l'ONU a estimé que 700 habitations ont été entièrement détruites et 94% de la population avait fui la ville, certains se réfugiant même au Darfour.[441]

A la fin du mois de Juillet 2007, environ 6000 des 14000 habitants de la ville de Birao étaient retournés chez eux afin de reconstruire petit à petit la ville mais la destruction de Birao était encore très visible[442]. Des sources locales ont également confirmées que quatre civils ont été tués au cours des affrontements. Un jeune homme a expliqué à *Waging Peace* et *Survie* que son frère et trois autres personnes accusées à tort d'appartenir à l'UFDR avaient été fusillés ensembles au milieu de la route par les FACA[443]. A la suite des combats, le

---

[440] Miskine a alors signé un accord de paix avec Bozizé en Libye le 3 Février 2007, obtenant ainsi la position de Conseiller du Président au sein du Gouvernement. Ne présentant aucune solution au sous-développement des provinces de la Vakaga et Bamingui-Bangoran, l'accord a été immédiatement dénoncé par la majorité de l'UFDR. La majorité des rebelles de l'UFDR, menés par le Général Zakaria Damane, ont donc attaqué de nouveau la ville de Birao en Mars 2007, provoquant de violents affrontements avec les forces Gouvernementales soutenues par la FOMUC et les Mirages Français venus en renfort de N'Djamena.

[441] United Nations, *"The people are traumatized", Report of a joint UN/NGO mission to Birao and Am Dafok, Central African Republic 23-25 March 2007*, 31 May 2007, http://www.internaldisplacement. Org//(http Documents). File/Birao mission report 30 mars 2007.pdf. Consulté à Yaoundé le 10-03-2024 à 1h00.

[442] Rapport de mission Waging Peace avec le Préfet de Birao (18 Juillet 2007).

[443] Rapport de mission de *Survie* et *Waging Peace* avec un membre de la communauté humanitaire à Bangui (17 Juillet 2007) et avec la population civile locale (18-19 Juillet 2007).

Gouvernement Centrafricain a accusé l'UFDR d'avoir incendié les maisons pendant leur retrait de la ville, et l'UFDR a répliqué que les FACA et les Mirages Français ont détruit la ville lorsqu'ils en ont repris le contrôle. D'après des entretiens avec des organisations humanitaires et des habitants de Birao présents en Mars 2007, il semblerait que l'UFDR aurait en effet mis feu aux maisons de partisans du gouvernement tandis que les deux tiers des destructions auraient été commises par les FACA et les GP en représailles contre les habitants accusés de collusion avec l'UFDR. Des conversations avec les habitants de la ville et les autorités locales ont également révélé la dimension ethnique des combats de Mars. Tandis que la majorité de la population de Birao est d'origine Kara, d'autres groupes ethniques dont les Haussa, Yalu, Runga et Goula sont également présents à Birao. Les Goulas, une minorité ethnique présente au sein de l'UFDR, sont perçus par les forces et autorités locales dont le Maire de la ville, comme des soutiens de l'UFDR. Pendant les combats de Mars, les FACA et les GP ont mis feu tout particulièrement aux quartiers Goula de la ville. Craignant des représailles, la majorité des habitants Goulas de la ville n'étaient pas retournés à Birao en Juillet 2007.[444]

Finalement, il est nécessaire de clarifier le rôle des forces françaises au cours des évènements de Mars. Les 18 soldats français présents à Birao lorsque les combats ont débuté le 3 mars n'avaient pas les moyens d'intervenir efficacement mais on ne sait toujours pas pourquoi les forces françaises ne sont pas intervenues pour arrêter les combats lorsque les renforts venus de N'Djamena sont arrivés. Pour ce qui est des deux Mirages F1 Français, il semblerait qu'ils n'aient pas participés aux affrontements dans Birao mais qu'ils aient visés des voitures de l'UFDR aux alentours de la ville. Des civils présents au cours des combats décrivent avoir vu deux Mirages tirant 6 roquettes chacun en dehors de Birao. Alors que les français n'ont pas directement contribué à la destruction de la ville de Birao, ils ont permis aux FACA de récupérer la ville et d'y mettre feu.[445]

---

[444] Human Rights Watch, *State of Anarchy: Rebellion and Abuses against Civilians*, HRW report Volume 19, No. 14(A), September 2007, pp.5-6.

[445] Le 5 Mars, les forces françaises ont commencé à patrouiller Birao et ont restauré le calme dans la ville. Les Français ont également insistés pour que les FACA et GP de Birao soient remplacés par un contingent plus jeune et davantage discipliné. La population de Birao est en grande partie reconnaissante de la présence militaire française, assurant à *Waging Peace* et *Survie* qu'ils quitteraient la ville si les troupes Françaises se retireraient. Ce constat suggère quelles forces Gouvernementales sont dans l'incapacité totale de protéger les populations en dehors de Bangui et que la présence d'une force internationale semble nécessaire jusqu'à ce que le gouvernement soit capable d'assurer la sécurité. Depuis les évènements de Mars 2007, un cessez-le-feu a été signé le 13 Avril 2007 par le Gouvernement Centrafricain et Zakaria

-La rébellion de l'APRD dans le Nord-Ouest

Bien que l'équipe de *Waging Peace* et celle de *Survie* n'aient pas pu se rendre dans le nord-ouest du pays pour des raisons de logistique et de sécurité, elle a rencontré des organisations humanitaires et des agences de l'ONU travaillant dans cette partie du pays. L'ancien président Félix Patassé venant de la région du nord-ouest, celle-ci a une importance particulière aux yeux de Bozizé. La rébellion dans le nord-ouest est dominée par Armée Populaire pour la Restauration de la République et la Démocratie (APRD). Créé à la suite de l'élection contestée de Bozizé en 2005, l'APRD rassemble les anciens GP de Patassé et des membres d'autres groupes armés. L'APRD ne compte qu'environ 1000 hommes mal entraînés dont seuls 200 aient accès à des armes automatiques. L'APRD est moins politicisé que l'UFDR et ne semble pas avoir élaboré de programme politique clair. Le groupe rebelle dit vouloir restaurer la paix dans la région et adresser les revendications politiques de la population. La présence de coupeurs de route et l'absence de protection offerte aux populations locales par les forces armées Centrafricaines a contribué au développement de l'APRD. Depuis 2005, des violations massives des droits de l'homme par des bandits, groupes rebelles et forces armées ont contribué au déplacement d'environ 122,000 civils dans le Nord-Ouest.

- Les ANTI-BALAKA et les diamants

En octobre et novembre 2014, puis en mai 2015, des chercheurs d'Amnesty International se sont rendus dans plusieurs zones diamantifères de l'ouest de la République centrafricaine, notamment à Boda, Carnot et Berbérati. Dans ces secteurs, l'extraction artisanale a été fortement perturbée par les combats et la vague de nettoyage ethnique qui a balayé l'ouest du pays après le retrait de la Séléka en janvier 2014, car il a contraint de nombreux collecteurs musulmans à fuir soit vers les régions diamantifères de l'est, sous contrôle de la Séléka, soit au Cameroun voisin, d'où ils tentent de poursuivre leur activité.[446] Le départ massif des collecteurs a entraîné un effondrement partiel du secteur du diamant dans les régions de l'ouest, bien que quelques collecteurs étrangers ou centrafricains soient encore en activité et que les anti-balaka aient commencé à s'impliquer dans le commerce des diamants. Néanmoins, les anti-balaka n'ont

---

Damane. Miskine et Damane ont maintenant rejoint le Gouvernement en tant que Conseillers à la Présidence et des patrouilles jointes FACA-UFDR ont débutées. Mais des organisations des droits de l'homme et des opposants au régime craignent que cet accord ne serve que Damane et Miskine et n'adresse pas les causes du conflit dans le nord-est, notamment la marginalisation de la Vakaga.

[446] Amnesty International, ''Nettoyage ethnique et tueries intercommunautaires'', Groupe d'experts, *Rapport intermédiaire*, p.63.

pas les connaissances, l'expérience, les relations ni les fonds nécessaires pour mener à bien ce commerce et, globalement, l'extraction des diamants dans l'ouest de la République centrafricaine demeure moins importante qu'avant le conflit.[447]

Bien que le conflit ait perturbé les activités d'extraction, on a pu constater des signes d'activité dans la plupart des sites diamantifères de l'ouest, aussi bien fin 2014 qu'en mai 2015. Dans les villes de Berbérati et de Carnot, ces signes étaient nombreux en présence d'hommes portant des tamis et de boutiques vendant des équipements pour les mineurs. Dans les zones rurales autour de Berbérati, Carnot et Gadzi, ils ont vu des sites d'extraction des diamants en activité et de nombreux mineurs qui s'y rendaient ou en revenaient. Beaucoup des personnes qu'ils ont interrogées dans ces régions leur ont dit que l'extraction des diamants était leur principale activité économique.[448]

-La Séléka et les diamants

Début 2013, lors de sa progression vers Bangui, la Séléka s'est installée dans des régions diamantifères telles que celles de Bria et de Sam-Ouandja, dans l'Est de la République centrafricaine.[449] Après sa prise du pouvoir dans la capitale en

---

[447] Ibid.

[448] En interrogeant différentes sources à Boda, Carnot et Berbérati, notamment des mineurs et des négociants, Amnesty International a découvert que le niveau d'implication des groupes anti-balaka dans le secteur du diamant était très variable du fait de leur fonctionnement décentralisé. Certains anti-balaka sont eux-mêmes mineurs ou prennent le contrôle des sites d'extraction. D'autres réclament aux mineurs et aux négociants des «taxes » ou de l'argent en échange de leur protection.

[449] La République centrafricaine (RCA) est aujourd'hui, dans le monde, la seule source de diamants de conflit, tels que traditionnellement définis. Depuis mai 2013, les exportations de ses diamants sont assujetties à un embargo international décrété à la fois par les Nations Unies et par le Processus de Kimberley (PK), l'initiative qui réglemente la production et le commerce des diamants bruts. La RCA a été suspendue du PK à la suite d'un coup d'État, en mars 2013, qui a déclenché des troubles civils généralisés dans le pays. Le coup d'État était le résultat inévitable des années d'instabilité politique qu'avait entretenue une coalition de groupes rebelles, connue sous le nom de Séléka, qui attaquait le gouvernement et saisissait progressivement des territoires, y compris Bria, une ville stratégique en matière d'exploitation minière de diamants2. Le 24 mars 2013, Séléka capturait la capitale, Bangui, et renversait le gouvernement, amorçant un virulent conflit interne qui s'envenime encore aujourd'hui. La guerre civile et le changement de régime ont forcé les Nations Unies et la communauté internationale à imposer des sanctions économiques à la RCA. Non seulement toutes les exportations de diamants sont-elles été interdites, mais le PK a fortement recommandé aux pays faisant le commerce des diamants d'exercer une vigilance accrue et de s'assurer que les diamants produits en RCA sont saisis et interdits de circulation dans le commerce légitime. Bien que l'embargo sur les exportations de la RCA ait été partiellement levé en 2016 pour les régions jugées conformes au PK, cela n'a pas interrompu le flux de diamants de conflit de la RCA vers les marchés internationaux, alors qu'ils étaient sous un embargo total ou qu'ils provenaient de régions où ce commerce est encore interdit aujourd'hui.

mars 2013, elle a aussi pris le contrôle des régions de l'ouest du pays, où elle est restée jusqu'en janvier 2014.[450] Sous son gouvernement, la République centrafricaine a continué d'exporter des diamants par le biais de la chaîne d'approvisionnement internationale légale jusqu'à sa suspension du Processus de Kimberley en mai 2013.[451] Le financement des groupes de la Séléka par le secteur du diamant a pris différentes formes. Dans l'est du pays, ces groupes ont pris systématiquement le contrôle des zones diamantifères, instaurant des taxes et des droits d'extraction, et exigeant de l'argent en échange de leur protection. Dans l'ouest, leurs activités ont semble-t-il été moins systématiques, et ont principalement pris la forme d'actes d'extorsion auprès des mineurs et des collecteurs, ainsi des entreprises de transport des diamants. Ils ont aussi pris le contrôle de la principale frontière entre les régions productrices de diamants de Berbérati, en République centrafricaine, et de Kenzou, au Cameroun, et ont commencé à prélever des taxes sur les produits qui passaient la frontière. Même quand la Séléka a été chassée de Bangui et s'est retirée de la partie occidentale du pays, ses combattants sont restés dans ses bastions du centre et du Nord-Est, riches en diamants. Le Groupe d'experts des Nations unies a décrit plusieurs des voies utilisées par des groupes de la Séléka pour continuer de profiter du commerce des diamants dans l'Est.

Dans son rapport d'octobre 2014, des ont estimé que certains des diamants saisis à Anvers en mai et juin 2014 provenaient de Sam-Ouandja et de Bria. Dans ce même rapport, il a présenté des images satellitaires de Sam-Ouandja montrant que la production de diamants bruts avait rapidement augmenté dans les mois précédents. L'ONG International Peace Information Service (IPIS) pense que cette augmentation de l'activité minière autour de Sam-Ouandja et Nzako, les principaux sites de production de diamants, ainsi que dans d'autres zones comme le parc national de Manovo-Gounda, pourrait être due au fait que des groupes de la Séléka préfinancent maintenant les opérations d'extraction. Le Groupe d'experts et IPIS ont aussi tous deux constaté que la Séléka a été impliquée dans l'exportation clandestine de diamants de contrebande. Les experts des Nations unies ont signalé les efforts des autorités minières

---

[450] IPIS, *Cartographie des motivations derrière les conflits*, pp.32-37.
[451] L'application du KP dans les pays membres est contrôlée par des 'visites d'examen'. Les conditions de bases prescrivent que le premier examen doit avoir lieu au plus tard trois ans après l'entrée en vigueur effective du système de certification. Mais les membres doivent prendre l'initiative de demander une visite, bien qu'ils sont parfois mis sous pression. Les visites sont exécutées par d'autres membres et représentants des acteurs divers. GLOBAL WITNESS, PAC, *Implementing the Kimberley Process. 5 years on – how effective is the Kimberley process and what more needs to be done?*, Global Witness, Partnership Africa Canada, 2005, pp.10-12.

centrafricaines pour reprendre le contrôle des zones diamantifères autour de Bria et de Sam-Ouandja, mais a constaté que certains chefs de la Séléka se sont emparés d'une partie du commerce et acheminent les diamants au Soudan. IPIS a aussi souligné en novembre 2014 que bon nombre d'autorités minières étaient reparties à Bangui et que le travail des brigades des mines de la gendarmerie toujours en place était entravé par l'instabilité de la situation en matière de sécurité. Il est difficile de savoir avec précision dans quelle mesure les groupes de la Séléka ont profité et continuent de profiter du commerce des diamants. On ne sait pas non plus si ces profits ont beaucoup contribué à financer leurs campagnes armées ou s'ils n'ont servi qu'à l'enrichissement personnel de certains de leurs membres. En outre, les diamants ne sont pas les seuls produits dont la Séléka a tiré profit. Des combattants locaux, ainsi que des mercenaires tchadiens et soudanais, ont rejoint le groupe armé en échange de la possibilité de piller le pays et de braconner l'ivoire. Dans son rapport préliminaire, la Commission d'enquête internationale a conclu que les pillages menés par les groupes de la Séléka étaient continus, systématiques et à grande échelle et faisaient partie de sa stratégie globale.

- **Le commerce des diamants pendant les conflits**

Les éléments recueillis par le Groupe d'experts des Nations Unies, Amnesty International et d'autres ONG montrent que des diamants ont été extraits, achetés et vendus sur le marché intérieur centrafricain tout au long du conflit, tant dans les régions contrôlées par la Séléka que dans les zones aux mains des anti-balaka. Si le Processus de Kimberley a interdit les exportations de diamants en mai 2013, l'extraction des diamants et leur commerce ne sont pas illégales en République centrafricaine. Certaines composantes du commerce des diamants sont cependant illégales. En 2014 et 2015, Amnesty International a interrogé un certain nombre de négociants, qui travaillaient tous dans la partie occidentale du pays, dans des zones où les anti-balaka étaient présents. Lors d'une visite dans le bureau d'un négociant en diamants de Carnot en mai 2015, un chercheur de l'organisation a pu observer des colis de diamants et de l'argent, et le négociant a confirmé qu'il était toujours en activité.[452]

---

[452] Aucun des négociants avec lesquels Amnesty International s'est entretenue n'a reconnu acheter des pierres directement aux anti-balaka, mais aucun non plus ne semblait avoir les moyens de vérifier ses achats afin de s'assurer que les anti-balaka ne profitaient pas directement ou indirectement de l'extraction ou du commerce de ces diamants. En réalité, la plupart de ceux que les chercheurs ont rencontrés à Boda, Berbérati et Carnot savaient que les anti-balaka taxaient ou volaient les mineurs. Le Groupe d'experts des Nations unies a aussi constaté que des collecteurs continuaient d'acheter et de vendre des diamants dans l'est de la République centrafricaine et comme évoqué plus haut, versaient des taxes et d'autres

- **BADICA : bureau d'achat de diamants en Centrafrique**

Badica est une société de négoce et d'exportation de diamants installée à Bangui. Sa société soeur belge, Kardiam, a son siège à Anvers, centre international de négoce des diamants. Elle a aussi une société soeur dans le secteur du transport aérien, Minair, qui est basée en République centrafricaine. Minair et Badica font partie du Groupe Abdoulkarim, dirigé par Abdoul Karim Dan Azoumi. Les experts des Nations Unies avaient indiqué que, des diamants issus de zones contrôlées par les groupes de la Séléka dans l'est du pays avaient été achetés par Badica ou pour son compte. Il a décrit des achats de diamants effectués par Badica à Sam-Ouandja et Bria et leur transport par la société soeur Minair. Comme nous l'avons dit plus haut, avant l'arrivée des forces internationales en avril 2014, la Séléka imposait une « taxe » d'atterrissage de 75 dollars sur la piste de Bria. À Sam-Ouandja, les groupes de la Séléka prélevaient une « taxe » d'atterrissage de 100 dollars. Ces sommes sont généralement acquittées par la compagnie qui affrète l'avion. Interrogé en avril 2014 par le Groupe d'experts, le directeur général de Badica a affirmé que la compagnie a arrêté d'acheter des diamants.[453]

S'appuyant sur les données de l'organe gouvernemental BECDOR, Enough Project a estimé que les stocks de diamants de Badica s'élevaient à 3966 carats en avril 2015, ce qui représente une valeur totale de près de 550000 dollars. Ces experts ont par ailleurs indiqué avoir recueilli des témoignages détaillés de sources gouvernementales et de diamantaires, selon lesquels Badica ferait aussi le commerce de diamants de la République centrafricaine sortant clandestinement du pays.[454] Amnesty International a écrit à Kardiam en juin 2015 pour lui demander ses commentaires sur les allégations concernant Badica

---

sommes d'argent aux groupes de la Séléka dans cette région, en échange de leur protection . Dans son rapport intermédiaire de juin 2014, il a indiqué que les collecteurs affirmaient vendre tous leurs diamants légalement aux bureaux d'achat de Bangui mais en réalité, les collecteurs sortent au moins une partie de ces diamants du pays en fraude.

[453] Un second inventaire des stocks de Badica, effectué en avril 2014, a révélé que la société avait acheté 1 698 carats supplémentaires, d'une valeur de 292 917 dollars, à Bria et Sam-Ouandja. Au 2 juillet 2014, Badica avait officiellement acheté au total 2 896 carats, qui provenaient pour la plupart de Bria et Sam-Ouandja ... Ces diamants bruts sont stockés à Bangui.

[454] Leur rapport a fait état de Badica serait présent au Cameroun et achèterait des diamants clandestins provenant de zones situées aux alentours de Nola et Berbérati, dans l'Ouest de la République centrafricaine. La société soeur de Badica, Kardiam, a été concernée par les saisies, en mai et juin 2014 à Anvers, de diamants soupçonnés d'avoir été exportés illégalement de République centrafricaine. Dans le rapport d'octobre 2014, le Groupe d'experts a conclu : '' Les achats légaux et illégaux de Badica dans ces zones fournissaient une source de revenus durable à l'ex-Séléka, en violation du régime des sanctions imposé par l'Organisation des Nations Unies''.

et Kardiam. Kardiam a répondu qu'elle et Badica contestaient l'ensemble des affirmations contenues dans le rapport d'octobre 2014 du Groupe d'experts des Nations unies et que Badica avait fourni au Groupe d'experts un contre-rapport prouvant qu'elle exerçait un commerce licite et transparent et démontrant les fautes commises par les experts des Nations unies dans le cadre de leur enquête, ainsi que les erreurs matérielles contenues dans leur rapport. Le 20 août 2015, en vertu du Chapitre VII de sa Charte, l'ONU a imposé des sanctions économiques à Badica et Kardiam pour avoir fourni un appui à la Séléka et aux forces anti-balaka grâce à l'exploitation et au commerce illicites de ressources naturelles   diamants   notamment   en République centrafricaine.[455] Les États-Unis ont ajouté Badica et Kardiam sur leur liste des personnes et entités visées par des sanctions le 21 août 2015 et l'Union européenne a fait de même le 2 septembre 2015.

- **SODIAM (Société Centrafricaine du Diamant)**

La Sodiam est aussi une société d'achat et d'exportation de diamants basée à Bangui et disposant de bureaux d'achat locaux à Berbérati, Carnot et Nola. Elle a poursuivi ses activités tout au long du conflit, achetant des diamants principalement dans l'ouest du pays. En octobre et novembre 2014, des personnes impliquées dans le secteur du diamant à Boda et à Carnot ont raconté à Amnesty International que la Sodiam disposait d'acheteurs mobiles dans la région, qui achetaient des diamants à différents négociants.[456]

En mai 2015, les chercheurs d'Amnesty International se sont entretenus avec un représentant de la Sodiam à Carnot. Il a confirmé que celle-ci n'avait pas cessé de travaillé à Carnot depuis l'explosion de violence début 2014. Il a affirmé que la société achetait des diamants et les envoyait à Bangui, où ils étaient placés dans un coffre-fort en attendant la levée de la suspension du Processus de Kimberley. Selon le rapport intermédiaire du Groupe d'experts des Nations unies, en mars 2014, la Sodiam avait en stock à Bangui 40576 carats de

---

[455] Jusqu'au 29 janvier 2016, tous les États Membres doivent continuer de geler immédiatement les fonds et autres avoirs financiers et ressources économiques se trouvant sur leur territoire qui sont en la possession ou sous le contrôle direct ou indirect des personnes ou entités désignées par le Comité ou de toute personne ou entité agissant pour le compte ou sur les ordres de celles-ci ou de toute entité en leur possession ou sous leur contrôle, et […] tous les États Membres doivent continuer d'empêcher que leurs nationaux ou toute personne ou entité se trouvant sur leur territoire ne mettent à la disposition de ces personnes ou entités des fonds, avoirs financiers ou ressources économiques ou n'en permettent l'utilisation à leur profit.
[456] Un homme travaillant dans le commerce du diamant à Carnot depuis 1961 a déclaré à l'organisation : '' La Sodiam a un acheteur qui vient par ici. Il vient de passer un mois ici ; il est reparti il y a trois jours. Ils en envoient beaucoup ; c'était au moins le troisième''.

diamants, dont 90 % achetés après la suspension de la République centrafricaine du Processus de Kimberley en mai 2013. Le rapport final du Groupe d'experts indique que la Sodiam a encore acheté 7 655 carats entre mars et juillet 2014 (portant le total à 48 231 carats). Sur ce total, 442 carats ont été achetés à Berbérati entre mai et juillet 2014. S'appuyant sur les données du BECDOR, Enough Project a estimé que les stocks de diamants de la Sodiam s'élevaient à 60776 carats en avril 2015, pour une valeur totale de plus de sept millions de dollars.

En mai 2015, Amnesty International a visité le bureau d'un négociant à Carnot et en a observé le fonctionnement. Le négociant, dont les locaux étaient gardés par plusieurs jeunes hommes, achetaient et vendaient des diamants. Les chercheurs ont pu voir des enveloppes de diamants et des liasses de billets. Il leur a montré des récépissés de ventes à la Sodiam. Il a expliqué que, pour des raisons de sécurité, il ne pouvait pas sortir de la ville pour se rendre sur les sites d'extractions des diamants.

Les experts des Nations Unies ont obtenu des informations similaires auprès de collecteurs travaillant dans l'Ouest de la République centrafricaine. Dans son rapport de juin 2014, il a indiqué avoir recueilli des témoignages de collecteurs de diamants de Carnot, Guen et Boda qui affirmaient continuer de vendre des diamants à la Sodiam. Dans son rapport d'octobre 2014, il a dit que les deux principaux collecteurs de diamants de Berbérati ne pouvaient garantir que leurs achats de diamants ne profitaient pas à des groupes armés, puisque les anti-balaka, employés comme mineurs ou intermédiaires, étaient de ce fait présents dans la plupart des zones minières.[457] Amnesty International a écrit à la Sodiam

---

[457] Le Groupe d'experts a également indiqué qu'un collecteur de Berbérati ne s'était jamais rendu sur aucun site d'extraction pour y vérifier les conditions de sécurité. Un autre collecteur travaillant sur l'axe Boda-Guen-Carnot a indiqué acheter des diamants auprès d'un chef anti-balaka à Sasélé, dans l'ouest de la République centrafricaine. Le rapport du Groupe d'experts a indiqué que ce collecteur, ainsi que les deux principaux collecteurs de diamants de Berbérati tous cités nommément dans leur rapport vendaient des diamants à la Sodiam. Il a publié des documents prouvant la vente de diamants à la Sodiam en mai et juin 2014. Contacté par le Groupe d'experts, le directeur général de la Sodiam a déclaré que sa société avait pour politique de ne pas acheter aux militaires ni aux membres de groupes armés, et qu'elle donnait pour instruction à ses collecteurs d'en faire autant pour éviter de s'approvisionner indirectement auprès de membres présumés des anti-balaka. Les experts a conclu que : '' les achats de la Sodiam ont indirectement financé des anti-balaka, mais que la société réduit désormais ce risque en mettant en oeuvre des directives relatives au devoir de diligence''. Il continue de surveiller les achats de la Sodiam pour vérifier s'ils financent indirectement les anti-balaka. Au regard des informations et compte tenu de la forte implication des anti-balaka dans l'extraction et le commerce du diamant dans les villes de l'ouest du pays telles que Berbérati et Carnot, Amnesty International estime très probable que la Sodiam a acheté et continue d'acheter des diamants ayant financé les anti-balaka.

en juin 2015 pour lui demander des précisions sur les procédures qu'elle a dit aux experts afin de les mettre en oeuvre pour éviter ces achats. Elle lui a demandé en particulier comment elle identifiait les anti-balaka ou les intermédiaires ayant acheté auprès d'eux, et comment elle se renseignait pour savoir si les mineurs ou les collecteurs avaient été taxés par les anti-balaka.[458]

Sur la question de la diligence requise, Carter Ruck a fourni un lien vers un document sur le site de la Sodiam. Il ne contient aucune information précise sur une quelconque procédure visant à appliquer la diligence requise au sens où on l'entend habituellement ; il se contente d'affirmer que la Sodiam n'achète pas de diamants provenant de mines contrôlées par des groupes rebelles ni à des collecteurs connus pour leur association avec ces groupes, et qu'elle est vigilante à l'égard des personnes visées par les sanctions des Nations Unies. Carter Ruck a également indiqué à Amnesty International que la Sodiam était en train d'organiser un audit externe des diamants qu'elle avait en stock à Bangui afin de vérifier l'efficacité de ses procédures relatives au devoir de diligence. [459]

La grande majorité des activités d'extraction du diamant en République centrafricaine sont le fait de mineurs artisanaux. Au fil des ans, les autorités centrafricaines ont tenté de régulariser ce secteur en imposant aux mineurs de se déclarer, mais cette politique a donné peu de résultats et l'extraction artisanale du diamant reste principalement informelle et non contrôlée, ce qui rend les mineurs particulièrement vulnérables.[460]

---

[458] Le cabinet juridique britannique Carter Ruck, représentant légal de la Sodiam, a répondu que celle-ci était capable de sélectionner les diamants qui ne soutenaient pas le groupe armé et que, compte tenu de l'ampleur restreinte de ses activités actuelles, elle était en mesure d'éviter les achats provenant de sources douteuses. Il a ajouté que, si la Sodiam avait par le passé acheté des diamants à l'un des collecteurs de Berbérati, elle ne le faisait plus. Il a souligné que la Sodiam n'avait jamais acheté quoi que ce soit qui puisse raisonnablement être qualifié de diamant de la guerre.

[459] Il ne fait que confirmer que la Sodiam a pris des mesures effectives pour veiller à ce que les produits qu'elle a achetés dans l'est de la République centrafricaine soient tous séparés de ceux qu'elle a achetés dans l'ouest du pays. La société n'a pas prouvé qu'elle exerçait la diligence requise pour empêcher ses collecteurs ou acheteurs d'acquérir des diamants ayant financé les anti-balaka.

[460]En 2010, l'ONG International Crisis Group a estimé que la République centrafricaine comptait entre 80000 et 100000 mineurs artisanaux, qui faisaient vivre au moins 600000 personnes, mais que seuls 5% d'entre eux exerçaient légalement, toujours selon les estimations.

C-CONTINUITES ET DISCONTINUITES : EXPORTATIONS FRAUDULEUSES ET NOUVELLES DESTINATIONS DES DIAMANTS DE LA RCA

Les exportations légales des diamants bruts en provenance de la République centrafricaine ont connu une baisse considérable depuis le début de la crise militaro-politique de 2013.[461] Si une certaine proportion a toujours quitté le pays sans suivre la chaîne de traçabilité légale du PK, celle-ci ne représentait pas une partie majeure de la production. En 2018, les exportations légales étaient de 11526 carats, soit 3% des 365917 carats exportées en 2012, tandis que la production continue dans toutes les zones diamantifères. En effet, selon une étude scientifique par l'USGS, les cinq (5) zones autorisées par le PK à exporter ont produit 164000 carats en 2017, soit la moitié de la production nationale estimée à 330000 carats.[462] Il est donc raisonnable de conclure que l'écart entre les exportations actuelles et la production historique et estimée représente le volume qui quitte le territoire en contrebande.[463]

1- Instabilité et commerce illicite des diamants

La contrebande est devenue dominante et implique un large éventail d'acteurs: les acheteurs légaux ne déclarent qu'une partie des achats, les acheteurs illégaux achètent des diamants ouvertement en province comme dans la capitale, les vols internes transportent des diamants depuis des zones contrôlées par des groupes armés, et les réseaux de l'aéroport international facilitent le passage des colis. A cause de la crise dans la chaîne, entraînant un tarissement de financement, il est fort probable que le niveau de production dans plusieurs zones du pays a baissé, une réduction déjà prise en compte dans les estimations de l'USGS. L'écart donc entre l'estimation de la production réelle et

---

[461] The Fund for Peace, *The effect of the Kimberley process on governance, corruption and internal conflict*, Globalization and human rights series, 2007, p.9.

[462] The Fund for Peace, *The effect of the Kimberley process on governance, corruption and internal conflict*, p.10.

[463] Si certains diamants ont été stockés par les bureaux d'achat, beaucoup d'autres pierres extraites et vendues pendant le conflit ont été passées en contrebande dans des pays voisins, comme la République démocratique du Congo (RDC) et le Cameroun. La contrebande de diamants était déjà un gros problème en République centrafricaine avant le conflit actuel, mais la plupart des experts du secteur s'accordent à reconnaître qu'elle s'est accrue depuis le début de la crise. Selon les estimations des Nations unies, 140 000 carats supplémentaires ont été sortis en fraude du pays depuis la mi-2013. Or, très peu de diamants soupçonnés de provenir de République centrafricaine ont été saisis sur le marché international. Il est donc très probable que la plupart d'entre eux ont été introduits sur les marchés internationaux et achetés par des consommateurs.

les exportations est flagrant, et démontre le présumé volume de pierres qui quitte le territoire sans passer par la chaîne légale. Cet état de fait est d'autant plus remarquable, vu que le nombre d'acheteurs et de producteurs officiels dans le pays est comparable à d'avant la crise.[464]

Parfois, il y a une vraie production semi-industrielle financée ou menée par un partenaire étranger ou bien il s'agit d'une production achetée ailleurs. Le nombre de coopératives minières a sensiblement augmenté depuis 2016 à 369. Concernant les circuits de la contrebande, plusieurs constats ont été faits, mais qui, encore une fois, nécessitent une vérification et un approfondissement par les autorités et les experts.[465] Le Cameroun est souvent cité comme la plaque tournante pour la contrebande des diamants et or centrafricain. Les produits sortent par les frontières terrestres.[466] Même si certains acheteurs musulmans

---

[464] La question qui se pose est la suivante: par où et comment sortent toutes ces pierres ? Quelques éléments de réponse ont été recueillis au cours des observations et des entretiens. Concernant les acteurs, il s'agit:
- Des aventuriers (acheteurs ponctuels) qui descendent dans la capitale pour acheter des pierres dans des hôtels ou d'autres établissements et qui ressortent soit à l'insu des autorités ou avec leur complicité ;
-Des commerçants qui utilisent le diamant (et l'or) comme moyen de change. Le produit est exporté à un centre comme Dubaï, puis la devise étrangère est soit vendue à d'autres commerçants ou bien utilisée pour acheter et importer des marchandises. Ces marchandises (comme des motos) sont souvent utilisées pour payer les artisans miniers ;
-Des réseaux de criminalité transfrontalière qui impliquent des acteurs connus sur le plan international pour leur activités illicites de commerce de pierres et métaux précieux (souvent d'origine libanaise), mais également d'autres nationalités comme les indiens, les chinois, les tchadiens, etc ;
-Des collecteurs et des bureaux d'achat légalement constitués qui déclarent seulement une partie des achats et des exportations réellement effectués ;
-Des élites et des personnalités qui ont la capacité d'éviter les contrôles à l'aéroport international de Bangui et les frontières terrestres ;
-Des coopératives minières qui facilitent l'exportation pour des collecteurs, ou pour leur propre compte à des partenaires à l'étranger.
[465] The Diamonds and Human Security Project, Killing Kimberley? Conflict diamonds and paper tigers, Partnership Africa Canada, 2006, p.11.
[466] Les pays avec lesquels la République centrafricaine a des liaisons terrestres ou aériennes ne sont généralement pas les destinations finales des diamants de contrebande. Les pierres n'atteignent en général leur valeur maximale que lorsqu'elles sont vendues dans les centres de négoce internationaux. Deux des plus grands centres de négoce du diamant se trouvent en Belgique et aux Émirats arabes unis. En tant que membres du Processus de Kimberley, ces deux pays sont censés disposer de systèmes efficaces pour réglementer leurs importations et exportations de diamants. Cependant, les chercheurs d'Amnesty International ont mis au jour un certain nombre de points faibles qui pourraient permettre l'introduction de diamants de contrebande dans la chaîne d'approvisionnement. Le nombre considérable de négociants impliqués, de diamants échangés et de papiers nécessaires complique les opérations de contrôle des transactions et de vérification administrative. Par ailleurs, il existe des failles dans les dispositifs de surveillance et de sanction des négociants en diamants qui ne respectent pas les règles.

sont revenus en Centrafrique, plusieurs sont restés, surtout ceux qui sont relativement plus riches. Des anciens acheteurs de bureaux d'achat fermés se trouvent surtout à Bertoua qui est le centre majeur d'achat et de financement de l'or et des diamants dans l'est de Cameroun. Au-delà des anciens acheteurs réfugiés au Cameroun, d'autres acheteurs illicites opèrent également depuis le Cameroun. La destination initiale des pierres dépend de la facilité du mouvement, de la source de financement, des prix du marché et des charges. Dans un cas de figure, des acheteurs illicites et des intermédiaires en RCA sont financés depuis le Cameroun et doivent ramener leurs produits vers le lieu de financement. De façon plus générale, la concentration d'acheteurs de l'autre côté et leur facilité de travailler avec moins d'entraves qu'en RCA se traduit en prix plus élevés attirant encore plus de pierres. [467]

Selon les statistiques du PK, la majeure partie des diamants centrafricains transitant par le Cameroun ne rentrent pas dans les chiffres officiels du pays sinon ils sont exportés par d'autres réseaux. On peut imaginer différents cas de figure, comme le mouvement des pierres en Afrique de l'Ouest grâce aux vols fréquents et à l'existence des réseaux de trafic dans la région. Ces informations nécessitent une investigation approfondie, mais ce qui a été présenté ci-dessus est inquiétant car cela démontre que la contrebande est devenue ancrée et banalisée. Une fois que les acteurs prennent goût, cela devient plus difficile de revenir dans la voie préexistante surtout si la voie légale reste compliquée et la

---

D'autre part, les chercheurs ont constaté que certaines pratiques dans la chaîne d'approvisionnement mondiale permettaient à des négociants internationaux en diamants (souvent des sociétés multinationales) de faire d'énormes bénéfices aux dépens des pays pauvres où sont produits les diamants. Ainsi, ces sociétés peuvent manipuler leurs prix d'achat ou de vente des diamants pour échapper à l'impôt, par exemple en sous-évaluant les diamants lors de leur exportation depuis un pays en développement. Selon les estimations de certains spécialistes, les pays africains perdent chaque année des milliards de dollars à cause d'activités telles que la contrebande et les manœuvres d'évitement fiscal. Ce manque à gagner pèse sur la capacité des États à financer des services de base nécessaires à l'exercice des droits humains, comme l'éducation ou la santé. Les organes de défense des droits humains des Nations unies reconnaissent de plus en plus que la sortie illégale de richesses de pays africains en développement pose un grave problème en matière de droits humains. Ces pratiques fiscales semblent être monnaie courante aux Émirats arabes unis, où le commerce de diamants est réalisé pour l'essentiel dans des zones où les entreprises sont exonérées d'impôts sur leurs bénéfices. Pourtant, non seulement les autorités de Doubaï ne prennent aucune mesure pour mettre un terme à ces pratiques, mais elles

[467] La porosité des frontières est également un atout pour les contrebandiers. Une partie significative des pierres provenant de toutes les zones minières passe par l'aéroport de Bangui, souvent transitant par des vols domestiques (ONU, privé, etc.) et puis par des vols internationaux. La destination initiale pour cette contrebande est souvent le Cameroun, facilitée en partie par la disponibilité de plusieurs compagnies qui desservent Douala à partir de Bangui. Selon des acheteurs interviewés, il n'est pas intéressant d'aller loin si les marges bénéficiaires sont suffisamment intéressantes juste à côté.

voie illégale simple. Pour renverser la tendance, il faut comprendre les facteurs structurels qui sont de trois (3) catégories :

- les facteurs liés à la mise en oeuvre du Système de Certification du Processus de Kimberley (SCPK) en RCA ;

- les facteurs liés aux dysfonctionnements dans la chaîne d'approvisionnement ;

- les facteurs liés aux dysfonctionnements dans les mesures de répression et les contrôles internes.[468]

- La mise en oeuvre du processus de Kimberley: lutter contre les "diamants de sang"

Les faiblesses dans la chaîne de traçabilité du PK se situent à deux niveaux.[469] D'abord, les difficultés spécifiques liées au Cadre opérationnel, et ensuite les problèmes liés à la chaîne qui existaient avant la crise et qui sont devenus apparents et plus graves à ce jour. Les objectifs du Cadre opérationnel sont loin d'être atteints, et aggravent la contrebande. En outre, le bilan n'est pas positif par rapport à l'objectif assigné, celui de permettre un flux des diamants provenant des zones sous contrôle du Gouvernement.[470]

En somme, le PK doit faire une évaluation du Cadre opérationnel et corriger certaines dispositions. Cependant, la conclusion n'est pas que si l'on supprimait le Cadre opérationnel, tout rentrerait dans l'ordre.[471] Par exemple,

---

[468] The Diamonds and Human Security Project, *Killing Kimberley? Conflict diamonds and paper tigers*, Partner, p. 11.

[469] KP, *Kimberley Process,* Communiqué, Bruxelles, 2007, pp.1-2.

[470] Premièrement, le fait d'exporter une seule fois par mois, pousse les bureaux d'achat d'opérer selon deux schémas parallèles d'achat: un schéma légal avec les bordereaux et un schéma illégal sans bordereau, afin d'assurer d'une disponibilité financière adéquate.

Deuxièmement, l'incertitude dans le processus d'exportation avec la possibilité d'avoir des colis bloqués est démotivant. En somme, la procédure devient de plus en plus lourde. Ces réalités affectent fortement la chaîne qui a besoin de fonds de roulement et aussi d'investissements conséquents pour accroître les activités.

[471] C'est pour lutter contre le financement de conflits par le commerce illicite des diamants - telle la guerre civile en Sierra Leone entre 1991 et 2002 - qu'une soixantaine de pays ont adopté en 2003 le "Processus de Kimberley". Système international de certification des diamants bruts, il définit des procédures très strictes pour assurer la traçabilité des pierres depuis leur production jusqu'à leur transformation. Le BRGM est l'une des quatre agences internationales agréées pour assister les États. Il a accompagné le Congo Brazzaville et le Mali dans leur intégration du Processus, il a intervenu au Cameroun et au Mozambique après avoir expertisé le système en République centrafricaine. Appui du BRGM aux Etats pour l'application du Processus de Kimberley L'intervention du BRGM se situe en amont du Processus. Son expertise minière est ici essentielle. D'abord pour aider les pays à quantifier leur potentiel diamantifère alluvionnaire, ensuite pour évaluer la capacité de production liée à cette ressource dont l'exploitation est majoritairement, voire à 100%, artisanale, donc très

une des difficultés de la mise en oeuvre du Cadre opérationnel est l'exigence des données de production et d'achat limité aux artisans patentés. Or, le système de registre de production n'a pas bien fonctionné même avant la crise, et convainc difficilement l'Equipe de Surveillance de la RCA. La problématique des coopératives fictives est aussi à souligner, ainsi que des défaillances majeures dans le système de centralisation et d'analyse des données statistiques, qui sont le cœur de la chaîne de traçabilité. Vu que les zones de production significatives sont encore non-conformes, il est important de mener des réformes pour rendre la chaîne de traçabilité plus performante et crédible, ce qui accélérera le processus de normalisation par le PK.[472] En somme, une revue totale du système de traçabilité et des contrôles internes depuis l'artisan minier jusqu'à l'exportateur s'avère nécessaire.

- La crise dans la chaine d'approvisionnement

L'autre catégorie de facteurs découle de la première, à savoir, la crise actuelle dans la chaîne d'approvisionnement. Cette crise est due aux événements militaro-politiques qu'a connus le pays depuis 2013. Les bureaux d'achat actuels ne fonctionnement pas de la même manière que les bureaux d'achat avant la crise. Sur le terrain, les collecteurs se disent étonnés qu'il y ait officiellement 16 bureaux d'achat, car il n'existe pas de bureaux secondaires d'achat qui financent les activités. Sans capital, le flux de pierres tarit et la chaîne tombe dans un cercle vicieux de déclin. Il y a également un phénomène de fragilisation du tissu social de la chaîne, c'est-à-dire, un manque de confiance qui affecte le comportement des acteurs. A cause du fait que tout le monde s'est endetté pendant la crise, et que chacun connaît des difficultés, le peu de financement qui entre est souvent utilisé pour survenir à des besoins au lieu d'investir dans le travail. Les collecteurs qui sont revenus du Cameroun disent ne pas avoir du

---

éclatée. Le BRGM a également développé des méthodologies pour assurer la traçabilité de celle-ci. C'est aussi dans l'assistance à la rédaction de lois et règlements, et jusqu'à l'organisation même du cadastre minier et des services administratifs de contrôle et de gestion que le BRGM intervient auprès des États. L'adaptation au contexte local est indispensable. C'est d'une bonne identification du "qui gère quoi et avec quels moyens" que le BRGM parvient à définir une organisation sur mesure, car il n'existe pas de procédure universelle. Globalement, les résultats produits par le Processus de Kimberley sont plutôt encourageants. On ne trouve pratiquement plus sur le marché de diamants de conflit. De même le BRGM est parvenu à mettre en place des statistiques globales validées sur les volumes de diamants exportés et les valeurs engendrées. Le problème qui demeure est celui de la traçabilité du diamant brut, car il peut y avoir des fuites entre le stade de la production et celui du façonnage, avec parfois plus de dix intermédiaires.

[472] https://www.brgm.fr/fr/reference-projet-acheve/processus-kimberley-marche-diamant-plus-transparent.

capital. Pour leur part, les artisans se méfient des collecteurs, surtout car la crise a démantelé et démasqué certaines pratiques, comme le fait de coordonner entre collecteurs pour garder les prix à un certain niveau avantageux. Plusieurs contrebandiers proposent un meilleur prix car ils ne préfinancent pas, donc les attentes et les mentalités ont changé.

De façon générale, il faut une masse critique d'activité pour que la chaîne fonctionne. Comme un collecteur à Carnot a dit : ''quelques gouttes qui tombent du ciel, ce n'est pas la pluie''. En d'autres termes, il faut un volume minimum de financement et de production pour que la filière marche. Cependant, la concurrence déloyale par les contrebandiers empêche l'investissement et la relance du secteur. Ces facteurs ne sont pas faciles à résoudre, mais en revoyant les incitations des uns et des autres, on peut faire du progrès.[473]

2- Les problèmes de financements et de production dans la filière diamant en RCA

Les collecteurs et les artisans miniers se plaignent d'absence de financement et de baisse de la production. Les causes sont diverses, dont la plus évidente est le manque de financement des activités par les bureaux d'achat. A cause de l'insécurité et des risques dans l'environnement des affaires dans le secteur minier, le Cadre opérationnel du PK contraignant et la contrebande croissante, les bureaux d'achat hésitent à investir, ce qui affecte la disponibilité des fonds auprès des collecteurs et des artisans miniers.

Le profil des bureaux d'achat a également changé, car les gros bureaux ne sont plus opérationnels (SODIAM et BADICA), et les nouveaux ne sont pas

---

[473] La troisième catégorie de facteurs derrière la flambée de la contrebande concerne le manque de mesures répressives efficaces. Le dicton de « la carotte et le bâton » est fondamental : sans bénéfices pour un comportement légal et sans conséquences pour un comportement illégal, le comportement illégal gagnera toujours. Le manque de répression efficace relève d'une fragilité institutionnelle face à des réseaux de trafiquants de plus en plus implantés ainsi que des problèmes techniques de capacité et de coordination. On constate actuellement de l'impunité et un système complexe de protection à différents niveaux où un coup de fils peu empêcher les agents des mines et de sécurité à faire leur travail. Il y a par ailleurs des problèmes spécifiques d'ordre technique. Par exemple, le système de prime à la dénonciation ne fonctionne plus. Des problèmes se trouvent au niveau du paiement de ces primes ainsi que le fait que le PK n'autorise pas l'exportation des pierres dont l'origine est inconnue. De plus, le manque de coordination entre les forces de l'ordre (l'USAF, la Gendarmerie, la Police, la Douanes) empêche l'application efficace des lois. Il y a par ailleurs des questions sur le mandat et l'efficacité de l'USAF. Enfin, des insuffisances dans la gestion et l'utilisation des données statistiques pour lutter contre la fraude est à souligner.

aussi puissants en termes de réseaux et capital. Parmi les nouveaux, il y a également ceux qui n'exportent quasiment rien, ou rien par la voie légale, et ceux qui se focalisent sur une certaine qualité de pierres les ramasseurs de cerises. Il y a également ceux qui sont moins disposés à financer les travaux des artisans. En général, ceux qui financent les activités sont des acheteurs locaux qui sont les plus disposés à le faire. Sur le terrain, la situation des collecteurs a changé. Avec la crise, la majorité des acteurs du secteur diamant sont endettés, ou ils ont perdu leur capital. Il y a certes des cas de retour et de réintégration de certains collecteurs réfugiés au Cameroun, mais selon certains observateurs ceux qui sont revenus ont moins de capital. Les plus riches sont restés au Cameroun où ils continuent de travailler et de gagner avec moins de risque et de lourdeur administrative qu'en RCA. Ceux qui sont restés ou rentrés d'exiles travaillent sans l'appui financier des bureaux d'achat. On constate un phénomène croissant de vente entre collecteurs, ce qui est interdit par la législation minière.[474]

Par ailleurs, l'utilisation des creuseurs journaliers les Katamans dans l'exploitation a augmenté. Dans ce schéma, les creuseurs sont payés à la tâche au lieu d'être payé par pourcentage sur les revenus de la production. A cause des difficultés économiques, plusieurs préfèrent ce système pour une garantie de rémunération directe, évitant les mauvaises surprises relatives aux résultats négatifs des exploitations. Par conséquent, l'utilisation des journaliers augmente les coûts d'investissement pour les financiers, ce qui engendre un cycle de moins de chantiers miniers, et moins de production. [475]

---

[474] Il en est de même pour certains artisans qui sont obligés de s'endetter auprès des collecteurs pour payer d'autres dettes au lieu de financer le travail. Plusieurs collecteurs ont constaté que les artisans dans l'ouest sont plus éveillés et sont familiers avec le prix mercuriale du diamant. Avant la crise, il était connu que les collecteurs par solidarité se communiquaient entre eux pour maîtriser les prix et faire du bénéfice, mais ce système s'est effondré avec la violence intercommunautaire. Les contrebandiers et les acheteurs installés au Cameroun payent au bon prix, en utilisant même les nouveaux outils comme les colorimètres pour proposer les prix d'achat. Les attentes des artisans ont évolué avec la crise, leurs contacts avec les contrebandiers les ont édifiés. Certains artisans connaissent les prix pratiqués par qualité triages ou mêlées, il n'y a souvent pas de grande différence entre leurs prix et ceux pratiqués par les collecteurs, ce qui fragilise le schéma de vente classique.
[475] Il faut noter aussi que plusieurs artisans sont payés en nature par des acheteurs (motos, matériels de construction, etc.). Cette pratique réduit la quantité d'argent partagé entre le chef de chantier et ses ouvriers, ce qui peut démotiver les ouvriers et les inciter à devenir ouvriers journaliers ou partir dans les zones d'orpaillage. Ces nouvelles tendances ont pour conséquence la réduction dans la disponibilité du financement, et poussent les acteurs à se débrouiller en vendant entre eux, en cherchant d'autres circuits de financement et de vente, et en perturbant le circuit légal de production et de commercialisation.

- Difficultés au niveau des bureaux d'achat des diamants

Plusieurs observations ont déjà été faites concernant les bureaux d'achat mais il y a des difficultés additionnelles à souligner. D'abord, une réalité délicate est l'absence officielle de plusieurs grands acteurs comme les acheteurs liés à BADICA et à SODIAM, les deux grands bureaux qui faisaient la promotion des diamants centrafricains avant la crise. En général, la composition des bureaux d'achat n'est pas constante ; ils peuvent fermer à tout moment pour des raisons politiques ou économiques. Cependant, les acheteurs et les collecteurs qui ont travaillé avec des anciens bureaux d'achat n'ont pas disparu dans la nature, mais sont alliés à d'autres bureaux. Aujourd'hui la question se pose : si BADICA et SODIAM sont officiellement fermés ou inactifs, où sont leurs acheteurs et collecteurs ? On peut supposer qu'un grand nombre continuent d'exercer car les vrais diamantaires sont des diamantaires à vie ayant attrapé la fièvre sans remède. Dans le cadre d'une relance du secteur, il faudrait que le gouvernement parvienne à identifier ces acteurs, afin de pouvoir les écouter et les sensibiliser au respect de la législation minière en vigueur afin de pouvoir les faire décider, si possible, à un retour dans la chaîne légale.

Par ailleurs, il est important de réfléchir sur le fait que même si la suspension du PK est entièrement levée, la relance ne sera pas automatique du fait que la chaîne est suffisamment bouleversée et fragilisée. La reprise des activités sera progressive et nécessitera plusieurs actions fortes pour améliorer le climat des affaires. Investir des milliards de FCFA nécessite un minimum de chance de réussite ; la concurrence déloyale des contrebandiers ne va pas disparaître du jour au lendemain, et surtout si l'insécurité y demeure dans certaines régions. Certains acheteurs ont également exprimé leurs doutes sur la capacité des grands bureaux d'achat de revenir car les marges ne sont plus comme avant, sauf dans les zones de l'Est ou les artisans sont selon eux moins éveillés et les pierres sont d'une meilleure qualité. Une des pistes de solution à explorer est donc de voir comment réduire les coûts administratifs et les charges afin de rendre la chaîne légale intéressante et de pouvoir concurrencer les réseaux illicites. Ceci nécessite une réflexion approfondie et concertée sur l'ensemble de la chaîne. Il faudrait aussi débattre davantage cet éveil des artisans miniers, car en soi-même, ce n'est pas mauvais que ceux qui sont en bas de la chaîne soient moins perdants et moins exploités ; d'ailleurs c'est l'objectif de plusieurs projets dont DPDDA I et DPDDA II. Des projets d'appui au secteur peuvent soutenir les artisans miniers et les collecteurs souhaitant devenir moins dépendants du financement extérieur.[476]

Il faudrait aussi penser à une approche avec des incitations positives « la carotte » au lieu des incitations purement négatives « le bâton » selon laquelle la taxe marginale d'exportation diminue selon la valeur des exportations. Par exemple, pour une valeur allant jusqu'à \$500,000 dans une année donnée, la taxe pourra être fixée assez élevée comme à 8%, mais une fois ce seuil dépassé, la taxe peut être diminuée à 6%, ainsi de suite avec la plus basse taxe marginale pour les plus gros exportateurs. La logique économique est souvent beaucoup plus incitative que la logique coercitive.[477] Concernant les seuils minimums, cela permet de réprimer les bureaux d'achat véreux qui n'exportent pas assez. [478]

Enfin, il faudrait aussi tenir compte de la tendance mondiale de l'approche bonne diligence tels que pratiqués par l'OCDE et dans le cadre de l'or, la loi de l'Union européenne sur les minerais de conflits. Il s'agit d'une approche qui met l'accent sur l'autorégulation et la gestion des risques par les acteurs de la filière. Par exemple, au lieu d'obliger le Gouvernement à saisir et à contrôler tout, les bureaux d'achat seront tenus de garder des archives détaillées sur leurs sources d'approvisionnement, les collecteurs avec lesquels ils travaillent, et de justifier cela en cas d'audit par un grossiste en Europe ou en Inde. Ce modèle est complémentaire au pouvoir régalien de l'Etat qui gardera son rôle de régulation et de veille. Ceci est aussi pertinent pour le Cadre opérationnel du PK. Au lieu d'obliger chaque exportation à subir une analyse approfondie par l'Etat et par l'Equipe de Monitoring avant de sortir, certains bureaux qui ont fait la preuve de bonne gestion et pratiques internes pourront exporter avec moins d'entraves. Le

---

[476] Cependant, comme un acheteur a dit : '' Si on te coupe le bout de ton boubou, c'est avec ce morceau qu'on fait les poches''. En d'autres termes, il faudrait que les artisans comprennent que même si leurs financiers ne paient pas au vrai prix, leurs bénéfices permettent d'avoir le capital nécessaire pour financer les artisans miniers. C'est en acceptant de gagner moins que la chaîne fonctionne. En revanche, il faudrait aussi se poser la question si la chaîne traditionnelle est juste et toujours viable, surtout pour ceux qui souffrent en bas de la chaîne. Seul le dialogue, la sensibilisation et l'analyse concertés pourront trouver des réponses à cette question et ainsi restaurer la confiance nécessaire pour réparer le tissu social de la chaîne.

[477] Dans le cadre de cette analyse, il faudrait réfléchir et étudier davantage la fiscalité des exportations avec l'objectif de maximiser les recettes et aussi maximiser les exportations légales. Par exemple, actuellement le Ministère est en train d'expérimenter avec l'exigence des valeurs minimum par trimestre (\$600,000) que chaque bureau doit forcément exporter au risque de perdre son agrément.

[478] On pourrait également considérer comment utiliser le principe des seuils pour classifier les différents acteurs et même permettre à d'autres types d'acteurs à exporter. Le monopole des bureaux d'achat est le modèle préféré depuis des décennies, mais la fragmentation du marché international, des chaînes d'approvisionnement alternatifs et les effets de la technologie dans le commerce des diamants bruts est une tendance à prendre en compte.

PK et le Gouvernement pourront mener des audits et vérifications, mais l'accent sera mis sur une responsabilité partagée de bonne diligence par le Gouvernement et le secteur privé.

3-L'avènement des exploitants semi-industriels

On a constaté l'arrivée de plusieurs acteurs semi-industriels qui agissent sous différentes formes : titulaires de permis de recherche, titulaires de permis d'exploitation artisanale semi-mécanisé, coopératives minières ou sociétés minières. Cette tendance est beaucoup plus prononcée dans le secteur de l'or, et cela engendre des tensions sociales dans plusieurs localités, surtout lorsque ces entités sont contrôlées majoritairement par des étrangers avec l'implication des cadres et des élites du pays. L'incident à Sosso-Nakombo en octobre 2018 avec les acteurs chinois n'est pas une anomalie ; des tensions ont été constatées à Gamboula, Nola et Bagandou dans le même sens pendant la mission. Cette problématique récurrente dans l'or est pertinente pour le secteur du diamant. D'abord, les opérateurs de dragues peuvent récupérer des diamants associés à l'or. Par ailleurs, il est probable que l'exploitation semi-mécanisée des minerais dont le diamant aura plus d'importance dans les années à venir, compte tenu de l'épuisement des réserves, du coût de la main d'oeuvre et de l'accès à la technologie.[479]

---

[479] Pour préparer cet avenir, il faudrait :
-Dans le cadre du dialogue autour du secteur et la réforme des textes, réfléchir à comment promouvoir l'accès à ces technologies pour des nationaux sans créer des barrières à un rôle d'appui et de partenariat avec les étrangers ; - Etudier de près les considérations environnementales, vu que la semi-mécanisation entraîne des conséquences plus néfastes. En Afrique de l'Ouest, par exemple, certaines localités où on pratique l'exploitation artisanale semi-mécanisée subissent des crises environnementales sérieuses ;
-Prévoir des mécanismes de gestion de conflits autour de ces nouveaux acteurs. D'abord, le zonage et la planification spatiale sont nécessaires pour protéger les intérêts des propriétaires terriens qui sont souvent des artisans miniers, chefs de chantier. Une revue de l'expérience de DPDDA I de délivrance de document de propriété à ces chefs de chantiers permettrait de voir la pertinence de la sécurisation foncière en zone minière pour éviter du conflit. La mise en place de zones d'exploitation artisanale prévue par la loi mais jamais mise en application pourra aider ;
- Clarifier les règles liées à la mécanisation selon chaque type d'autorisation ou de permis, en laissant une marge de flexibilité. Par exemple, dans une zone d'exploitation artisanale, on pourrait envisager l'utilisation ponctuelle de bulldozers pour décaper le stérile et pour la réhabilitation du site ;
Fixer des normes dans les négociations entre les exploitants semi-industriels et les communautés. Les conflits actuels tournent autour de l'emploi des jeunes de la localité, et de la perception d'une implication opaque de certaines autorités administratives et locales dans le partage des gains. Un système d'arrangement entre les communautés et les opérateurs engendre des conflits. Il faudrait plutôt des négociations transparentes et claires sur les moyens que ces entités verseront aux communautés et ensuite mettre en place des comités

On constate aujourd'hui des dysfonctionnements dans le système des coopératives minières en RCA. D'abord, il faudrait s'interroger sur le fait que le nombre de coopératives agréées pour l'or et le diamant a sensiblement augmenté depuis 2016. Il y a peu de transparence sur celles qui ont été agréées, leurs sources de financement, leurs partenaires étrangers et leurs lieux d'activités. Il y a donc une forte perception par les acteurs de base notamment les collecteurs et les artisans miniers que les coopératives sont des fausses coopératives souvent appelées coopératives Banco.

On note donc une perception partagée par la plupart des acteurs que le système des coopératives minières est loin de son esprit original qui était de promouvoir les producteurs nationaux. La structure qui est censée représenter les 350 coopératives minières, l'Union Nationale des Coopératives Minières de Centrafrique (UNCMCA), est perçue comme fortement politisée et peu représentative des acteurs sur le terrain. A Berbérati, par exemple, les artisans miniers se fâchent quand ils entendent le terme coopérative en se rappelant des cas avant la crise où du matériel de travail destiné à des artisans était détourné, selon eux. Ceci est dommage car il existe une volonté, surtout avec les difficultés de financement et le phénomène d'artisans éveillés depuis la crise de s'organiser différemment.

Un programme d'appui prévu par la Banque mondiale apportera un début de solution mais seulement si des problèmes de fond sont abordés. A la racine est le fait que la catégorie de coopérative englobe plusieurs types d'acteurs. A priori, une PME centrafricaine avec un partenaire étranger n'est pas une mauvaise chose pour le développement du secteur, mais en se déguisant en coopérative cela crée des confusions. Une réflexion doit être menée dans ce sens pour décortiquer les différentes motivations et différents types d'acteurs pour que ceux qui souhaitent travailler normalement puissent le faire. Il faudrait aussi s'assurer de la prise en compte de l'Acte uniforme sur les sociétés coopératives de l'OHADA dont la RCA est signataire.[480]

L'organisation de la chaîne d'approvisionnement du diamant artisanal est complexe, et souvent la législation ne tient pas compte de la logique de cette

---

locaux de développement contrôlés par des populations et non pas par des autorités ou des élites. Par exemple, vu qu'en RCA les maires ne sont pas élus, il faudrait s'assurer pour une meilleure légitimité que la gestion des fonds générés par l'exploitation semi-industrielle soit confiée à une entité représentative de toutes les couches sociales.

[480] Car les coopératives minières sont loin d'être conforme à la définition dans cette loi. Selon l'Article 4, : « La société coopérative est un groupement autonome de personnes volontairement réunies pour satisfaire leurs aspirations et besoins économiques, sociaux et culturels communs, au moyen d'une entreprise dont la propriété et la gestion sont collectives et où le pouvoir est exercé démocratiquement et selon les principes coopératifs ».

organisation, ni de certaines catégories d'acteurs qui jouent des rôles importants. Quelques rôles qui existent dans la réalité mais qui ne sont pas officiellement reconnus dans la chaîne actuelle sont : les coxeurs, les débrouillards, les chefs d'équipe Kapita, des PME sous forme de coopérative, et des petits exportateurs n'ayant pas les moyens de devenir bureau d'achat et travaillant dans la clandestinité.[481]

Les petits exportateurs informels sont des individus ou organisations ayant des acheteurs partenaires à l'étranger mais n'ayant pas le niveau de capital nécessaire pour devenir bureau d'achat. Parfois, ils passent par des bureaux d'achat existants, des coopératives minières ou en entière clandestinité. Ce cas concerne beaucoup plus l'or et augmente avec l'utilisation des nouveaux modes de communication etc. La question est de savoir faut-il tenir compte ou pas de ces différentes fonctions dans une réforme juridique éventuelle. D'une part, des solutions comme la délivrance des cartes de coursier comme cela se fait ailleurs pour des petits collecteurs peuvent être étudiées. D'autre part, ajouter trop de nouvelles catégories et formalités administratives peut alourdir le système et constituer un frein à la formalisation.

Concernant les opérateurs clandestins, après avoir compris leurs motivations et contraintes, une réflexion similaire sur leur formalisation serait souhaitable. D'une part, il faudrait réprimer fermement les acteurs illégaux qui nuisent l'intégrité de la chaîne. D'autre part, il faudrait s'assurer que ceux qui ont la volonté de travailler dans la légalité aient les conditions fiscales et administratives favorables. Par exemple, dans l'hypothèse d'une réforme de la législation, on peut envisager des seuils et taxes bien définis pour permettre à des PME centrafricaines et même des petits ou moyens exportateurs à exercer leurs activités sans nuire à d'autres acteurs de la chaîne.

---

[481] La mission s'est interrogée sur la définition et les rôles de ces acteurs illégaux :
- Les coxeurs sont généralement des intermédiaires des bureaux d'achat ou des grands collecteurs sur le terrain. Parfois on appelle coxeur aussi des démarcheurs qui mettent en relation un acheteur et un vendeur moyennant une petite commission ;
- Les débrouillards sont des acheteurs informels qui peuvent être : les petits commerçants (les boutiquiers qui achètent à côté de leurs activités principales), les artisans miniers qui achètent en dehors de leurs chantiers, les collecteurs n'ayant pas les moyens ou la volonté de se régulariser, et toutes autres personnes non-autorisées à faire le commerce des pierres et métaux précieux ;
Les chefs d'équipe Kapita représentent le chef de chantier et organisent le travail sur le terrain. Dans d'autres pays, ils ont un statut particulier vu leur rôle dans le suivi de la production ;
Les PME sous forme de coopérative sont des entrepreneurs miniers qui optent pour la forme de coopérative pour réduire les coûts, les impôts et pour contourner les formalités administratives ;

Les données statistiques fiables sont essentielles pour la chaîne de traçabilité. Vu qu'il s'agit d'une traçabilité documentaire au lieu d'une traçabilité physique de chaque pierre, une documentation adéquate est l'outil principal des contrôles internes. Sans des données les plus fiables possibles, il est très difficile de lutter contre la fraude et la contrebande. Malheureusement, la collecte des données pose des difficultés énormes dans ce pays si vaste, avec des moyens trop limités qui rendent inefficace les contrôles sur l'étendue du territoire. Dans de tels contextes, des approches pragmatiques sont essentiels pour rendre plus performant et adapter le système de collecte des données sur papier. Cette difficulté en RCA est cassée à deux niveaux. D'abord, il manque des données de production en dépit du fait que les artisans miniers sont censés remplir des registres de suivi de production et amener ces souches aux DR et chefs de service une fois par mois. En dehors du fait que tous les artisans miniers ne soient pas enregistrés, il y a peu d'incitation pour la plupart à remplir ce registre. En revanche, il y a souvent une incitation à ne pas remplir le registre car cela peut être utilisé par différents acteurs pour des tracasseries. Il faudrait donc réfléchir de façon critique sur le bien-fondé du modèle actuel et chercher des alternatives. Cette réflexion doit tenir compte des objectifs inhérents à la collecte de ces données. Ce n'est pas réaliste d'avoir des chiffres pour toutes les pierres qui sortent de la terre ; même les pays développés ne parviendraient pas à atteindre cet objectif. Il s'agit plutôt d'avoir suffisamment de données pour pouvoir détecter des anomalies et mener des investigations.[482]

Créer des dispositifs de suivi par sondage ou estimation. Par exemple, si le site est un village, un responsable coutumier peut faire l'enregistrement des

---

[482] Deux bonnes pratiques en la matière sont à considérer. Il s'agit de :
- Créer un système incitatif pour enregistrer la production au niveau communautaire. Dans certains pays, une rétrocession aux collectivités d'un pourcentage de la taxe à l'exportation proportionnelle à la production enregistrée peut donner une impulsion à enregistrer. En RCA, ce système aurait des difficultés, mais le principe peut être appliqué dans le cadre des zones pilotes d'exploitation artisanale (ZEA) ou la cogestion avec des villages prévu dans le cadre du projet DPAM. Dans le cas des ZEA ou des coopératives villageoises, le système de gestion peut inclure l'enregistrement de la production et une incitation à travers un pourcentage prélevé à la source pour les villages riverains et proportionnel à la production ;
- Effectuer le suivi de la production à une échelle plus grande que le chantier minier individuel. Une option à considérer est la cartographie des foyers miniers, souvent appelés des sites miniers. Il s'agit d'une zone géographique regroupant un certain nombre de chantiers. Il faudrait baser la délimitation des sites sur les pratiques locales de dénomination. Le plus souvent, il s'agit d'un village, mais cela peut également être un cours d'eau ou un ancien site semi-industriel. Une fois identifiés et délimités, des sites miniers peuvent être utilisés pour suivre la production. Sur le bordereau d'achat dans le champ de la provenance, on noterait le site minier en utilisant des noms standards identifiés lors d'un recensement des sites. Une estimation de la production pourra donc être dégagée des souches de bordereaux d'achat à une échelle plus fine que la sous-préfecture mais moins fine que le chantier ;

chefs de chantiers du site et enregistrer la production agrégée mensuelle. Les ALS peuvent aussi avoir la responsabilisé pour cette tâche. Si les acteurs savent que l'enregistrement est anonyme et agrégé, cela pourra réduire la réticence de déclarer. Des attestations de production mensuelle peuvent être délivrées par les ALS, ce que les artisans peuvent utiliser pour attirer des investisseurs ou éviter des difficultés avec les autorités. Des méthodes plus sophistiquées peuvent également être considérées, comme l'utilisation des images satellitaires au niveau de Bangui pour estimer le niveau d'activité d'un site avec des vérifications sur le terrain. Pour ce cas, le projet DPAM prévoit appuyer le transfert de compétences de l'USGS qui effectue ce type d'analyse.

Il y a différentes options mais le principe est de suivre la production à une échelle collective au lieu d'une échelle individuelle, car cela suffirait pour la chaîne de traçabilité documentaire, même si l'idéal c'est le suivi individuel. Ce sont des approches complémentaires : des artisans peuvent maintenir des registres mais le suivi et la collecte peuvent être faite au niveau collectif par les ALS et l'Administration. Ceci éviterait aussi la dépendance sur des registres officiels qui sont souvent chers à produire et en rupture de stock. Pendant la mission, l'équipe a constaté que certains artisans rencontrés sont diligents dans l'utilisation de leurs cahiers officiels, ce qui est à féliciter, mais la majeure partie utilise plutôt des cahiers banals pour suivre les dépenses, tandis que certains chefs de village détiennent des registres pour suivre différentes informations y compris le nombre de chantiers dans leurs localités. Il s'agit de bâtir sur ces pratiques existantes pour pouvoir disposer d'un minimum d'information nécessaire pour faire fonctionner la chaîne. Par contre, pour des grosses pierres, les DR peuvent régulariser l'artisan non-patenté ou prélever le montant de la patente auprès de l'acheteur de façon systématique avec une légère amende du retard de paiement de la patente. De cette manière, on ne pénalise pas un artisan qui n'a pas encore les moyens réunis pour payer sa patente, mais on l'encourage à le faire le plus tôt possible pour éviter des amendes. Pour encourager les collecteurs à tout déclarer, on évite aussi de pénaliser les collecteurs d'avoir effectué des petits achats auprès des acteurs non-enregistrés, pourvu qu'ils déclarent le site minier de provenance et tous les détails sur l'identité du concerné pour un suivi par l'Administration. Il n'y a pas une seule solution, et toute réforme aura des risques d'effet pervers, mais il faut quand même tenter de trouver le juste équilibre entre le pragmatisme et la légalité, sinon les systèmes parallèles prendront le dessus, comme c'est le cas actuellement.[483]

---

[483] Le deuxième maillon faible dans la chaîne de traçabilité se situe entre les premiers acheteurs et les bureaux d'achat. Les souches des bordereaux d'achat des collecteurs sont réunies au niveau des DR, compilées pour faire des rapports, et puis transférées à Bangui.

Il faudrait aussi standardiser le circuit des données et les responsabilités à chaque niveau. La numérisation des données en province nécessiterait la mise à disposition des moyens humains et matériels pour le faire, et surtout une directive hiérarchique. Ensuite, une décision administrative devrait clarifier qui aura accès à ces informations et comment elles doivent être exploitées. Par exemple, un canevas de rapport d'analyse trimestriel pourra être élaboré pour permettre aux décideurs d'avoir un état des lieux et de déceler des points d'action.

Le Cadre opérationnel du PK prévoit des mesures spéciales pour s'assurer de la non-contamination des pierres provenant des zones non-conformes dans les colis approuvés pour exportation. Parmi ces mesures, les colis provenant des zones conformes doivent être transportés sous scellé avec une fiche de transfert visée par le DR et l'USAF, puis contrôlé au niveau du BECDOR avant d'être remis au bureau d'achat. L'Equipe de Monitoring du PK vérifie les listes d'artisans miniers et collecteurs patentés dans les zones conformes et comparent les bordereaux d'achat avec ces listes. Enfin, l'Equipe de Monitoring analyse les photos des pierres. Les demandes d'autorisation d'exportation sont soumises une fois par mois, et depuis la fin de l'année 2018, l'Equipe donne sa réponse une semaine après.

On a observé des difficultés dans l'application de ce système dans la pratique. Concernant le transfert des colis, pour certains bureaux d'achat leur mode d'organisation rend le système très coûteux. Généralement des bureaux

---

Lors des exportations, par contre, le SPPK vérifie les bordereaux d'achat des bureaux d'achat sans forcément réconcilier cette information avec les bordereaux d'achat des collecteurs ayant vendu à ces bureaux. Cette réconciliation est censée être faite sur le terrain, mais sans la numérisation des données, c'est un travail fastidieux qui ne permet pas de maintenir une archive numérique ou de faire des analyses approfondies.

La solution n'est pas compliquée mais nécessite une réforme dans les pratiques actuelles. Il faudrait que chaque Chef de service ou DR numérise les souches des bordereaux d'achat pour permettre la mise à disposition de ces données électroniques au SPPK, au CGIGSM, à la DDRSC et au BECDOR avant même la compilation des données dans les rapports ou le transfert des souches physiques. Dans le cadre des contrôles de routine mais surtout pendant les exportations, des comparaisons des chiffres permettront de savoir si les achats sont cohérents. Par exemple, si un bureau d'achat achète beaucoup plus auprès d'un collecteur que ce collecteur a déclaré avoir acheté, l'incohérence pourrait signaler une anomalie. Si les données des bordereaux des collecteurs indiquent trop d'achat d'un site minier connu pour être non-actif, cela peut également signaler une anomalie.

En effet, la disponibilité des données statistiques numérisées est un grand défi à relever, mais ce n'est que le début, car il faudrait faire des analyses régulières pour déceler des anomalies et informer ceux qui sont habilités à faire des vérifications. En soi-même, les anomalies ne signalent pas forcément la fraude, mais cela fournit des indices qui pourront être analysés. Pour pouvoir marcher, il faudrait que chaque acteur enregistré ait un identifiant qui ne change pas d'une année à une autre, car sinon c'est difficile de faire les croisements et le suivi à long terme.

d'achat mettent à disposition un fonds de roulement à leurs acheteurs en province pour acheter, mais selon la taille et le degré d'expérience, les responsables des bureaux à Bangui doivent vérifier que les produits achetés correspondent aux montants préfinancés. Il est donc arrivé que certains bureaux se voyaient dans l'obligation d'effectuer des missions sur le terrain pour vérifier, ou bien de transporter les pierres à Bangui pour vérification, puis retransporter les pierres en province pour mettre le scellé, puis revenir à Bangui pour préparer l'exportation. Les coûts, les risques sécuritaires et la lourdeur de ce système encouragent beaucoup à chercher des arrangements alternatifs. Donc au niveau du PK, il faut se poser la question de la fiabilité des fiches de transfert.

La fiabilité des données sur les bordereaux d'achat est également à mettre en cause. En dehors de problèmes de ratures ou illisibilité, la réalité est qu'il est facile de falsifier les informations sur la provenance, le nom de l'artisan, ainsi de suite. C'est pour cela que les données statistiques dans son ensemble sont essentielles à la crédibilité de la chaîne documentaire, car cela permet de faire des analyses et situer les transactions individuelles dans un contexte global. En le faisant, des problèmes peuvent ressortir, mais en regardant un seul bordereau, ce n'est pas évident. La pratique du PK à vérifier que tel ou tel vendeur sur le bordereau est sur la liste d'artisans autorisés n'est pas une preuve que ce diamant ait été acheté dans tel endroit, tel jour et de la main de telle personne.

Par ailleurs, la question se pose sur la valeur ajoutée du système de vérification des catégories et des photos utilisées par le PK avant de valider des exportations. Il est peu probable de pouvoir détecter scientifiquement des pierres des zones non-conformes de l'Ouest provenant de la même formation géologique. L'équipe a pu entendre parler de plusieurs cas concrets de diamants de l'Ouest provenant des zones non-conformes mais qui ont été tout simplement notés sur le bordereau comme étant d'une zone conforme.[484]

---

[484] Pour les pierres de l'Est, selon les acheteurs interviewés, ceux qui sont expérimentés dans le domaine en RCA peuvent distinguer les diamants des deux zones, mais c'est généralement par expérience et non pas par analyse objective. En effet, des contrebandiers peuvent utiliser cette même expérience pour mélanger des pierres de différentes tailles et provenance. Des plaintes de l'Equipe de Monitoring sur la qualité des images est légitime dans certains cas, et les points focaux doivent continuer d'améliorer la qualité des photos même si la luminosité n'est pas bonne dans la salle. Mais même avec des images sous microscope, les techniques utilisées par l'Equipe du Monitoring n'ont pas fait leur preuve quant à leur capacité de distinguer l'origine dans des colis mélangés, même si la RCA est indirectement en train de contribuer à la recherche dans ce sens. Dans tout état de cause, le fait de vérifier les photos et les bordereaux ou pas ne changent pas le fait que tous les diamants de la RCA sont en train de sortir d'une manière ou d'une autre, et donc de ce point de vue, les mesures spéciales ne marchent pas.
Toute revue ou tentative de changement du Cadre opérationnel se heurtera à des enjeux politiques et institutionnels au niveau du PK et ailleurs, mais sur le plan technique, une revue

Sur la base des informations statistiques et des images, le PK peut toujours mener des contrôles et investigations, peut-être en s'appuyant davantage sur des experts payés par l'Industrie des diamants pour venir effectuer des audits de temps à autre, pour mener des formations et pour faire des audits dans les pays destinataires des pierres exportées comme les Emirats Arabes Unis, Israël et Belgique. Cependant, une révision du Cadre opérationnel doit abandonner l'approbation préalable systématique qui constitue une entrave au rétablissement de la chaîne légale. Par ailleurs, le PK devrait être plus transparent dans la méthodologie utilisée pour la vérification de l'origine des pierres, en mettant à disposition toutes les données et modèles appliqués.

On peut en revanche faire des audits et exiger des autorisations préalables pour des bureaux d'achat et opérateurs spécifiques où des anomalies sont constatées ou soupçonnées. Le Cadre révisé peut également prévoir des mesures sévères ciblant les compagnies et individus qui font la contrebande comme les interdictions de voyage, le gel des comptes, les fouilles spéciales aux aéroports, ainsi de suite. Ce dernier sortirait du Cadre proprement dit mais chaque pays participant du PK est libre de prendre des mesures conformément à leurs lois et les lois internationales. Un tel changement de paradigme nécessiterait une appropriation de l'approche et la bonne foi du Gouvernement, le PK et les acheteurs. Cela nécessite aussi une nette amélioration dans la qualité des données statistiques et sa mise à disposition aux acteurs concernés. Ceci n'est pas évident, mais si l'objectif est d'avoir une meilleure visibilité sur les flux des pierres et mieux cibler les actions de répression et de veille, une revue des mesures spéciales s'avère nécessaire pour la crédibilité de la RCA et l'image du Gouvernement, mais aussi l'image et la crédibilité du PK.

L'évaluation des diamants bruts avant l'exportation est un point critique dans la chaîne de traçabilité. Plusieurs faiblesses dans le système actuel ont été observées.[485] Dans un premier temps, le BECDOR n'utilise pas une liste de

---

s'avère nécessaire pour tenir compte des résultats de cette expérience jamais essayée dans l'histoire du PK et l'évolution de la situation socio-politique et dans la filière depuis 2015. Un changement de paradigme qui adoptera des éléments de l'approche de « bonne diligence » pourrait nourrir la réflexion, sans pour autant sortir forcément du cadre du SCPK. Par exemple, le PK peut toujours avoir accès à des informations y compris des photos. Le PK peut même proposer de mettre à disposition des scanners plus sophistiqués, payés par l'industrie du diamant, pour tester des nouvelles techniques de traçabilité comme la cartographie des inclusions, l'intelligence artificielle dans l'interprétation des images et surtout les signatures des spectromètres. Mais ceci doit être fait de commun accord avec le Gouvernement et sans créer une entrave aux exportations légitimes.

[485] Cependant, pour pouvoir utiliser cette liste, les évaluateurs auront besoin de revoir les systèmes de triage pour être conformes aux listes de prix référentiels utilisés dans le monde, à savoir, celles basées sur les classifications du GIA au lieu des vieux systèmes belges. Ensuite,

référence des prix conforme aux pratiques et normes internationales. La mercuriale a été révisée il y a deux ans, après plus d'une décennie sans mise à jour, tandis que le marché mondial évolue rapidement. Pour pouvoir percevoir des recettes fiscales adéquates, se conformer aux exigences du PK en matière de certification, et pour augmenter la transparence et la confiance des exportateurs, un abonnement à une liste comme Ad Tec qui est mis à jour mensuellement est souvent recommandé par les experts belges qui font les formations des évaluateurs gouvernementaux.

Sur le plan institutionnel, une attention particulière doit être faite sur le choix des évaluateurs avec des concours de sélection transparents et rigoureux, une vérification approfondie de la bonne moralité et un engagement de rester évaluateur pendant un certain nombre d'années pour éviter le départ des experts après avoir investi dans leurs formations. Il faudrait aussi s'assurer que les évaluateurs soient bien rémunérés pour réduire le risque de corruption. Dans l'organisation interne, les évaluateurs sélectionnés de façon aléatoire de la liste pour une évaluation donnée ne doivent pas être informés trop à l'avance. Ils doivent aussi signer des codes de conduite avec des pénalités lourdes en cas d'abus. Un modèle de prime pour les évaluateurs basés sur la valeur expertisée peut également créer une incitation positive réduisant le risque de dessous-de-table ou des pourboires. Tous ces éléments doivent être regroupés dans un guide des procédures et soutenus par les partenaires techniques et financiers.

Le Gouvernement peut également faire un choix de parcourir des cabinets spécialisés dans l'évaluation indépendante, ce qui favorise une évaluation correcte. Comme une évaluation fiable est nécessaire pour des bureaux d'achat pendant les importations et pour rapatrier les fonds de leurs banques, une amélioration est nécessaire pour augmenter les revenus de l'Etat, et également pour la viabilité de la chaîne.

Enfin, il faudrait s'assurer que les fonctions d'évaluation et d'expertise soient indépendantes des fonctions de délivrance des autorisations et de gestion des données. Afin de réduire les risques de conflits d'intérêt, généralement le bureau

---

une évaluation indépendante des pratiques actuelles par des experts en évaluation gouvernementale pourra aider à identifier les besoins et les failles dans les pratiques actuelles, et identifier les points nécessitant une formation. Par exemple, dans le Diamond Office à Anvers, les évaluateurs n'effectuent pas le triage des colis sinon vérifient la conformité des poids et des valeurs présentés par les bureaux. Généralement les exportateurs sont mieux placés pour faire le travail du triage, et le rôle de l'évaluateur indépendant est de vérifier les choix et puis appliquer le barème approprié. Cette même évaluation indépendante par des experts en la matière doit aboutir à des changements dans l'aménagement de l'espace physique qui est trop petit et mal éclairé, ainsi que l'équipement à la disposition des évaluateurs, comme par exemple, des détecteurs de faux diamants.

d'expertise ne fait que l'expertise. La délivrance et la gestion des bordereaux d'achat, la gestion des données statistiques, et d'autres fonctions liées aux autorisations et au contrôle de la chaîne devraient être séparées entre différentes structures avec des responsabilités clairement définies.

En principe, le SPPK est le premier responsable de toute la chaîne.[486] Le Secrétariat est à la fois un organe de coordination interministérielle, de représentation à l'international mais aussi un organe technique opérationnel avec une capacité d'actionner l'Administration minière pour réussir sa mission. Chaque pays a la latitude de structurer sa représentation, mais le constat actuel est que le SPPK occupe une position floue et faible relative à d'autres pays.[487]

Le Gouvernement s'est fortement mobilisé en 2016 et 2017 pour mettre en place des Comités de suivi PK au niveau national et local comme prévu par le Cadre opérationnel. Cette initiative est à féliciter malgré des moyens limités. Toutefois, les comités peinent à fonctionner par manque de moyens, de disponibilité et une mauvaise appropriation de leurs missions. L'idée derrière ce

---

[486] On a abordé de façon indirecte des difficultés d'ordre institutionnel qui sont ressortis dans l'examen des causes et solutions de la contrebande. La plupart de ces observations ont été intégrées dans d'autres parties du rapport, mais quelques-unes nécessitent une mention additionnelle. En dépit de la revue du rôle du SPPK financée par le projet DPDDA II, cette structure n'a pas encore une base juridique clairement définie ; ce qui affaiblit sa position institutionnelle, son accès à des moyens et sa crédibilité.

[487] Le manque de moyens de l'Administration minière pour réussir ses missions est un fait avéré. Ceci n'est pas un défi limité au secteur des mines, mais il devrait avoir des solutions si la chaîne doit fonctionner comme il faut. Actuellement, l'Administration minière sur le terrain manque de moyens : pas de véhicules, pas de motos, pas de carburant, pas de budget. Un commandant d'unité de l'USAF a fait part du fait qu'ils ont reçu comme dotation pour l'année passée 25 enveloppes et une rame de papier. Dans ces conditions, l'Administration se débrouille, souvent en s'appuyant sur les contributions des acheteurs et collecteurs qu'ils sont censés contrôler.

En termes de ressources humaines, la situation reste préoccupante, surtout au niveau des services déconcentrés (les DR et les Chefs de services) qui sont généralement seuls ou bien avec un appui administratif limité. Or, il faudrait plusieurs ingénieurs dynamiques et compétents pour sillonner les sites miniers. L'idée avec les « points focaux PK » était de combler ce vide, mais c'était une solution temporaire qui nécessite une action institutionnelle pour fournir une solution durable.

Une piste de solution est de réfléchir à comment formaliser les nombreux arrangements qui existent sur le terrain actuellement, comme les ponctions sur les grosseurs. Une formalisation de certains pourcentages prélevés à la source peut générer des fonds pour le fonctionnement des services déconcentrés et les collectivités locales tout en augmentant la transparence. Une revue de la fiscalité au niveau national pourrait aider à amortir les coûts de fonctionnement, car la répartition des frais et taxes à l'exportation doit permettre le financement de l'impression des carnets de bordereaux, la participation dans les conférences, les visites de terrain, ainsi de suite. Dans la clé de répartition actuelle, par exemple, 0,5% de la taxe est destinée à une ligne informatique (REIF) mais ce n'est pas clair de quoi il s'agit. Une revue compréhensive de la fiscalité dépasse le mandat de cette étude, mais une rationalisation des taux et surtout les clés de répartition permettraient le bon fonctionnement de la chaîne légale.

volet du Cadre opérationnel était de promouvoir la coordination et le partage d'information. Au niveau national, il s'agissait de compenser pour le fait que le SPPK en RCA n'était pas structuré de façon à favoriser une coordination technique intra et interministériel. Dans la pratique, le comité national s'est réuni pour valider la proposition des zones conformes mais ne tient pas de réunions régulières.[488] Ceci ne veut pas dire qu'il n'y a pas de coordination ou de partage d'information. La mission a constaté plusieurs exemples positifs au niveau local où les préfets ou sous-préfets ont joué un rôle fédérateur en réunissant les acteurs et en créant la coordination. Dans ses réflexions, l'équipe a recommandé de bâtir sur ces pratiques existantes pour recadrer complètement les missions de ces comités. Par exemple, le comité local peut exister sous l'égide du Conseil de sécurité au niveau d'une sous-préfecture. Une fois par trimestre, une réunion spéciale sectorielle peut être dédiée au secteur minier, avec la participation des autorités mais aussi des opérateurs économiques et des forces de l'ordre.

L'utilisation d'un canevas standard d'ordre de jour et de PV de réunion avec des informations concrètes et chiffrées aiderait le Comité national et l'Equipe du Monitoring du PK à pouvoir mieux apprécier la situation sur le terrain. Actuellement, les actions de coordination sur le terrain ne sont pas communiquées au niveau national et international, ce qui réduit la crédibilité du Gouvernement vis-à-vis du PK.[489]

---

[488] Par ailleurs, il y avait une mauvaise interprétation du terme point focal dans le Cadre opérationnel, le point focal étant le terme utilisé pour le SPPK et non pas une personne à part. Au niveau local, les CLS se sont réunis une ou maximum deux fois pour valider les zones. Or, l'esprit au niveau local était de permettre à des parties prenantes locales de partager les informations et de s'assurer d'une bonne vigilance du secteur, remontant les informations au comité national, qui aurait à son tour remonté les informations au PK. Malheureusement cet objectif n'est pas atteint.

[489] Des antennes locales de suivi (ALS) ont été créées comme dénombrements des CLS dans chaque localité minière. Les ALS ont comme rôle la collecte des renseignements et ils sont composées d'un représentant de la société civile (souvent la jeunesse), des artisans miniers et de la chefferie locale. Les ALS rencontrées sont démotivées par le manque de moyens, manque d'activités par les CLS et la manque de primes de dénonciation de la fraude. Les ALS dans l'état actuel ne sont pas opérationnelles, mais dans le cadre de la redynamisation des CLS et la mise en place de sites pilotes de gestion communautaire, une revue de leur rôle serait utile. Comme les ALS jouent aussi un rôle dans la collecte de renseignements, la mise à disposition des primes à la dénonciation de fraude apportera une motivation additionnelle.

CHAPITRE IV :
DIAMANTS, ENVIRONNEMENT ET DEVELOPPEMENT DURABLE EN REPUBLIQUE CENTRAFRICAINE

I-L'EXPLOITATION MINIERE ARTISANALE DES DIAMANTS : UN IMPACT SOCIAL ET ECONOMIQUE EN RCA

L'exploitation du diamant ne fait pas partie des activités traditionnelles de ces peuples. Qu'il s'agisse des Bantou ou des Baka, leur mode de vie fait ordinairement référence à des activités tels l'agriculture (vivrière ou cacaoyère)[490], la chasse, la cueillette et le ramassage. L'entrée du diamant dans leurs activités provoque des mutations et des adaptations de leur mode de vie. La nouvelle économie de marché implique une détérioration significative ou même la destruction des valeurs et des coutumes traditionnelles, qui ont été fondamentales pour le maintien de la solidarité et de l'unité communautaire, tribale, clanique et familiale[491]. L'exploitation minière artisanale a ceci de spécifique qu'elle n'est pas règlementée. Les revenus varient ainsi d'un exploitant à un autre. Tout dépend de la chaîne de travail mise en place.

A-DES IMPACTS SOCIO-ECONOMIQUES LIES A L'EXPLOITATION ARTISANLE DU DIAMANT DANS LA CONSTRUCTION DES VILES EN RCA : LE CAS DE BODA, NOLA ET BERBERATI

Aujourd'hui encore, le développement de l'exploitation artisanale du diamant en RCA a un impact considérable dans le développement économique des villes et villages. Les mutations en cours sont notables dans plusieurs domaines : sociaux et économiques. L'exploitation artisanale des mines impacte généralement l'environnement et le mode de vie des communautés riveraines. Cette partie décrit les impacts environnementaux et sociaux de l'extraction du diamant sur les sites miniers visités dans les villes de Boda, Berberati et Nola.

1-Le problème des femmes et des enfants dans l'exploitation minière artisanale

La vie de la femme et de l'enfant[492] n'est pas restée sans modification devant l'entrée en activité minière de leurs villages. C'est d'ailleurs particulièrement le cas des villages où cette activité a connu une période de gloire. On y a dénoté l'abandon des activités agricoles au profit de l'extraction

---

[490]I. Dugast, *Inventaire ethnique du Sud Cameroun*, Mémoire de l'Institut Français d'Afrique Noire, série : population n°1, 1949, p.12.

[491] C. Tardits, *Contribution à la recherche ethnologique à l'histoire des civilisations du Cameroun* Vol I, Paris, Editions Centre National de la Recherche Scientifique, 1981, p.517.

[492]Sangare, et al, ''Etude sur les questions de genre, le travail des enfants et les pires formes du travail des enfants dans les mines et carrières : le cas du Burkina'', Faso. BIT, Juillet 2009, pp.2-5.

minière. Les hommes, les femmes et les enfants[493] ont dû abandonner leurs occupations plantations, agriculture vivrière et l'école pour se mettre à la quête Du diamant. C'est la situation qu'ont traversé les villages en RCA. Le boom a été si important que les mineurs attirés par la grande productivité de ce chantier ont charrié dans ce village. Les trafiquants n'ont pas été en reste.[494] En effet, ils provenaient de partout pour acheter les minerais sur le chantier. Du coup, le chantier a dû avoir recours aux services de la sécurité pour assurer l'ordre sur le chantier et la protection des flux financiers en circulation.[495]

-Sur la scolarisation des enfants

Sur 2 399 travailleurs enregistrés sur les sites miniers visités, nous avons dénombré 163 enfants de moins de 15 ans, soit près de 8%. A tout point de vue, cet effectif est faible, et ce, comparé aux données antérieures sur la présence des femmes et enfants sur les sites miniers. Deux facteurs sont à l'origine de ce faible taux de présence. D'abord, la dureté des travaux d'extraction de diamants ne permet pas aux enfants d'investir massivement les sites. D'ailleurs, comme nous l'avons dit plus haut, les enfants présents sur les sites miniers de diamant ne réalisent que des tâches subsidiaires à l'instar du transport et du lavage des minerais. Ensuite, nos enquêtes ont révélé que les exploitants miniers des villes visitées ont été, à la faveur du projet Droit de Propriété et Artisanat Minier (DPAM), sensibilisés sur les conséquences relatives à l'admission des mineurs sur les sites miniers. DPAM est un projet américain qui accompagne aussi bien le gouvernement centrafricain que les artisans miniers dans la mise en œuvre d'une politique minière responsable. Un artisan minier de Boda affirme en ces termes que les responsables du projet DPAM ont toujours insisté, à l'occasion des ateliers de formation, sur les droits de l'enfant et la nécessité de ne pas compromettre l'avenir de ces derniers18. Toutefois, on note la présence de nombreux enfants âgés de moins de 15 ans sur les sites miniers visités à Boda.

Pour les responsables des sites, cette présence s'expliquerait par la résurgence de conflits armés survenus en décembre 2020, empêchant les enfants de la localité de reprendre le chemin de l'école.[496] Cette information est à

---

[493] B. Manier, *Le travail des enfants dans le monde*, Repères, Paris, La Découverte, n° 265. 1999, pp.2-4.

[494] UNICEF, ''Cameroon, Key demographic indicators. Récupéré sur UNICEF Data: Monitoring the situation of children and women'', https://data.unicef.org/country/cmr/, 2019, consulté à Yaoundé le 12 octobre 2023 à 20h00.

[495]Ibid.

[496] S. Pennes et al, '' Diagnostic de l'exploitation minière et perspective de développement socio-économique en RCA à la lumière de la vision du régime minier en Afrique'', Levin Sources, octobre 2018, p.40.

relativiser dans la mesure où certains enfants interrogés affirment avoir abandonné l'école, ce, depuis près de trois ou quatre ans. Les enfants sont de moins en moins acceptés sur les sites miniers visités dans les villes de Berberati et de Nola. La place des enfants est sur les bancs de l'école nous a rappelé le chef de chantier d'un site minier à Nola. Cette assertion témoigne de ce que des mesures fortes seraient prises à l'encontre de tout individu mineur désireux d'investir les sites d'extraction de diamants. Selon les informations collectées, l'interdiction faite aux enfants ne vaut que pendant la période scolaire. En revanche, les personnes mineures réinvestissent les chantiers de diamants pendant les vacances scolaires.

En RCA, le phénomène d'abandon scolaire est de plus en plus inquiétant. En effet, les enfants, en particulier ceux âgés de moins de 13 ans, abandonnent leurs études pour travailler dans les mines d'or. L'exploitation minière artisanale illégale détruit progressivement l'intérêt des jeunes pour l'éducation[497] car beaucoup d'entre eux se sont tournés vers les mines pour échapper à la pauvreté.[498] Les difficultés économiques ont contraint la plupart des parents à encourager leurs enfants à abandonner l'école et à se lancer dans l'exploitation minière en raison des avantages pécuniaires qu'ils en retirent. Ils sont souvent contraints de quitter l'école ou de combiner la fréquentation scolaire avec de longues heures de travail sur les sites. Malgré les conditions de travail dangereuses, de nombreux enfants sont prêts à prendre le risque pour tenter d'échapper à la pauvreté. Pour beaucoup d'enfants, le rêve de devenir grand n'est qu'un mirage lointain au prix de leur éducation. Lorsque les enfants atteignent l'âge de sept ans, 80 à 90 % d'entre eux abandonnent l'école et se dirigent vers les mines d'or pour gagner de l'argent.

Comme leurs parents, la plupart des étudiants ont été exposés à des méthodes d'exploitation minière et à des activités lucratives au détriment de leur éducation.[499] Les sociétés minières chinoises exploitent non seulement leurs ressources naturelles, mais aussi leurs enfants. Afin de ne pas subir les frustrations de la communauté minière locale, les sociétés minières doivent généralement recourir à la responsabilité sociale des entreprises pour apaiser les communautés minières. Mais les entreprises chinoises ne construisent pas

---

[497] Diallo, *Les activités des enfants en Afrique subsaharienne: les enseignements des enquêtes sur le travail des enfants en Afrique de l'Ouest,* Rome, UCW, 2008, pp.18-20.

[498] C. Grootaert, ''Child labor in Côte d'Ivoire'', C. Grootaert, C. et al, *The policy of child labor: A comparative study.* New York, ST. Martin Press, 1998, p.27.

[499] Lorsque les enfants atteignent l'âge de sept ans, 80 à 90 % d'entre eux abandonnent l'école et se dirigent vers les mines d'or pour gagner de l'argent. À Bombe Chateau, une communauté minière de la région de l'est Cameroun, des milliers d'enfants passent leur journée dans des mines.

d'écoles pour les enfants, et de graves problèmes de santé et de sous-développement persistent. Lorsque les enfants mineurs creusent les lits d'eau, contaminant ainsi leur seule source d'eau potable, les Chinois refusent de leur fournir d'autres sources, comme la construction de puits. De nombreuses personnes sont tombées malades après avoir bu de l'eau contaminée, et d'autres sont mortes dans des glissements de terrain.

Photo 4 : **Les enfants dans les chantiers miniers en RCA**

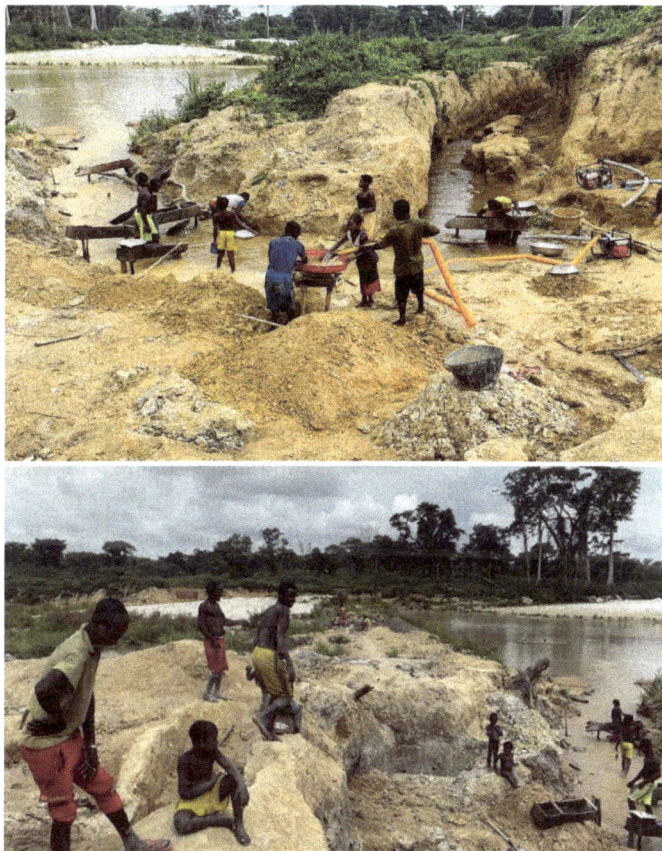

Source : cliché Blaise Yandji, Nola, le 10-02-2022

Quoiqu'il en soit, en début ou en période de déclin de l'activité, le gain devient hypothétique et précaire entrainant une certaine désintégration de la société avec notamment pour les uns, un exode vers des sites jugés plus fructueux et pour les autres, un retour sans conviction vers les champs agricoles en attendant la découverte d'un nouveau gisement diamantifère dans ou autour de leur village. Aujourd'hui comme autrefois, les mineurs qui pratiquent cette activité n'ont pratiquement pas de contrôle sur les bénéfices découlant de l'activité minière, et aucun moyen d'y accéder, en particulier lorsqu'il s'agit de l'argent. Ainsi, ces femmes qui ont consenties à participer à l'exploitation se voient priver de leurs moyens d'occupation traditionnels et deviennent plus dépendantes des hommes, qui ont davantage de possibilités d'accéder à ces bénéfices et de les contrôler. En conséquence, dans ce processus, les femmes[500] deviennent marginalisées par le fait que leurs rôles traditionnels de pourvoyeuses d'aliments, d'eau, de soins et de nourriture en général sont complètement bouleversés[501]. Désormais tout s'acquièrent à prix d'argent et à chaque fois en provenance des poches masculines. La visibilité économique dépend de la possibilité de travailler dans la mine, et le travail non payé effectué à la maison ou dans la communauté les situe comme : improductives, inoccupées et économiquement inactives.[502]

Le travail des enfants[503] est un volet important de cette activité, étant donné que les familles mobilisent la totalité de leurs ressources humaines pour s'approprier le plus de minerai possible.[504] Il en résulte une baisse conséquente du taux d'alphabétisation dans les sites miniers. De l'avis des mineurs de Carnot, c'est un problème crucial dans le village car la jeunesse hypothèque son avenir au nom du gain facile. C'est aussi ce qui s'observe dans les chantiers riverains des villages.[505] En somme, l'exploitation minière du diamant, quelles que soient ses dimensions, provoque un nombre considérable d'impacts spécifiques. La richesse générée par les diamants augmente la pauvreté, la dépossession et l'exclusion sociale.[506] Il faut tout de même préciser que cette

---

[500] Collectif AEDE, ''Mesures spéciales de protection'', *En avant pour les droits de l'enfant*, 2015, pp.539 -656.

[501] N. Haspels et al, *La promotion de l'égalité des sexes dans la lutte contre le travail et la traite des enfants: Un guide pratique pour les organisations*, Genève, BIT. Septembre 2005, p.5.

[502] Ibid.

[503] Rapport sur le développement humain 2021/2022, ''Temps incertains, vies bouleversées : façonner notre avenir dans un monde en mutation'', New York, Programme des Nations unies pour le développement, septembre 2022, pp.19-22.

[504] C. Meillassoux, '' Économie et travail des enfants'', Schlemmer Bernard, *L'Enfant exploité : oppression, mise au travail et prolétarisation*, Paris, Karthala et OROSTOM, 1996, pp.57-58.

[505] P. Petry, '' Enfants en danger, enfants dangereux, victimes et/ou auteurs : critique de quelques retournements ?'', Revue de l'enfance et de l'adolescence, n°89, 1er semestre 2014, pp.7-18.

[506] ECPAT, ''Rapport global de mise en œuvre des actions de lutte contre l'exploitation sexuelle des enfants à des fins commerciales'', 2ème édition 2013, p.11.

situation est observable dans les villages dans lesquels l'activité minière est venue s'ajouter aux activités traditionnelles et dans une moindre proportion dans les villages-chantier où la vie est centrée sur la seule exploitation minière, les enfants et parfois les femmes étant très souvent éloignées. Ce sont généralement des sites éloignés des villages ou ceux qui ont été créés à l'occasion de la découverte d'un filon. Ici, la situation est différente[507]. Car en effet, il y existe des femmes libres et celles qui se sont mises ensemble avec des artisans miniers sur le chantier minier et disposent d'une plus grande liberté dans la gestion des ressources financières produites par la vente de minerais.

L'extraction minière du diamant comporte également l'adoption de certaines habitudes difficiles à modifier. Il s'agit par exemple de la consommation abusive d'alcool et de produits stupéfiants. Ainsi en dehors des chantiers à proximité des villages, la taille de la population par chantier excède rarement la vingtaine. Dès lors, les actes de promiscuité (prostitution) sont plutôt rares[508]. Toutefois, la consommation des drogues douces (alcool, cigarette) sont monnaie courante dans la mesure où elles sont supposées leur donner du courage, soulager leurs désillusions et atténuer leur fatigue mais qui sont aussi source de rixes et de troubles sévères du comportement.[509] En tout cas, ils disent en avoir besoin pour se renforcer et pour se chauffer le sang. Il arrive parfois que pour un tout ou pour un rien, les mineurs en viennent aux mains en passant par

---

[507]Ibid.

[508] L'exploitation minière artisanale entraîne inévitablement une question environnementale. Néanmoins, si l'on prête suffisamment attention aux problèmes environnementaux et si l'on s'y attaque efficacement, l'activité minière artisanale ne provoque pas nécessairement des problèmes environnementaux irréparables qui mettraient en péril la subsistance des futures générations. Cependant, il y a souvent un manque de compréhension des problèmes environnementaux et de capacité à s'y attaquer en RCA. Pour l'instant, les pratiques des mineurs artisanaux ne sont vraiment pas viables. Une étude sur le terrain menée en 2009 par le CIFOR en RCA, dans le TNS, indique que 53 % des mineurs artisanaux sont persuadés que l'or et les diamants sont des ressources illimitées ; ils n'ont jamais pensé qu'elles pourraient être épuisées. En outre, deux tiers des mineurs ne croyaient pas que l'exploitation minière artisanale avait un impact négatif sur l'environnement. Les mineurs qui semblent comprendre l'impact négatif de leurs activités sur l'environnement n'ont pas la capacité ou la volonté de s'attaquer à ce problème. Leur principale préoccupation est de nourrir leurs familles. Étant donné que le pays a une faible densité de population, souvent, les gens ne se soucient guère de laisser derrière eux une zone touchée par les activités minières artisanales et de déménager vers un nouveau site sans réhabiliter celui qu'ils quittent. Leur esprit est tranquillisé par l'idée qu'il y a suffisamment de terres pour la population du pays et leur conviction qu'à long terme, la nature reprendra ses droits. Le manque de contrôle de l'État sur les zones minières isolées l'empêche de s'attaquer aux problèmes environnementaux du secteur minier artisanal. Par conséquent, les initiatives telles que les projets DPDDA et POMIGER de l'USAID devraient être les bienvenues, car elles soutiennent l'État dans ce défi colossal.

[509] J-P. Pourtois, al, *La Bientraitance en situation difficile. Comment soutenir des enfants et des adolescents vulnérables,* Paris, l'Harmattan, 2006, pp.18-19.

les éclats de voix dans les chantiers.[510] Dans d'autres cas, ils peuvent même s'en prendre à leur cabane après une bonne prise. C'est ce qui s'est produit la veille de notre passage sur un des sites de Carnot où nous avons été témoin de l'effet que la prise de stupéfiants peut avoir sur ces mineurs. En effet, une cabane a été mise à sac après l'ingurgitation de l'alcool.[511] Sur les lieux du drame, on pouvait encore observer les restes de la hutte, la cinquantaine de cadavres et le témoignage naïf de quelques mineurs rescapés de la frasque de la veille.[512] Ils étaient suffisamment exténués et pas encore totalement dessoulés. Ils sont par conséquent restés cloués dans leur lit un jour ordinaire de travail vers 11h00 jusqu'à notre arrivée. Ces mutations ne s'accompagnent pas toujours de la prise en compte des nécessités de base de ces populations qui se mobilisent pour l'activité notamment en ce qui concerne le volet sanitaire.

Enfin, le phénomène de la prostitution se développe de plus en plus aux alentours des sites miniers ayant enregistré un grand nombre de travailleurs. C'est le cas du site PAMA à Boda où nous avons dénombré plus de 150 travailleurs. Toutefois, si cette problématique a été explicitement évoquée par certains acteurs interrogés sur les sites, des données factuelles sur la question (estimation du nombre de prostitués, lieux de forte concentration de l'activité, etc.) n'ont pas pu être obtenues. Une constante semble se dégager pourtant dans les perceptions des acteurs : le développement dans le sens à la fois d'une inscription de l'activité sur la durée et d'un accroissement du volume de production de sites d'extraction diamantifère semble s'accompagner d'un essor de l'activité prostitutionnelle. La persistance de ce phénomène peut entrainer la dépravation des mœurs au sein des communautés riveraines concernées et la déscolarisation des jeunes filles dans une société de plus en plus en manque de repères. Le taux de prévalence des maladies sexuellement transmissibles à l'instar du VIH/Sida peut également connaitre une augmentation, ce qui pourrait décimer la population à long terme.

---

[510] Z. Tsala Dimbuene, et al, ''Pauvreté, travail des enfants et fréquentation scolaire. Analyse comparative en milieu urbain congolais et centrafricain'', Communication présentée aux Sixièmes Journées Scientifiques du Réseau Démographie de l'Agence universitaire de la Francophonie sur: Villes du Sud: Dynamiques, diversités et enjeux démographiques et sociaux, Cotonou, 22-25 novembre 2005, pp.5-7.
[511] E. Mbebi, ''Les déterminants du travail des enfants au Cameroun : le rôle du milieu de résidence et du genre'', *Revue d'économie du développement*, 2018, pp. 5-7.
[512] I. Sévédé-Bardem, *Précarités juvéniles en milieu urbain africain, Ouagadougou : aujourd'hui, chacun se cherche*, Paris, l'Harmattan, 1997, p.19.

2-Au niveau de la santé communautaire

Avec la libéralisation de l'exploitation artisanale minière de l'or et de diamants, une grande majorité de la population a abandonné l'agriculture au détriment de l'exploitation de l'or et du diamant, car les gains dans le secteur artisanal du diamant et de l'or promettaient d'être rapides, faciles et importants. Ainsi s'il arrivait qu'il y ait un gisement de diamants dans un champ quelconque, le responsable du champ acceptaient et autorisaient qu'on exploite le diamant sur son terrain tout en détruisant les champs, selon un témoignage d'un chef de chantier rencontré sur place dans le site minier. Lorsqu'un nouveau gisement est découvert, il est également noté que les jeunes abandonnent les études pour se lancer dans l'exploitation du diamant et de l'or. Enfin, on observe une multiplication des maladies liées à l'eau et aux mains sales, ainsi qu'un accès difficile aux soins de santés de qualité, une dépravation des mœurs, et aussi une hausse des prix des denrées de premières nécessités. C'est un constat vécu lors de nos multiples interventions sur le terrain.

Par ailleurs, les soins premiers soins médicaux sont inexistants. Pourtant, ce ne sont pas les problèmes de santé qui manquent sur ces chantiers.[513] Cependant, en l'absence de statistiques et de résultats d'examens médicaux, nous nous contenterons de présenter l'environnement sanitaire et les pathologies qui en découlent de même que celles décrites par les artisans miniers. En effet, l'extraction est une activité pénible qui exige la production de beaucoup d'efforts physiques et génèrent du lumbago[514] dont se plaignent un bon nombre de mineurs rencontrés. De plus, le contact quotidien et permanent avec de la boue et de l'eau de la fosse d'exploitation de la mine alluvionnaire au fond de laquelle la couche d'argile minéralisée sera mise en suspension exposent également ces femmes artisans mineurs à diverses maladies notamment le paludisme, les dermatoses. L'eau des rivières peut aussi être polluée par les boues issues de l'activité minière (matières en suspension)[515]. On estime que 1000 tonnes de terre se retrouvent dans les cours d'eau pour le diamant extrait. Ces particules de sol dans l'eau facilitent le transport de bactéries qui s'y absorbent. L'eau devient impropre aux usages sanitaires, voire à la baignade et

---

[513] INS, ''Conditions de Vie des Populations et Profil de Pauvreté au Cameroun en 2007'', *Rapport Principal,* Troisième Enquête camerounaise auprès des ménages (ECAM III), Yaoundé, Institut national de la statistique (INS), 2007, p.22.
[514] Girls in mining: Research findings from Ghana, Niger, Peru and the United Republic of Tanzania. Bureau for Gender Equality & International Programme on the Elimination of Child Labour, OIT, 2007, pp.2-3.
[515] BIT, '' Etude sur le travail des filles dans les sites aurifères de Komabangou et Mbanga'', Niger, IPEC/BIT, 2006, p.2.

peut engendrer des gastro-entérites et des démangeaisons. Il faut préciser par ailleurs que l'eau de ces cours d'eau sert aussi d'eau de boisson. Etant donné que les chantiers sont très souvent sur le lit du cours d'eau, les communautés en aval consomment une eau contaminée[516].

Ce fait est amplifié par la présence de particules de sol rende plus difficile la désinfection et le traitement de potabilisation des eaux puisque ces dernières protègent les bactéries de l'action des désinfectants. Cela ouvre la voie à la diffusion des maladies hydriques dans ces différentes localités minières. Le spectacle qu'offrent des lits de cours d'eau éventrés ou transpercés par de petites fosses béantes emplies d'eau forcément stagnante à la distance d'un jet de pierre a pour effet de favoriser la prolifération des moustiques vecteurs de maladies tel le paludisme ou la fièvre jaune.[517]

De plus, les mineurs ont un statut sanitaire et vaccinal précaire. Ils ne sont pas astreints à quelque précaution vaccinale avant l'exercice de la profession et ne pourraient pas non plus suivre un certain calendrier de vaccination.[518] D'ailleurs il n'existe aucun centre de santé fonctionnel dans un rayon de 50 km. Ce qui complique la situation de ces mineurs qui sont bien obligés de se contenter d'une automédication occasionnelle qui, malheureusement, contribue non seulement dans le meilleur des cas à l'administration de traitements inexacts et risqués mais aussi au développement de résistance des virus-parasites aux thérapies qui pourraient être développées plus tard. Mais dans la plupart des villages miniers, le recours à la médecine traditionnelle et à la naturopathie est très souvent la seule possibilité de tenter de se soigner.

Enfin dans le cas de camps temporaires dans des zones reculées, loin de toute infrastructure d'éducation et de santé s'ajoutent aux conditions déplorables de travail, la précarité des logements, la malnutrition, le manque d'eau potable, et l'absence d'installation sanitaire qui se prêtent parfaitement au développement des endémies (paludisme, fièvre jaune, choléra, typhoïde, tuberculose…). L'opération de lavage des agrégats qui peut occuper toutes les journées surtout des femmes est menée dans l'eau, ce qui entraine généralement des œdèmes et des rhumatismes.[519] La population enquêtée souffre de maladies

---

[516]Duque et al, ''Children and youth in the Labour process in Africa'', Sénégal, Codesria, 2009, pp.2-5.
[517]Enquête Démographique de santé IV (EDS IV), 2006, p.3.
[518]Enquête démographique et de santé. Lomé, DGSCN et Macro international Inc., 1998, p.37.
[519] INS/BIT, *Pires formes de travail des enfants : Enquête pilote sur l'exploitation sexuelle commerciale des enfants au Cameroun, passim*, p.12.

respiratoires, ce qui est contraire aux affirmations du personnel des centres de santé.[520]

Ces maladies sont plutôt très observées ; l'une des causes principale est l'inhalation des poussières provenant des machines à moudre les agrégats rocheux et l'autre cause est l'exposition au mercure utilisé pour la finition. Mais la cause majeure demeure la forte consommation de drogue. Comme nous l'a confié un orpailleur, si je n'ai pas fumé, je ne peux pas avoir le courage d'entrer dans le trou.[521] De plus, la localité a observé la manifestation graduelle des panaris (18%), des rhumatismes (16%), des maux de dos (4%), mais la plus importante d'entre elles c'est la hernie (62%). 55% des personnes enquêtées attribuent ces maladies à l'intensité du travail sur le chantier. Toutes ces déclarations concordent avec les affirmations du Directeur de l'hôpital de Bangui. Même après l'exploitation, les travailleurs continuent à souffrir des effets du travail de la mine pendant longtemps.

-Au plan économique

Les exploitants artisanaux de diamants qui travaillent dans ce secteur le font dans des conditions déplorables et ne gagnent pas assez pour soutenir leurs familles. En outre, les creuseurs ont besoin de préfinancements pour subvenir à leur besoins pendant la phase d'exploitation des diamants. Ces fonds sont fournis par de potentiels acheteurs ou d'autres négociants, appelés localement « sponsors ». Lorsque les diamants sont trouvés, les sponsors, en échange de l'argent qu'ils ont donné en avance, sont en principe les premiers à être informés et à décider du prix de vente des pierres. Très souvent, cette situation se fait au détriment des exploitants artisanaux de diamants, qui travaillent généralement en solo ou en groupes spontanés, bien que certaines « coopératives minières » existent. Les exploitants artisanaux vivent généralement dans des conditions de pauvreté aigues et ont des difficultés pour assurer la scolarisation de leurs

---

[520] P. Pitche, *Abus sexuels d'enfants et infections sexuellement transmissibles*, Médecine Tropicale, 2005, pp.570-574

[521] D'après ses propos, la population souffre majoritairement de sidérose, de silicose, de dermatose, d'infections pulmonaires, de maladies hydriques (typhoïde, diarrhées, maux de ventre). Mais encore, de nombreux orpailleurs souffrent de traumatismes liés aux accidents de travail, notamment les éboulements qui constitue l'une des principales sources de mortalité dans les chantiers miniers artisanaux. Par ailleurs, Les jeunes de la localité sont également sujets à une mortalité précoce à cause de l'intensité du travail. Ce qui explique le fait qu'il n'y ait pratiquement pas de personnes de plus de 60 ans ayant travaillé dans une mine depuis leur jeunesse. Les impacts sur la santé des orpailleurs et des communautés environnant les mines sont parmi les problèmes les plus importants pour les communautés qui dépendent de ces mines.

enfants, accéder aux soins de santé, etc. Les creuseurs travaillent durement de nuit comme de jour, sous le froid et la chaleur, voir aussi pendant la saison des pluies. Parmi les sites visitées lors de notre enquête, 22 sont non mécanisés, les creuseurs utilisent seulement leur force physique. Ainsi, leur santé mentale et physique ne manquera pas de payer un lourd tribut car l'épuisement nerveux dû aux efforts physiques intenses et le souci de gagner à tout prix de l'argent les poussent à ce dur labeur. Les motopompes étaient visibles sur seulement 14 sites et des machines sur seulement 3 sites. Mais même sur les sites semi-mécanisés, les exploitants vivent toujours dans la pauvreté. Tout cela montre à suffisance comment l'exploitant artisanal de diamants est «exploité» dans son travail et ne sait pas vraiment en vivre. L'exploitation est peu formalisée car seuls 8 sites sur 24 sont couverts par un permis artisanal ou mécanisé. Avec la baisse du cours du diamant suite à l'épidémie de Covid-19, beaucoup de creuseurs ont migré vers l'exploitation artisanale de l'or. En effet l'obtention de l'or est beaucoup plus facile que le diamant et surtout il permet d'obtenir un gain plus régulier car chaque gramme compte. La baisse du cours du diamant s'est ajoutée aux difficultés que connaissent les creuseurs de diamants pour subvenir à leurs besoins. Au contraire, les creuseurs qui se sont tournés vers l'exploitation de l'or ne sont pas confrontés à cette difficulté et ont plus de chance de garantir leur survie étant donné la quantité d'or présente dans la région.

Aussi, dans ces villages miniers, l'économie de marché a été très souvent la chasse gardée des hommes seuls qui se livrent à la cacao-culture. Ils sont donc les seuls à collecter, à manipuler de l'argent. Quant aux femmes, elles ont été habitués à se contenter de ce qu'elles reçoivent respectivement du de l'époux pour faire face à leurs besoins les plus immédiats du quotidien. La vie s'organise autour de l'activité champêtre et tout le monde y travaille et en vit, mais le chef de famille est seul à commercialiser le cacao, et donc, à disposer de l'argent comme il lui semble bon de le faire. Les cultures vivrières auxquelles les femmes se livrent ne peut faire l'objet de vente, et ce dans de très rares cas d'ailleurs, que de façon très marginale. Les revenus qu'elles en tirent étant quasiment insignifiants. Mais dans l'ensemble, il s'agit des sociétés à économie non monétaire.

-Sur l'abandon des travaux champêtres

L'arrivée des mines est souvent source de changement dans les activités rurales, dont les activités champêtres19. Le paysage rural centrafricain n'échappe pas à la règle. En effet, on enregistre une flambée du prix des denrées alimentaires du fait de la ruée vers l'or et le diamant. C'est le cas de la ville de Bozoum en 2019 où de nombreuses communautés riveraines ont délaissé les travaux champêtres pour investir les chantiers d'or. Dans les villes visitées dans le cadre de ce travail, nous avons effectivement remarqué que les prix des denrées alimentaires ont connu une hausse à Boda. Le prix d'une cuvette de manioc qui était autrefois à 1000 FCFA revient aujourd'hui dans les sites miniers à 2000 FCFA, soit le double. Les populations abandonnent progressivement les travaux champêtres. Toutefois, l'exploitation minière ne pourrait être l'unique variable explicative car nous avons collecté les données dans un contexte d'insécurité marqué par le passage des groupes armés de la Coalition des Patriotes pour le Changement (CPC). [522]

A contrario, nous avons observé une autre tendance dans les villes de Berberati et de Nola. En effet, les cultivateurs investissent les sites miniers mais n'abandonnent pas pour autant les travaux champêtres. Nous avons rencontré sur les sites de Bembaï à Berberati et de Lopo 2 à Nola des individus qui sont à la fois exploitants miniers et cultivateurs. Un artisan minier nous confie avoir autofinancé les activités minières grâce aux revenus tirés de la vente des produits agricoles21. Il tire ici un avantage qui est celui de l'indépendance financière vis-à-vis des collecteurs de diamants ayant pour habitude de financer les activités d'extraction, ce qui leur confère un droit de priorité sur l'achat des minerais. L'extraction de diamants est en grande partie non mécanisée, l'essentiel des travaux se fait manuellement, notamment par des creuseurs qui sont payés à la tâche. Ces derniers disposent en moyenne d'un revenu de 6500 FCFA par semaine. Cette somme est d'ailleurs négociable et peut être revue à la baisse ou à la hausse selon les circonstances. Toutefois, la crise de 2013 et la suspension des opérations d'exportation de diamants centrafricains par le processus de Kimberley ont obligé certains creuseurs à accepter des revenus inférieurs à 6500 FCFA.[523] Les travailleurs miniers (creuseurs, agents de portage et de lavage des minerais) jugent insuffisants les revenus tirés de leurs activités, mais ils leur permettent cependant de subvenir au besoin de leurs petites familles. Un creuseur sur un site minier à Nola affirme qu'il arrive à prendre soin de sa petite famille et à supporter la scolarité de ses enfants grâce aux revenus tirés de son activité minière. La dureté des travaux constitue un danger à moyen et long terme pour la santé des travailleurs, notamment, les creuseurs. Ce sont des travaux qui usent leurs corps et peuvent causer des maladies ou des lésions telles que des hernies. D'ailleurs, selon les témoignages recueillis, de nombreux travailleurs miniers ont souffert et se font opérer de la hernie.

---

[522] Cf. M. Thune, '' L'industrialisation de l'exploitation de l'or à Kalsaka, Burkina Faso: une chance pour une population rurale pauvre?'', in https://doi.org/10.4000/echogeo.12535, consulté à Bangui le 06-10-2024 à 18h00.
[523] GTSC, ''Mine d'or à Bozoum, l'Etat Centrafricain défaillant'', mai 2019, pp.2-4.

L'entrée de l'exploitation du diamant dans ces villages introduit des mutations profondes dans l'économie et partant dans la société[524]. La mine prend la place des champs et l'argent est au centre des échanges. On observe ainsi un effritement des valeurs traditionnelles au profit des mœurs et pratiques modernes. Sans aucune préparation, certains villages ont été contraints à migrer d'un mode de vie traditionnel basé sur une économie de subsistance à un mode plus ou moins moderne s'appuyant sur une économie de marché. Cette transition où elle s'est faite n'a pas connu de succès véritable. Si les bases du système coutumier sont profondément ébranlées avec notamment la perte de l'identité culturelle, l'intégration dans la modernité a tout aussi été un fiasco. Dans le cas de Carnot, la baisse de la production a eu pour effet de reconquérir progressivement ces anciens planteurs qui pratiquent à présent les deux activités (mine, agriculture).

Un autre problème que ces mutations ont suscité c'est la gestion des revenus. Quelques jeunes dans des villages ont subitement commencé à recevoir tous les jours d'importantes sommes d'argent, représentant le produit de la vente du minerai ou la taxe 20 perçu par le découvreur du site. On a par exemple rencontré l'un d'eux qui a reçu au moins 700 000 FCFA chaque jour pendant deux ans. Impréparé et non encadré qu'il était, il n'a pu rien en faire. Il ne souvient que de la case familiale dont il a pu refaire le toit. Comme beaucoup d'autres dans une situation quasiment similaire, l'explication de ce déficit de gestion des revenus n'est attribuable qu'à une force mystique qui absorberait les ressources financières des femmes artisans miniers.[525]

---

[524] Les enjeux économiques sont de taille, puisqu'un volume potentiellement important (90%) de produits n'est pas déclaré. La conséquence est un manque à gagner significatif pour le pays qui ne perçoit pas les taxes correspondantes, ainsi qu'un manque à gagner significatif pour les fonds communautaires locaux reversés en faveur des communautés locales et des peuples autochtones. Mais il faut aussi relever que la part des retombées financières en faveur des communautés locales, des populations autochtones et des acteurs riverains des concessions minières n'est toujours pas versée, toute chose qui conduit à la tragédie des biens communs. Par ailleurs, il est important de clarifier le droit de propriété et d'usufruit sur les minerais. En outre, les enjeux de renforcement des capacités et de qualification de l'emploi chez les mineurs se posent en termes d'aggravation de la pauvreté malgré les retombées pécuniaires de l'activité.

[525] Il en résulte une pauvreté endémique qui tient en otage ces populations d'artisans miniers qui côtoient pourtant au quotidien une ressource précieuse dont ils ne réussissent toujours pas à en tirer le meilleur parti. Ainsi outre les problèmes évoqués plus haut, ces artisans connaissent des problèmes à couvrir leurs besoins basiques : se nourrir, se loger, se vêtir. Les zones d'exploitation n'ont généralement rien de l'Eldorado des livres. De toute évidence, les ouvrières en haillons ne roulent pas sur le diamant. Et l'Etat, incapable de collecter l'impôt sur ces activités, n'est pas mieux loti. Ainsi pour ne prendre que le logis de ces mineurs, on a peine à se l'imaginer quand on ne les a pas vus y entrer. En RCA où l'âge d'or de l'extraction

La situation est encore moins agréable dans les campements qui en général se situent à proximité des chantiers et forcément à bonne distance des villages. Les cabanes sont érigées dans l'urgence à l'aide du matériel végétal pour accueillir les mineurs qui n'aspirent qu'à se reposer et très peu préoccupés par les notions de propreté, d'hygiène.[526] Comparée à la situation de Bangui, on ne peut pas dire que le niveau de satisfaction des besoins des artisans miniers soit spécialement bas. Mais on se rend tout de même compte que les effets visibles attendus de la pratique de cette activité lucrative ne sont pas particulièrement perceptibles. En revanche, les conséquences de la monétarisation de l'économie qui sont la spéculation et l'inflation sont bien ce que les mineurs connaissent le plus communément.

L'exploitation minière artisanale offre une importante stratégie de subsistance aux communautés locales. On estime à 600000 le nombre de personnes en Centrafrique dont le revenu dépend du moins en partie du secteur. Par exemple, pour les mineurs qui travaillent dans le Tri-National de la Sangha, dans le bassin du Congo, les revenus provenant des diamants représentent en moyenne 60 % de leur revenu total. Ce revenu les aide à financer les besoins fondamentaux tels que la nourriture, l'éducation des enfants,[527] les vêtements, les médicaments, la construction, amélioration des logements ainsi que l'achat de radios et télévisions.

- Manque de diversification

Outre l'exploitation minière, les activités complémentaires dans les camps miniers comprennent essentiellement l'agriculture, l'élevage de bétail, les produits forestiers non ligneux, la chasse, la pêche et le commerce de produits de base. L'exploitation minière est néanmoins l'activité principale de la plupart des mineurs. Une étude réalisée en 2009 par le CIFOR a par exemple révélé que c'est le cas pour 87,5 % des mineurs de la partie centrafricaine du TNS. La dépendance vis-à-vis du secteur minier est par conséquent très importante dans les régions minières.[528] Ce niveau de dépendance rend les mineurs, et l'ensemble

---

artisanale du diamant a permis à plusieurs de disposer quotidiennement d'au moins 100 000Fcfa, les maisons sont rarement revêtues de tôles, la paille étant encore reine ici.

[526] INS, *Pires formes de travail des enfants : enquête pilote sur l'exploitation sexuelle commerciale au Cameroun*, 2011, p.10.

[527] FHI 360, *Boite à outils pour la protection de l'enfance*, manuel 1, Notions de base de la protection de l'enfance, 2012, p.13.

[528] Deux exemples issus du passé récent illustrent parfaitement les effets nuisibles potentiels de cette dépendance. Tout d'abord, il y a eu la fermeture de plusieurs bureaux d'achat de diamants en 2008, décrite dans la section 21.1.3. La réduction du nombre de bureaux d'achat et donc du nombre d'agents collecteurs, car ils dépendent du préfinancement des bureaux d'achat, a eu de graves conséquences humanitaires sur les communautés minières locales. De

des communautés dans lesquelles ils vivent, extrêmement vulnérables aux chocs extérieurs. Pour couronner le tout, les bureaux d'achat restants pouvaient offrir des prix inférieurs en raison du manque de concurrence. L'impact de la crise économique mondiale est une autre illustration des risques encourus en cas de forte dépendance vis-à-vis de l'exploitation minière. Le prix de 47643 francs CFA, soit 95 dollars, par carat en août 2008 était inférieur à la moitié du prix moyen durant l'année 2000. La crise économique et la fermeture de plusieurs bureaux d'achat, deux événements douloureux de 2008, ont entraîné une sérieuse réduction des budgets ménagers, provoquant l'insécurité alimentaire et la malnutrition dans les communautés minières du pays. Même la région du sud-ouest, relativement stable et sûre, a subi les graves impacts humanitaires qui ont suivi. La crise dans le secteur des diamants du pays a toutefois fait prendre conscience à beaucoup de gens de l'importance de la diversification. Un nombre croissant de personnes sont disposées à reprendre d'autres activités économiques telles que l'agriculture et la pêche pour gagner davantage d'argent et garantir leur propre approvisionnement en nourriture. Ces activités serviront également à augmenter leur résistance aux chocs extérieurs.

L'activité minière artisanale empêche parfois aussi de manière plus directe les gens d'avoir d'autres activités économiques. La création d'un site minier artisanal et les droits de propriété correspondants limitent parfois l'accès aux cours d'eau, aux terres et aux régions traditionnellement affectées à la pêche et la chasse. La diversification a également pour avantage que des activités économiques et alimentaires suffisantes sont exercées tout au long de l'année. Étant donné que les activités minières artisanales sont au ralenti durant la saison des pluies, elles complètent les activités agricoles essentiellement effectuées durant la saison des pluies. Par ailleurs, la culture de légumes est uniquement viable durant la saison sèche, lorsque les plantes ne sont pas menacées par de fortes chutes de pluie. La pêche se pratique essentiellement durant la saison sèche et la chasse durant la saison des pluies. Il convient de dire que pour motiver les communautés minières et les mineurs individuels à diversifier leurs activités économiques, il faudra un soutien extérieur considérable. Les mineurs qui sont disposés à débuter l'une des activités susmentionnées ont besoin d'un investissement initial et d'une compétence technique considérables.[529]

---

nombreux mineurs se sont retrouvés sans emploi et ont été obligés de couper dans leur budget ménager.

[529] Dans cette logique, l'USAID a lancé l'initiative de remise en état environnementale postérieure à l'exploitation minière et rémunératrice (POMIGER : Post-Mining Income Generating Environmental Rehabilitation initiative) en 2010 dans le cadre du projet DPDDA en RCA. À travers la conversion d'anciens sites miniers épuisés en exploitations piscicoles, maraîchage et pépinières, le projet vise à promouvoir la diversification des stratégies

Le piège de la pauvreté est un autre problème socio-économique majeur lié au secteur minier artisanal de la RCA. Seule une poignée de mineurs progressent pour devenir agent collecteur ; cette position requiert un capital et de l'expérience. En outre, il s'agit d'un réseau commercial fermé présentant peu d'ouvertures pour les Centrafricains ; il s'est développé au fil des ans sur la base de la confiance entre les agents collecteurs eux-mêmes et entre les agents collecteurs et les bureaux d'achat. Plusieurs autres facteurs liés à l'activité minière artisanale empêchent les mineurs d'échapper à la pauvreté. Les revenus des mineurs sont presque entièrement dépensés pour leurs besoins journaliers et ceux de leurs familles ; ils ont rarement la possibilité d'économiser de l'argent ou de le réinvestir pour augmenter leur productivité. Souvent, les mineurs n'adoptent pas le moindre comportement d'épargne ; l'argent qu'ils gagnent est régulièrement dépensé en alcool, cigarettes, cannabis et prostituées. Et même si les mineurs ont l'intention d'épargner, il n'y a aucune manière fiable d'économiser de l'argent dans les camps miniers.

Pour augmenter encore la complexité, les camps miniers qui voient le jour à proximité des mines productives ont tendance à entraîner un boom excessif de l'économie locale. La vie peut être particulièrement coûteuse, car l'approvisionnement en biens de consommation coûte cher et la demande est forte une situation encore accrue par l'arrivée de travailleurs migrants attirés par les rendements potentiels de la mine. Lorsqu'on demande aux mineurs comment ils peuvent monter dans l'échelle sociale, ils répondent souvent que c'est une question de chance. Il faut avoir la chance de trouver un diamant suffisamment gros. Il semble que cette attitude résignée soit un autre élément qui ne les incite pas à économiser ou réinvestir l'argent épargné. Les jeunes gens vivant dans les régions minières sont apparemment attachés à la profession de mineur artisanal.[530]

Les sites d'exploitation aurifère sont par excellence les lieux d'expression des croyances et traditions locales. De la superstition à la générosité, tout ce qui caractérise les sociétés africaines dans leur pureté y est présente.[531] Dans la

d'alimentation et de subsistance et à lutter contre la pauvreté et la dégradation de l'environnement.

[530] Une étude réalisée sur le terrain par le CIFOR en 2009, dans le paysage du TNS, a démontré que les parents semblent avoir un rôle important en RCA ; près de 60 % des mineurs ont été initiés à la profession par leurs parents. Le manque d'écoles et d'éducation dans les camps miniers isolés est un autre facteur important expliquant pourquoi il est difficile pour ces jeunes hommes de choisir une autre stratégie de subsistance. En outre, on a déjà signalé que des enfants étaient mis au travail dans les mines, en particulier dans l'est.

[531] Aussi leur offre-t-on des œufs, de l'argent, ainsi que toute nourriture partagée par les ouvriers sur le lieu de travail. D'après les orpailleurs, il ne peut y avoir production sans sacrifices aux fées des eaux. '' Il arrive que les fées nous fassent part de leur volonté,

quasi-totalité des sites recensés, il a été constaté la présence d'autels et de lieux de culte aux divinités locales. Ces autels faits de feuilles et de branchages, sont dédiés aux fées des eaux, en langue locales les Miamedibo qui sont selon les artisans celles qui dispensent la bonne fortune sur les chantiers. Ces fées des eaux sont réputées aimer les sacrifices. Outre les courants religieux, il persiste au sein de la communauté des artisans miniers un certain état d'esprit, qui caractérise généralement les sociétés africaines : la solidarité et l'entraide. Pour ce qui est de la solidarité, elle se manifeste au niveau des modalités de partage des tas de gravier diamantifères. Une modalité de gestion courante est celle en vigueur dans la majorité des sites et selon laquelle un tas de gravier donné est donné, et personne ne peut rien y changer. De plus, en l'absence du titulaire du tas concerné, nul ne touche à sa portion, même si elle devait se perdre, sous peine de s'attirer la malédiction des fées qui gardent les chantiers.

3-Impact environnemental de l'exploitation des diamants en République Centrafricaine

L'extraction de diamants sur les sites miniers visités entraine des effets sur la qualité de l'eau, d'une part, et sur le paysage faunique et floristique, d'autre part. Nous avons remarqué que les exploitants miniers déversent les déchets rocheux et les matériaux lessivés dans les cours d'eau situés aux alentours des sites miniers.

-La dégradation des sols

La dégradation des sols : Après l'exploitation artisanale et à petite échelle du diamant et de l'or, le sol devient non utilisable ni pour la chasse, ni pour l'agriculture ni pour d'autres activités. Généralement, les puits de l'exploitation minière restent non remblayés occasionnant ainsi des érosions et des ravins. Les extractions en berge et en lit vif constituent les types d'exploitation les plus polluants. C'est le cas des sites de Ngobor à Boda, de Bembaï à Berberati et de Lopo à Nola. Les cours d'eau situés aux alentours de ces sites sont tous pollués, les eaux ont systématiquement changé de couleur. Ce constat converge avec les données contenues dans d'autres rapports sur l'exploitation minière en RCA Il

---

notamment par les songes. Le chef de chantier se verra averti au courant de la nuit de ce que la fée veut, et il fera le nécessaire. Il peut s'agir d'un sacrifice animal, en argent, ou même humain !''. Bien que cet aspect ésotérique ne puisse être démontré, il continue de rythmer la vie dans les carrières en RCA. Cette tendance à l'ésotérisme est de plus en plus battu en brèche par les avancées faites par les mouvements religieux d'obédience diverses au sein des communautés. De moins en moins, les artisans ne se croient obligés de souscrire aux exigences de la superstition.

ne fait donc aucun doute que les eaux polluées ne sont plus appropriées pour la consommation. Or, dans certaines localités, il n'existe pas de points d'eau aménagés. Les cours d'eau constituent les principales sources d'approvisionnement en eau potable de la communauté. Cette situation fait craindre la survenance de crises sanitaires à l'instar du choléra et des maladies hydriques. A cela s'ajoute la dégradation de la vie aquatique car les déchets rocheux et les minerais lessivés sont toxiques pour les êtres aquatiques. La population rencontrée lors de nos visites de terrain se plaint de la rareté des poissons dans les cours d'eau du fait des activités minières. L'opération d'extraction de diamants entraine également la destruction de la faune et de la flore terrestre.[532]

Les activités diamantifères comprennent diverses étapes, chacune impliquant des impacts environnementaux particuliers.

-La pollution des cours d'eau

Après les tamisages de graviers, les cours d'eau exploités pour cette activité sont pollués et parfois ce tamisage est effectué dans les mêmes sources ou rivières utilisées régulièrement pour les travaux ménagers et dans certains cas même pour récolter l'eau à boire.[533] Nous avons noté que la couleur ou l'odeur de l'eau a changé à cause de l'exploitation des minerais. D'une manière générale, ces étapes sont la prospection et l'exploration des gisements, les activités de mise en place (construction des cabanes, ouverture des voies d'accès), l'exploitation du chantier et la vente des minéraux obtenus de l'extraction. Le diamant et est une des ressources géologiques qui ne se renouvelle pas à l'échelle d'une vie humaine. Le temps géologique de leur constitution se compte en milliers d'années. Dès lors, il devient difficile d'envisager toute activité qui vise leur exploitation comme durable. De plus, elle présente aussi des effets négatifs sensibles sur l'environnement.[534]

Nous avons remarqué, sur les sites miniers, l'abattage systématique des arbres et arbustes, et ce, afin de préparer le terrain aux opérations d'extraction et de construction des camps de logement. La végétation est souvent détruite entrainant au passage la fuite des espèces mobiles de la faune à l'instar des

---

[532] K. Matthysen et al, *L'or et les diamants de la République centrafricaine*, p.15. ; Cf. Jessica DeWitt D., Peter Chirico G., Sarah Bergstresser E., and Inga Clark E., 2018, The Central African Republic Diamond Database - A geodatabase of archival diamond occurrences and areas of recent artisanal and small-scale diamond mining, U.S. Geological Survey Open-File Report 2018– 1088, p. 28: https://doi.org/10.3133/ofr20181088.

[533] S. Keita, ''Etude sur les mines artisanales et les exploitations minières à petite échelle au Mali'', *Mining Minerals and Sustainable Development*, n° 80, Aout 2001, p.123.

[534] F. Knight, *Risk, Uncertainty and Profit*, Boston, 1921, 1re éd.; Binmore 2011, p.35.

oiseaux, du gibier, etc. C'est le cas des sites Sanko à Berberati et Bonini à Boda où l'on remarque encore les traces de la destruction de la végétation. Les opérations de barrage et de déviation sont à l'origine d'inondations et de dégradations des routes dans les localités où sont situés les sites miniers. Par exemple, les communautés riveraines des sites miniers de la ville de Nola sont confrontées aux problèmes d'inondation et de dégradation du fait de la déviation des cours d'eau de leur lit. C'est le cas du quartier Lopo dans la ville de Nola, où l'on note une dégradation très avancée de la route du fait de l'érosion causée par les exploitations des sites miniers. Un habitant du quartier Lopo déplore la dégradation des routes du fait d'exploitants miniers. Pour ce dernier, ce sont les pratiques de déviation non maitrisée des cours d'eau et l'absence de réhabilitation des sites miniers qui sont à l'origine des inondations et de la dégradation des routes. Cette assertion a été renchérie par une autorité locale qui tient pour responsables les chefs des sites miniers qui ne sont pas respectueux de l'environnement et s'adonnent souvent à des exploitations anarchiques.

Photo 5 : Chantier d'exploitation des Diamants en RCA

Source : cliché Blaise Yandji Berbérati le 10-09-2021.

Photo 6 : Destruction de l'environnement liée à l'exploitation des diamants en RCA

Source : cliché Blaise Yandji, Berbérati le 10-09-2021.

L'activité d'exploitation minière qui se pratique en RCA ne présente pas encore de gros impacts sur l'environnement. Cependant, il est vrai que les sites utilisant les motopompes sont enclins à une relative pollution par les carburants utilisés (gasoil, huile de moteur…). De même dans leur fonctionnement, ces moteurs émettent des vrombissements qui génèrent quelques nuisances sonores négligeables certes, mais suffisantes pour perturber l'équilibre du milieu avec notamment pour effet d'éloigner les animaux de cette zone classée d'intérêt cynégétique[535].

Un problème environnemental capital est l'impact de l'activité minière sur les cours d'eau. La pollution de l'eau et le détournement des ruisseaux limitent l'accès à l'eau propre pour les populations locales et perturbent les zones de reproduction des poissons. Cela entraîne une diminution des produits de la pêche, avec de sévères répercussions sur l'alimentation des gens. La contamination de l'eau en RCA concerne principalement la vase et la sédimentation. La pollution par les produits chimiques tels que le mercure, qui est souvent utilisé dans l'extraction d'or à petite échelle, ne constitue apparemment pas un problème considérable en RCA.[536]

---

[535]J. Gremaud, '' Etudes socio-économiques pour la promotion de l'artisanat minier et la protection de l'environnement au Mali'', UNDP/MLI/97/008, 1997, pp.1-4.

[536] La crainte existe toutefois que l'afflux de mineurs migrants risque d'accroître l'utilisation du mercure. La déforestation est une autre menace environnementale. Avec la diminution progressive des minerais les plus accessibles, les mineurs s'enfoncent de plus en plus dans les forêts, abattant des arbres pour laisser place aux activités minières et agricoles à proximité des

L'extraction artisanale du minerai comporte plusieurs phases. Une consiste au creusage de la première couche de sol sur (moins d'un mètre de profondeur en moyenne) et à l'accumulation sur les rebords de la fosse de résidus rocheux sans valeur économique (que l'on appelle matière stérile). Cela représente souvent une importante quantité, parfois plus vastes que la superficie sacrifiée pour l'excavation[537]. A la différence de la première, la deuxième couche profonde de moins d'un demi-mètre, s'intéresse à ce que ces mineurs appellent le « bon cœur »qui est intercalé entre la couche de stériles et la roche-mère localement appelée « bed-rock ». Sur cette couche de fertiles « bon cœur », on procède au lavage ensuite au tri pour séparer les paillettes d'or des sables et limons sans amalgamation. Généralement avant d'en arriver au minerai, les artisans miniers doivent mener une bataille constante contre les eaux qui tentent de recouvrir le fond de la fosse. C'est dire qu'en plus de la zone affectée par l'excavation, la dégradation superficielle provoquée par l'érosion et par l'ensablement qui s'ensuit (la sédimentation du lit des cours d'eau) est aggravée par l'accumulation de résidus rocheux sans valeur économique avec les impacts suivants sur l'environnement.[538]

De plus, l'éloignement des chantiers des centres commerciaux contraint d'une certaine façon les artisans miniers à s'approvisionner lorsqu'ils en ont l'occasion. Ces provisions sont généralement productrices de déchets plastiques et boîtes de conserves. Quoiqu'il en soit, cela a pour conséquence la dégradation des berges et du lit de la rivière, la perte de nombreuses niches écologiques du milieu aquatique, apparition des fossés du chantier, des zones d'eau stagnante, foyers de moustiques.

---

camps miniers. Pour compléter leur alimentation, les ménages vivant dans les camps miniers en zone forestière ont souvent recours au braconnage.

[537]Cours sous régional sur les paramètres géologiques pour la protection de l'environnement, Mali du 09 au 19 Décembre 1998, UNESCO-Paris, Division des Sciences de la Terre.

[538] - Modification localisée du processus de géodynamique externe (érosion, sédimentation ;
- Modification locale de la géochimie superficielle du sol avec superposition des horizons pédologiques C sur les horizons pédologiques A (horizon humifère propice à l'agriculture).
- Pollution des nappes d'eau superficielles et augmentation du degré de turbidité avec impact négatif sur l'équilibre écologique du biotope aquatique.
- Pression de charge sur le sol pouvant entraîner des glissements de terrains avec risque d'instabilité des talus. L'ampleur de l'impact de cette étape sur l'environnement est fonction du mode d'exploitation qui se trouve être dans ce cas la mine artisanale avec un impact limité. Cependant, dans la zone d'étude actuellement sujette à une exploitation artisanale anarchique, la forte densité des trous entraîne une forte densité de monticules de déblais, donc un impact un peu plus grand sur l'environnement.

-La déforestation

Pendant l'exploitation minière du diamant et de l'or et lors de l'expansion de la mine, les exploitants ne tiennent pas compte des arbres. Ils les abattent toujours dans le souci d'obtenir les graviers et abattent des arbres jusqu'à ce que les activités s'arrêtent. Nous avons noté une importante déforestation pour l'extension des activités minières. L'activité diamantifère ici bien qu'artisanale, comporte quelques impacts sur la forêt[539]. En effet, tous les chantiers se trouvent dans la zone forestière soit dans les UFA, soit dans la zone agro-forestière mais tous dans la zone d'intérêt cynégétique de la région de l'Est. Pour installer un chantier, les femmes mineures procèdent au défrichage non seulement pour assurer les voies d'accès au chantier mais aussi pour établir des campements. Il en résulte la création d'une zone de fracture dans la forêt et peut avoir pour conséquence la fuite des animaux[540].

De même, sur les chantiers et dans les cabanes, le décapage des sols et l'exposition sans aucune autre protection de ceux-ci entrainent sous de fortes pluies l'érosion desdits sols qui à leur tour provoque l'augmentation de la quantité des matières en suspension dans les rivières sur lesquels l'exploitation du minerai se fait. Le paysage forestier s'enlaidit du fait non seulement de la discontinuité paysagère mais aussi de l'amoncellement des masses de terres.

De plus, la réhabilitation du cours d'eau et la révégétalisation qui s'en suit sont laissées aux soins de la nature qui prendra le temps qu'il voudra pour rétablir l'harmonie sur le site. Bien que ce soit un impact de faible ampleur à ce jour, c'est un impact tout de même.

- L'écosystème aquatique

La destruction des lits de cours d'eau par creusage des fosses à dimensions variables a des incidences certaines sur l'écosystème aquatique. Ainsi en remaniant les sols, on provoque du même coup la diminution des habitats variés et propices au développement de nombreux végétaux et animaux du cours d'eau. Les stériles issues de cette opération sous l'action conjointe de l'eau de ruissellement et de l'humidité engendrent l'augmentation de la charge turbide des eaux du fleuve. Cette perturbation de l'écosystème fluvial se manifeste par une baisse de la luminosité et de transparence de l'eau. En effet la lumière

---

[539] K. Kund et al, *Dynamiques de déforestation dans le bassin du Congo Réconcilier la croissance économique et la protection de la forêt*, Document de travail n°4 Exploitation Minière, 2013, pp.1-7.

[540] P.T. Mbous, ''L'exploitation forestière et le développement des forêts communautaires au Cameroun : une action collective pour la protection de la biodiversité'', Mémoire de DEA Université de Genève, Institut Universitaire d'études du Développement (IUED), 2002, p.3.

pénètre moins profondément dans l'eau et le fonctionnement des plantes aquatiques chlorophylliennes qui dépend de cette luminosité est ainsi mis en difficulté. Ceci contribue à diminuer le taux d'oxygène dans l'eau, entraînant progressivement l'asphyxie du milieu, et l'altération voire la disparition de la flore et de la faune aquatique. Autre manifestation de la menace sur cet écosystème[541] est la sédimentation des particules en suspension qui peut aller jusqu'à boucher les branchies des poissons et recouvrir les zones de frayères de nombreuses espèces de poissons et de batraciens qui auront donc plus de mal à se reproduire. Les poissons et plantes ayant besoin d'une eau claire et limpide vont nécessairement disparaître dans ce milieu. En fonction des quantités de matières en suspension apportées par l'exploitation minière et de la dynamique de la rivière, les problèmes engendrés par l'augmentation de la turbidité peuvent se faire sentir sur plusieurs centaines de mètres en aval du site minier, voire plusieurs kilomètres. Pour le moment, la seule exploitation artisanale n'est pas capable de produire un tel résultat avec des proportions inquiétantes.

Photo 7 : pollution de l'eau liée à l'exploitation des diamants en RCA

Source : cliché Blaise Yandji, Berbérati, le 10-09-2021.

Cependant, certains affirment que l'impact environnemental de l'exploitation minière artisanale sur les forêts de RCA est limité, en particulier par rapport à l'impact potentiel de projets industriels à grande échelle. Alors que

---

[541]C. A. Nono, ''Impacts de l'exploitation artisanale de l'or sur l'environnement et le développement socioéconomique à Bétaré Oya - Est Cameroun'', Mémoire de Master Professionnel, Université de Dschang, CRESA FORET BOIS Yaoundé, 2011, pp.10-15.

l'activité minière artisanale dans le pays concerne essentiellement des minéraux alluvionnaires, les activités sont limitées aux zones adjacentes aux rivières.[542]

-Diminution de la production agricole

Lorsqu'il y a ne fut-ce qu'un *nouveau gisement de diamants ou d'or dans un village quelconque, plusieurs personnes abandonnent les champs et se lancent dans l'exploitation minière de diamants ou d'or pour gagner rapidement de l'argent.*

-Les accidents

On observe qu'après le creusage des trous d'exploitation minière et après l'extraction des graviers, les exploitants miniers ne prennent pas soin de remblayer les trous. Ils laissent les puits ouverts, exposant ainsi un terrain propice aux risques d'accidents ou d'éboulement.

-Sur la faune environnante

Sur les chantiers quelque peu isolés des villages[543], la tentation de se livrer à la chasse et à la pêche est grande. En effet, lorsqu'une carrière se situe à plus de 50km d'un centre commercial, l'accès à la ressource alimentaire n'est tout à fait aisé pour ces mineurs. Le ravitaillement en denrées se fait une fois par semaine lorsque l'occasion se présente, et il ne s'agit que très rarement d'y acheter de la protéine animale. Mais il convient de préciser que toutes les communautés que nous avons rencontrées ont déclaré ne pas prendre part à ce type d'activités par ailleurs proscrites. En conséquence, on pourrait imaginer que les ouvriers chassent et pêchent pour prélever les protéines animales utiles à leur alimentation. On ne peut cependant pas dire qu'ils mettent en danger certaines populations animales. Cette chasse peut réduire fortement les ressources vivrières des communautés locales vivant à proximité des sites d'orpaillage.

---

[542] L'abattage d'arbres à grande échelle n'est pas vraiment un problème. Étant donné que la perturbation semble souvent être à court terme et à petite échelle, la régénération se déroulerait naturellement. Les impacts des activités minières artisanales sont en effet nettement plus réduits et plus localisés que ceux de l'exploitation artisanale. Cependant, l'impact cumulé entraîne un risque d'augmentation de la dégradation de l'environnement.

[543] J. Songsore, et al, *Mining and the Environment – Towards a Win-Win Strategy: A study of the Tarkwa-Aboso-Nsuta mining complex*, Legon University of Ghana, 1994, pp.3-5.

B-L'AGRICULTURE OUBLIEE AU PROFIT DES DIAMANTS EN RCA

Qu'il s'agisse d'une mine à ciel ouvert ou souterraine, l'exploitation minière du diamant nécessite des étendues de terres occasionnant ainsi, dans la plupart des cas, la délocalisation économique et physique des communautés locales de leurs terres d'origine.

1-Les gisements miniers et la vente des terres arables

Comme RCA, la terre a toujours constitué la source de revenus de subsistance des familles et ce jusqu'à l'avènement du boom minier en RCA. En effet, la perception des femmes locales sur la chute de la production agricole pour ces dix dernières années converge vers les activités d'exploitation minière.

Photo 8 : l'agriculture oubliée au profit des diamants

Source : cliché Blaise Yandji, Nola le 10-09-2022.

S'agissant de l'exploitation minière du diamant en RCA sur la productivité de leurs champs, les femmes tous azimuts ont fait savoir que : *Aujourd'hui la production est en baisse, les ménages agricoles ne savent plus vivre de l'agriculture... nous sommes obligées d'être sous-employées pour concilier les deux bouts de mois...". Les femmes accusent les entreprises d'avoir dégradé leurs sols par le déversement des produits et la mauvaise gestion des rejets*[544]. Certaines soulignent : « Avant l'arrivée de l'entreprise ici,

---

[544]Vision pour la Protection de l'Environnement et des Ecosystèmes (VPEE), "Etude portant sur l'exploitation minière, une menace pour les aires protégées et les différentes violations au Katanga : Cas de Mutanda Mining dans la Basse Kando'', *Rapport*, juin 2014, p.28-29.

les gens vivaient de la pêche et de l'agriculture. A ce jour cela n'est plus possible...il est très ardu de vivre de nos activités traditionnelles". Les entreprises minières portent une grande responsabilité dans la dégradation des sols du fait qu'elles n'ont pas mis en place des mesures environnementales adéquates. L'exploitation minière a détruit l'environnement, sèche les arbres, les champs de manioc, de maïs, et autres cultures pratiquées. D'après les femmes, le rendement à l'hectare a sensiblement baisse.[545] Au lieu de 2000 mesurettes de maïs obtenues avec la technique de culture associée et sans l'application des engrais chimiques, la production par hectare a chuté de 250 à 400 mesurettes de maïs.[546]

2-De nombreux ménages agricoles contraints à la délocalisation ou à l'errance

Selon plusieurs témoignages recueillis sur terrain, la découverte de nouveaux gisements miniers de diamants contraint les paysans à vendre leurs terres arables à des opérateurs miniers à vil prix. Du coup, les terres fertiles se raréfient davantage contraignant de nombreux ménages agricoles à la délocalisation ou à l'errance. Cette rareté des terres réduit sensiblement la production agricole avec comme conséquences directes, une montée en flèche des prix de denrées alimentaires.

3-La hausse des prix des denrées agricoles

Le passage d'une économie fondée sur l'agriculture dans certaines localités est basée sur l'exploitation minière artisanale du diamant a commencé, ce qui fait en sorte que, l'exploitation minière artisanale est devenue la clé de voûte de l'économie de la région, et nombre d'anciens agriculteurs et éleveurs sont

---

[545] Les entreprises ne soutiennent pas des programmes d'agriculture et ont un impact très limité puisque ne s'inscrivant pas dans le plan de développement intégré. Mais entreprises aident les bénéficiaires en les regroupant en associations. Elles bénéficient des formations et d'outillages nécessaires. Il faut cependant préciser que, à la récolte, une partie des produits récoltés revient à l'entreprise. En somme, l'acquisition des terres par les entreprises minières au détriment des communautés constitue une forme d'accaparement des terres et devient l'une des inquiétudes grandissantes des communautés. C'est une conséquence directe de l'asymétrie des textes juridiques qui régissent le secteur des mines d'une part, le régime foncier et le code agricole de l'autre.
[546]Les femmes parlent d'un bouleversement sans précédent puisqu'au lieu que les centres urbains soient approvisionnés par les milieux ruraux, c'est le contraire. Le concept de grenier, autrefois inhérent à ce milieu, a perdu sa substance. On parle d'une insécurité alimentaire généralisée

devenus, du jour au lendemain, des opérateurs miniers. Quelques-uns de ces opérateurs ont fait leur entrée dans l'artisanat minier en tant que creuseurs, puis, négociants, et actuellement ils sont devenus. Ce qui a eu un impact dans l'augmentation des prix des denrées agricoles sur les marchés locaux.

II-L'ACTIVITE DIAMANTIFERE ARTISANALE : UNE DYNAMIQUE MAJEURE A VALORISER A RCA

Les mutations survenues dans l'exploitation minière du damant en RCA ont hissé la femme dans une dynamique notable de la chaine des valeurs familiale. A travers sa participation à l'économie sociale et solidaire la femme a su s'intégrer au sein de ce groupe d'activité à travers sa participation.

A-DES MESURES INCITATIVES LIEES A LA PROTECTION DES MINEURS DANS LES SITES DE DIAMANTS EN RCA

Aujourd'hui le développement de l'activité d'exploitation de diamants pose beaucoup de problèmes qui sont autant d'obstacles au développement de cette activité.

1- De la protection des femmes et enfants dans les sites miniers

Sur le plan socio-économique, la situation des femmes dans les sites miniers est très difficile. Elles souffrent d'une extrême pauvreté, d'un analphabétisme généralisée, de l'absence de services de santé adéquats, de politiques publiques et de mécanismes étatiques de promotion des femmes, et non le moindre, elles subissent encore le poids de coutumes et de pratiques discriminatoires qui persistent lourdement à leur égard. Depuis plusieurs années en RCA, la situation n'a guère changée elle a marquée par une succession de conflits multiples et complexes, où les violences sexuelles sont devenues des armes. Le fléau que représentent les violences sexuelles en RCA constitue encore à ce jour une préoccupation importante pour Bangui en tant que violations graves et massives des droits des femmes et des filles[547].

---

[547]Les femmes mineures en RCA continuent de souffrir et de payer un lourd tribut dans l'indifférence. Une indifférence qui s'illustre par le fait qu'on ne tient pas compte des besoins des femmes concernant les priorités sécuritaires, mais également par l'absence de mesures urgentes et efficaces, visant à lutter contre l'impunité et à mettre en place l'indemnisation et la réparation matérielle, physique et morale des préjudices causés aux femmes et aux filles. Dans un pays à majorité rurale où la femme est l'un des moteurs économiques alors qu'elle assure la sécurité alimentaire de la famille et du pays, l'impact socio-économique de la violence faite aux femmes est dévastatrice.

La violence contre les femmes, les filles et les jeunes filles qu'on a pu y observer dépasse l'imagination dans certains sites miniers. Ces violences portent atteinte à l'intégrité physique et psychologique des victimes, elles anéantissent leur possibilité de jouir des autres droits et détruisent la vie des familles. L'accès à la terre et aux biens immobiliers, et leur droit à la succession est systématiquement bafoué. Par ailleurs, il apparaît clairement qu'en RCA aujourd'hui, le statut inférieur de la femme est une source de violences ancrée dans les mentalités faisant de la femme une personne ignorant ses droits, vulnérable et exposée à l'extrême pauvreté. Quoique incontestablement et gravement amplifiées durant les conflits, les violences et celles basées sur le genre puisent leurs racines dans une longue pratique d'infériorisation des femmes et d'abus de pouvoir exercé à tous les niveaux de la société y compris dans la famille. D'une part, le droit congolais et les pratiques coutumières continuent à maintenir les femmes dans un état de subordination. Dans le champ minier, femmes mariées sont considérées comme des incapables sur le plan juridique, alors qu'une femme célibataire de 18 ans a la pleine capacité juridique. La femme doit obtenir l'autorisation de son mari pour tous les actes juridiques dans lesquels elle s'oblige à une prestation qu'elle doit effectuer en personne. De plus, les biens de la femme mariée appartiennent à son mari Cette dernière d'ailleurs n'a pas le choix de sa résidence. L'épouse est obligée d'habiter avec son mari et de le suivre partout où il juge à propos de résider. Enfin, la femme a besoin de l'autorisation maritale pour entreprendre des activités commerciales et accomplir des actes juridiques, tandis que du Code du travail permet à l'époux de s'opposer à ce que sa femme contracte un emploi.

En plus, selon leurs pratiques coutumières, certaines ethnies obligent encore une veuve à épouser le frère de son défunt mari[548]. La grande majorité des cas de violences sont encore à ce jour réglés par des arrangements à l'amiable entre la famille.[549] Celle-ci n'est pas impliquée dans les négociations, ses besoins ni ses intérêts et encore moins sa sécurité sont prises en considération lors des pourparlers.[550]

---

[548]R. J. Maupinet et al, *Talking Heads: Stereotypes, Status, Sex-roles and Satisfactions of Female and Male Auditors*, Organizations and Society, 1994, pp.427-437.

[549] On retrouve cette pratique, le lévirat, chez plusieurs des groupes ethniques. Dans la même région, les femmes et les filles de plusieurs ethnies sont interdites de consommer certains aliments. Dans certains groupes, les femmes sont considérées comme le bien commun du clan. Certains chefs coutumiers exercent encore un droit de cuissage, c'est-à-dire le droit d'exiger une relation sexuelle, le plus souvent avec une jeune vierge. Dans certaines communautés, le rapport sexuel imposé aux femmes mariées n'est donc pas considéré comme constituant une violence à l'égard des femmes et de leurs proches.

[550] C. Martinez Ten, ''Mon expérience de leadership: vers un nouveau leadership politique'', Escuela *Abierta de Feminismo*, 2008, pp.1-5.

2- Un appui éducationnel en alphabétisation fonctionnelle et une protection des enfants contre les activités à risques

Dans le cadre de soutenir les mineur dans leurs efforts pour renforcer leur autonomie, des maîtres alphabétiseurs ont été formés en majorité des mineurs femmes. Leur donnant l'occasion, la volonté et les moyens de saisir toutes opportunités économiques comme alternative. Selon les femmes bénéficiaires consultées, cette activité a été une réponse aux besoins réels de tous. Elles ont affirmé que beaucoup d'entre elles transportaient les colis de minerais[551]sans en savoir le nombre exacte de kilos a transportés et les propriétaires dépassaient le nombre de kilos convenus avec les femmes transporteuses du fait qu'elles étaient incapables de lire la pesée. La connaissance acquise en écriture et en calcul et le résultat est que ces femmes ont acquis les notions de base en la matière. Les femmes ont appris quelques éléments de lecture et de calcul mais elles doivent être soutenues pour connaître d'avantage afin de les amener à formuler une phrase et à achever les opérations de base. Le défis a relevé est que le besoin en alphabétisation étaient énormes et la période de la formation. La prostitution étant quasiment endémique dans des zones minières en RCA[552] ne font pas exception à cette règle. Avec une démographie galopante du fait du boom Du diamant et le gain facile de l'argent surtout pour les locataires, c'est la dissolution des ménages et la dépravation des mœurs qui s'en suivent.

- La protection de l'enfant contre les activités à risque

La protection de l'enfant contre les risques professionnels permet aussi de garantir la vie de ce dernier.[553] S'inspirant de la Convention 138 de l'OIT, sur l'âge minimum d'accès à l'emploi, le Code du Travail centrafricain dispose que : les enfants ne peuvent être employés dans aucune entreprise, même comme apprentis, avant l'âge de quatorze ans, sauf dérogation accordée par Arrêté du Ministre chargé du travail, compte tenu des circonstances locales et des tâches qui peuvent leur être demandées. Le véritable problème ici est l'âge minimum reconnu pour l'accès à un emploi. En effet, le mineur de dix-huit ans ne semble pas toujours psychologiquement aguerri pour conduire sa tâche en

---

[551]V. F. Nieva et al, *Women and Work: A Psychological Perspective*, Greenwood Publishing Group, 1981, p.5.

[552] La prostitution a pris des proportions inquiétantes. Elle est surtout l'affaire des petites jeunes filles mineures très prisées par les négociants. La déperdition scolaire étant plus lourde chez les filles, des fillettes d'à peine douze ans n'hésitent pas à céder leurs corps pour moins de 500 à 1000FCFA par nuitée.

[553] Comité du Droit de l'Enfant, Examen des rapports présentés par les Etats en application de l'article 44 de la Convention : Rapports initiaux des Etats parties devant être soumis en 1995 (additif Cameroun), p. 39.

évitant tous les risques.[554] La charge et la durée du travail, le poids des responsabilités, la récession économique, la rareté de l'emploi, augmentent la prise des risques professionnels et exposent sa vie aux accidents et autres maladies.[555] C'est pourquoi le législateur a tenu à organiser le travail confié à l'enfant de façon à réduire au maximum son exploitation pour le compte des activités dépassant ses capacités physiques.[556] De plus, le Code du Travail place l'activité de l'enfant sous le contrôle de l'Inspecteur du travail afin de prévenir tout risque à venir.

3- Accentuer l'éducation des filles et des femmes

Si toutes les femmes du monde apprenaient à lire, écrire, avaient le droit de faire des études, d'exercer un métier et connaissaient leurs droits : le développement social, économique et politique de leur pays serait accéléré. Les filles d'aujourd'hui sont l'avenir des femmes de demain, c'est pourquoi il est essentiel qu'elles soient éduquées et qu'elles apprennent à faire respecter leurs droits.[557] Une fille privée d'école, à 3 fois plus de risque d'être mariée avant

---

[554] K. Mbaye, *Les Droits de l'homme en Afrique*, 2e éd., Paris, Pédone, 2002, p.28.

[555] Comité des Droits de l'Enfant : Examen des rapports présentés par les Etats parties en application de l'article 44 de la Convention (rapports initiaux des Etats parties devant être soumis en 1995).

[556] Art. 86 al. 2, 3 et 4 du CTv., « Un arrêté du Ministre chargé du travail fixe les conditions d'embauche, d'emploi et de contrôle de l'emploi des jeunes à bord des navire. Toutefois, les jeunes gens de moins de dix-huit (18) ne peuvent, en aucun cas, être employés à bord des navires en qualité de soutiers ou de chauffeurs ; lorsque des enfants et des jeunes gens de moins de dix-huit (18) ans doivent être embarqués sur des navires comportant un équipage non exclusivement composé de membres d'une même famille, ils doivent être au préalable soumis à une visite médicale attestant leur aptitude à ce travail ; un certificat médical signé par un médecin agrée est établi à cet effet. Un arrêté du Ministre chargé du travail fixe la nature des travaux et les catégories d'entreprises interdites aux jeunes gens et l'âge limite auquel s'applique l'interdiction. Les arrêtés prévus aux alinéas précédents sont pris après avis de la Commission Nationale de Santé et de Sécurité au travail.

[557] Les études ont montré qu'un enfant dont la mère sait lire à 50 % de chances de plus de survivre au-delà de sa cinquième année. Les femmes qui ont achevé le cycle primaire ont cinq fois plus de probabilités de connaître les moyens de se protéger du VIH/SIDA. Le rôle des femmes s'avère donc essentiel pour le développement. Les gouvernements ont pris conscience des impacts positifs de l'éducation des filles et des femmes pour le développement et la croissance de leur pays, et les écarts d'éducation entre les filles et les garçons se sont réduits dans la plupart des pays, plus de filles accédant actuellement à l'école. En 2008, on comptait ainsi 96 filles scolarisées dans le primaire pour 100 garçons, alors qu'en 1999, elles n'étaient que 91 pour 100 garçons. Pourtant, le bilan actuel fait encore état de 36 millions de filles qui restent exclues de l'éducation, et de 525 millions de femmes qui ne savent toujours ni lire, ni écrire. Plus que les hommes, les femmes exercent des emplois précaires, dangereux, peu rémunérateurs, sans protection sociale. C'est ainsi, qu'alors qu'elles produisent 60 % de la nourriture, moins d'1 % sont propriétaires des terres qu'elles exploitent. Au-delà de l'apport des femmes au développement, les nombreuses violences et discriminations dont

ses 18 ans, et de devenir mère trop jeune, qu'une fille qui a suivi des études secondaires. L'éducation des filles est le point précurseur de changements durables.[558] Une fille instruite peut prendre sa vie en main. Sensibilisée à l'importance de l'éducation, elle veille à ce que ses enfants aient une éducation de qualité et lutte ainsi à son tour contre les discriminations dont sont victimes les filles, comme le mariage forcé et les grossesses précoces, le travail infantile et la déscolarisation.[559] Une fille qui ne va pas à l'école aura plus de mal à faire entendre sa voix. Elle ne pourra participer activement aux prises de décision de la société dans laquelle elle vit. La non-scolarisation des filles les enferme dans la pauvreté. De plus, cette situation risque de se perpétuer à la génération suivante car une fille non-scolarisée ne comprendra pas l'intérêt de donner à ses enfants une éducation de qualité. Découvrez toutes les causes et conséquences des inégalités des filles face à l'éducation.[560]

Dans les pays en développement, les stéréotypes sexistes sont particulièrement développés et empêchent les filles et les femmes de devenir autonomes : c'est le développement des pays tout entiers qui est pénalisé. Plan International Cameroun à l'Est défend l'égalité entre les sexes pour que les filles et les femmes aient autant de chances que les garçons et les hommes à construire leur avenir de manière autonome et libre.[561] Par ailleurs, il contribue aussi à lever les freins à l'éducation des filles.[562]

---

elles continuent d'être les victimes démontrent que les droits des femmes ne sont toujours pas respectés. C'est à ces deux défis que tente de répondre le troisième objectif du Millénaire, visant à promouvoir l'égalité des sexes et l'autonomisation des femmes

[558] E. Gérard, 1998, '' Femmes, instruction et développement au Burkina Faso'', M.F. Lange, *L'Ecole et les filles en Afrique*, Karthala, pp.197-200.

[559] E. Gérard, 1999, '' Présentation, les enjeux de l'éducation et des savoirs au Sud'', Les cahiers Ares, n°1, Bondy, p.178.

[560] Des filles entre 6 et 14 ans sont privées d'éducation. Pourtant, la non-éducation des filles est un véritable manque pour le développement des pays : en effet, chaque année passée par une fille sur les bancs de l'école augmente son futur revenu de 10 à 20 %. Si l'on augmente de 10 % la fréquentation de l'école par les filles chaque année, le produit intérieur brut (PIB) d'un pays augmente en moyenne de 3 %. La scolarisation des filles est souvent considérée comme non prioritaire.[560] Pourtant, sur le terrain, notre expérience le confirme : 9 années d'éducation gratuite et de qualité permettent à une fille de changer son avenir, celui de sa famille et celui de son pays. L'éducation des filles doit devenir un objectif de développement prioritaire à l'Est-Cameroun. Il n'existe aucun instrument de développement plus efficace que l'éducation des filles. Si nous voulons que nos efforts aboutissent à la construction d'un monde en meilleure santé, plus pacifique et équitable, les classes du monde doivent être remplies de filles aussi bien que de garçons. Aussi, dans le monde, les filles et les femmes sont victimes de stéréotypes sexistes et de discriminations qui violent leurs droits fondamentaux.

[561] Le rapport mondial annuel "Parce que je suis une fille" de Plan International dresse le tableau de la situation des filles dans le monde. Alors que les femmes et les enfants sont souvent reconnus comme des groupes cibles spécifiques dans les processus de formulation des politiques et de la planification, les droits et besoins particuliers des filles sont souvent

B-LES DEFIS ET PERSPECTIVES AVENIRS POUR UN DEVELOPPEMENT DE L'ACTIVITE MINIERE DU DIAMANTIFERE EN RCA

La stigmatisation, et la violence viennent souvent accentuer le handicap matériel et empêcher les femmes d'accéder aux services et aux opportunités qui pourraient améliorer leur situation. Outre la violation de sa dignité et de son intégrité physique et mentale, une victime de violences peut par exemple aussi finir dans la pauvreté et perdre son logement en raison de ces violences.

1-L'implication de l'Etat et des partenaires au développement

La prévention de la mortalité maternelle n'est pas simplement une question d'accélération des interventions techniques ou d'abordabilité des soins de santé : elle passe aussi par la lutte contre la stigmatisation et la discrimination de la part des prestataires de service, une lutte qui peut pousser les femmes à rechercher des services de soins de santé liés à la procréation.[563] La construction de stéréotypes sexistes se traduit en une ségrégation basée sur la différenciation de genre, dans le système éducatif en premier lieu, sur le marché du travail par la suite.[564] Les filles sont toujours moins susceptibles que les garçons de choisir des domaines d'études scientifiques et technologiques, et même lorsqu'elles optent pour de telles études, elles ont moins de chance d'assumer des postes bien rémunérées dans ces mêmes domaines. Ces choix sont guidés par les préjugés

---

ignorés. Ces rapports fournissent des preuves, notamment les voix des filles elles-mêmes, sur les raisons pour lesquelles les besoins des filles exigent une attention particulière. Ceci est le premier rapport panafricain "Parce que je suis une fille", fait par le Bureau Régional de Plan en Afrique de l'Est et Australe et le Bureau Régional de l'Afrique de l'Ouest. Il accompagne et complète le rapport mondial "Parce que je suis une fille" 2012 sur l'éducation des filles, il présente les difficultés rencontrées par les filles, leurs familles, les communautés et les enseignants à travers l'Afrique, et comment leur expérience de l'éducation est affectée et influencée par les politiques, les pratiques culturelles et les valeurs traditionnelles. L'éducation est un droit humain fondamental pour tous les enfants. Cela a été reconnu il y a 60 ans dans la Déclaration Universelle des Droits de l'Homme, reconnue et acceptée par de nombreux gouvernements à travers le monde. Cependant, des millions d'enfants en Afrique, en particulier les filles, sont toujours privées de leur droit à l'éducation et n'ont pas la possibilité d'accéder aux connaissances, compétences et capacités nécessaires.

[562] Seydou Loua, '' État des lieux de l'éducation des filles et des femmes au Mali : contraintes et défis'', *Revue internationale d'éducation de Sèvres*, mis en ligne le 01 septembre 2020, URL : http://journals.openedition.org/ries/6571 ; DOI : https://doi.org/10.4000/ries, consulté à Yaoundé le 06-12-2023 à 10h00.

[563] C. L. Ridgeway, ''Gender, status, and leadership'', *Journal of Social Issues*, 2001, pp. 637-655.

[564] M. L. R. Van Engen, et al, ''Gender, context and leadership styles: A field stud'', Journal *of Occupation and Organizational Psychology*, 2001, pp.581-598.

concernant les professions qui sont adaptées aux filles plutôt que fondées sur les compétences. De même, sur le marché du travail, les femmes sont surreprésentées dans les fonctions secrétaires et d'assistance plutôt qu'aux postes de direction, ainsi que dans les professions de soins qui ont tendance à être faiblement rémunérées.

Les stéréotypes sexistes conditionnent également la manière dont les femmes et les hommes repartissent leur temps entre les travaux domestiques non rémunérés et les travaux rémunérés, et entre le travail et les loisirs. Les stéréotypes qui définissent la prestation de soins comme une fonction fondamentalement féminine et maternelle semblent être plus difficiles à éliminer que ceux qui portent sur le soutien de famille, qui était autrefois perçu comme un rôle typiquement masculin. Un nombre croissant de femmes adoptent ce qui est largement perçu comme étant des modes de vie et des modèles de travail masculins en participant plus activement au marché du travail. Cependant, les hommes n'assument pas dans la même mesure les responsabilités des travaux domestiques et des activités de soins non rémunérés, généralement perçus comme typiquement féminins. Les écarts entre les sexes en ce qui concerne les travaux non rémunérés accusent un recul dans les pays développés, mais elles restent plus fortes que celles afférentes aux travaux rémunérés pratiquement partout.[565]

Décrite comme un processus de deshumanisation, de dégradation, de discrédition et de dévalorisation des personnes appartenant à certains groupes de population, la stigmatisation est une arme dont se servent les puissants pour définir ce qui est normal ou acceptable afin de maintenir leur position de supériorité par rapport à un groupe de personnes subordonnées. Il est souvent fait usage de stigmatisation et même de violence pour faire appliquer les stéréotypes et les normes sociales concernant les composantes des comportements féminins et masculins appropriés. La stigmatisation est fréquemment utilisée lorsque le genre entretient des rapports avec des notions telles que l'incapacité ou la sexualité, ainsi que la pauvreté, la race, la caste, l'ethnicité ou encore le statut d'immigrée. A titre d'exemple, les femmes immigrées issues d'une minorité ethnique qui travaillent comme domestiques sont souvent stigmatisées comme étant arriérées, sales et porteuses de maladies, justifiant par la même la position subordonnée qu'elles occupent par rapport à leur employeur. La stigmatisation est lourde de conséquences pour la réalisation des droits économiques et sociaux : elle oblitère les besoins de certains groupes

---

[565]Les écarts de rémunération entre les hommes et les femmes correspondent à la différence entre les salaires moyens des femmes et des hommes exprimée en pourcentage des salaires des hommes.

et personnes, les marginalise de la société et les exclut de l'accès aux ressources et aux services.

2-Renforcer le rôle économique des mineurs du secteur extractif du diamant

Les activités économiques dans les zones minières permettent effectivement à certaine mineurs de gagner de l'argent pour leurs propres besoins, pour les dépenses familiales et à des fins d'accumulation. Ce travail peut aussi permettre d'améliorer le statut et les perspectives des mineurs. Il est impératif que les gouvernements, les bailleurs de fonds, les organisations non gouvernementales et toute autre forme d'association intervenant dans ces zones minières s'intéressent de près aux activités d'autonomisation qui sont explicitement genrées dans leur conception et leur mise en œuvre, dans le but de contribuer à améliorer les moyens de subsistance et l'étendue du pouvoir décisionnel des femmes. Les moyens de subsistance des mineurs dans le secteur de l'exploitation artisanale sont indissociables du contexte social et institutionnel dans lequel se déroulent les activités de l'exploitation artisanale et qui déterminent la persistance de la pauvreté dans le secteur.[566]

Les mineurs éprouvent des difficultés à accéder au crédit des banques, car ces dernières requièrent la permission du mari. Cette permission, nous a-t-on dit, peut être difficile à obtenir pour les mineurs. En outre, les frais de service élevés freinent l'accès des mineurs aux services bancaires. Sans accès au crédit, les mineurs sont dans l'impossibilité d'investir dans des activités minières comme sous-traitantes, alors que ce statut leur permettrait de passer de la subsistance à l'accumulation. Les raisons derrière l'exclusion des mineurs de certains rôles sont généralement fondées sur des perceptions discriminatoires à leur endroit. Devenir sous-traitants requiert des investissements et un flux de capitaux permettant de couvrir les dépenses commerciales, l'achat d'équipement, les vêtements de protection et l'assurance pour les travailleurs. Les mineurs sont

---

[566] Les initiatives visant à améliorer les moyens de subsistance des femmes dans le secteur de l'exploitation artisanale ne peuvent aborder les inégalités entre les sexes isolément de ce contexte général. Cela dit, l'inégalité entre les sexes est une condition structurante de l'exploitation artisanale du diamant. Par conséquent, tout effort visant à améliorer, restructurer ou réglementer l'exploitation artisanale du diamant doit également tenir compte des questions de genre dans la conception et la mise en oeuvre. De plus, il faut un effort concerté pour éliminer les barrières qui empêchent les femmes d'assumer des rôles dans le secteur minier, de réaliser des activités d'accumulation et de participer à la gouvernance des sites miniers. Il faut, pour ce faire, combattre activement les normes, les pratiques et les institutions genrées au sein des sites l'exploitation artisanale du diamant et dans les ménages, les communautés, les structures publiques, les régions et ailleurs, qui font qu'il est difficile pour les femmes d'assumer certaines tâches.

confrontés à des difficultés d'accès au capital en raison de l'opinion répandue selon laquelle elles doivent d'abord obtenir le consentement de leur mari. Soutenir la capacité des femmes à accéder au crédit pour se lancer dans l'entrepreneuriat sur les sites miniers, notamment comme sous-traitantes.

3-Gestion durable de l'environnement dans l'exploitation artisanale et à petite échelle du diamant

De façon officielle, la gestion de l'environnement désigne les décisions et les actions ayant trait à l'affectation et au développement des ressources ainsi qu'à l'utilisation, à la restauration, à la réhabilitation, à la surveillance et l'évaluation de la modification de l'environnement.[567] Cette gestion consiste en l'établissement d'un équilibre entre les besoins croissants en ressources naturelles de la population et les ressources disponibles, tout en cherchant des solutions d'avenir. La gestion durable de l'environnement contribue à réduire l'impact des opérations humaines sur l'environnement. C'est aussi un ensemble de règles ou normes législatives et règlementaires qui régissent la gestion durable des ressources naturelles, comme défini dans le Règlement minier et le Code minier de la RCA.

Ainsi la gestion durable de l'environnement dans l'exploitation artisanale et à petite échelle du diamant et de l'or est la gestion responsable de toutes les ressources minières et consiste à gérer cet environnement avant, pendant et après leur exploitation afin d'éviter les impacts négatifs de l'exploitation minière. Cette gestion durable de l'environnement minier n'est pas appliquée dans les sites miniers que nous avons visités. Les risques et conséquences liés à la mauvaise exploitation artisanale du diamant n'est pas ni mesuré, ni pris en compte par les exploitants artisanaux et le Gouvernement de la RCA. D'après nos observations sur le terrain, les puits de diamants restent non remblayés après l'exploitation et occasionnent des érosions et rendent les sols inutilisables pour d'autres activités. Il est nécessaire que tous les acteurs intervenants dans le secteur minier pratiquent une exploitation artisanale responsable tout en respectant les textes légaux régissant le secteur en matière de gestion de l'environnement. Concrètement, cela peut se faire en réhabilitant chaque portion de la terre après l'exploitation et en évitant de couper les arbres sur les zones d'exploitation artisanale. Les organisations de la société civile peuvent accompagner et sensibiliser les exploitants artisanaux sur le respect des textes légaux du secteur minier et sur la protection de l'environnement. Le

---

[567] Rapport d'enquête sociale dans les sites miniers d'exploitation artisanale de diamant dans la province du Kasaï oriental en République Démocratique du Congo GAERN/ONG.

Gouvernement doit veiller à l'application des textes légaux régissant le secteur minier tels que stipulés dans le règlement et le code minier de la RCA, tout en initiant des mesures contraignantes pour les récalcitrants. Cela permettra d'atténuer les risques et dangers dus à l'exploitation artisanale et à petite échelle du diamant et ainsi éviter la dégradation des sols et toutes autres conséquences négatives liées à cette exploitation artisanale.

CONCLUSION

Nous voici à la fin de la présente étude qui a porté sur ·les diamants du sang en RCA. En effet, nous avons analysé systémiquement les conséquences de cette convoitise de richesses Nous sommes ainsi partis des hypothèses selon lesquelles les conséquences de l'exploitation illégale des ressources de la RCA sur son environnement national sont énormes et variées en l'occurrence la détérioration des forêts et même de certains espaces protégés.

Les diamants alimentent des cycles de pauvreté et de conflit en RCA de la même façon qu'en Sierra Leone et au Libéria dans les années 1990 et au début des années 2000. Le problème est de moindre ampleur parce que la RCA possède moins de diamants et que ses groupes armés sont moins bien organisés, mais les dynamiques sont identiques et la souffrance humaine tout aussi réelle. La mauvaise gouvernance du secteur minier, en partie héritée de décennies de désordre et de fragilité politiques, ne profite qu'à quelques privilégiés, laissant des milliers de mineurs et leur famille lutter pour leur survie, et encourageant la contrebande. Une pauvreté endémique ainsi que des réseaux bien rodés de commerce illicite permettent à des groupes armés de profiter des diamants, alors que les forces de sécurité, trop faibles, se révèlent incapables de les arrêter. Il est grand temps que le gouvernement et les partenaires internationaux se concentrent davantage sur ces problèmes, tous étroitement liés, et qu'ils s'engagent dans une véritable réforme du secteur minier.

Bien plus, il convient d'insinuer que l'exploitation des richesses largement analysée dans les lignes précédentes ne porte pas seulement préjudice à la RCA mais à l'Afrique toute entière où ce pillage a plus profité aux réseau criminels mafieux, aux trafics d'armes légères qui ont endeuillé toute la région, ce qui ternit un tant soit peu les relations entre la RCA et certains pays africains. Pour la démonstration de ces hypothèses, nous avons fait recours à la méthode d'analyse systémique chère à David Easton, soutenue par les approches analytiques, historiques et comparatives. Cette méthode et ces approches ont été appuyées par la technique documentaire et l'entretien libre.

En effet, le groupe d'experts a essayé de déterminer dans quelle mesure l'exploitation des ressources naturelles et autres richesses étaient la variable mobile des activités de chacune des parties aux conflits dans la République Centrafricaine et dans quelle mesure cette exploitation fournissaient les moyens de poursuivre le conflit. C'est dans ce cadre que nous avons analysé les faits nouveaux survenus dans les conflits et leurs incidences sur les activités en matière d'exploitation. Le pays riche en ressources naturelles, la RCA est marquée depuis plus de 10 ans par une instabilité politique et a connu depuis

1996 deux guerres aux facettes multiples particulièrement meurtrières et beaucoup d'autres conflits comportant plusieurs dimensions. Toutefois, malgré la richesse de leur sous-sol, certaines régions diamantifères de la République centrafricaine (RCA) restent frappées du sceau de l'extrême pauvreté et d'une violence à répétitions. Une apparente fatalité contre laquelle le Président François Bozizé n'avait jusqu'ici pas tenté de lutter de façon rigoureuse. Sa mainmise sur le secteur du diamant renforça son pouvoir et favorisa l'enrichissement d'une minorité, mais ne contribue pas à atténuer la pauvreté de milliers de mineurs informels. L'effet conjugué d'un Etat prédateur, de la criminalité et de l'extrême pauvreté aboutit à des cycles de violence, en incitant les factions politiques rivales à entrer en rébellion tout en leur permettant de tirer profit du commerce illégal des diamants. Pour rompre ce cercle vicieux, la réforme en profondeur du secteur allait devenir une priorité essentielle de la stratégie de consolidation de la paix. Historiquement, l'exploitation du diamant a bien plus bénéficié aux entrepreneurs étrangers et aux régimes cupides qu'aux Centrafricains. L'extraction industrielle ou semi-industrielle des diamants n'existe plus et leur exploitation est essentiellement artisanale et illégale : environ 80000 à 100000 mineurs creusent dans l'espoir de subsister en vendant leur production à des intermédiaires étrangers qui les revendent aux comptoirs d'exportation. Le gouvernement n'a ni la capacité de superviser cette chaîne de production dispersée, ni la volonté d'investir les revenus tirés du diamant dans le développement à long terme des communautés minières.

La fragilité chronique de l'Etat a aussi ancré au sein de l'élite politique une habitude de monopolisation des richesses nationales et de gains à court terme. Cette confusion entre exercice du pouvoir et prédation économique renvoie à l'histoire coloniale et postcoloniale. Jean-Bedel Bokassa, un temps « empereur » de la RCA, a monopolisé l'exportation des diamants. Ses cadeaux personnels au Président français Giscard d'Estaing sont devenus le symbole des excès de son régime impérial. Ange-Félix Patassé a confondu intérêts privés et gestion publique en développant sa propre compagnie d'exploitation du diamant. Bozizé est lui plus circonspect. Son régime maintient un étroit contrôle sur les revenus miniers grâce à une réglementation fiscale stricte et à une gestion opaque et centralisée. Depuis son arrivée au pouvoir en 2003, les compagnies minières sont quasiment toutes parties, notamment parce que les exigences répétées des autorités compromettent leur marge de profits. L'exploitation minière artisanale et informelle se développe rapidement, mais la fermeture en 2008 par le gouvernement de la plupart des compagnies d'exportation de diamants a sévèrement diminué les investissements dans la production, a fait disparaître de nombreux emplois et a contribué à l'essor de la malnutrition infantile dans les zones minières. Par ailleurs, le coût élevé des permis artisanaux et la corruption de la brigade minière entravent les tentatives des mineurs d'échapper au piège de la pauvreté, alors que la contrebande, due à la fiscalité la plus élevée de la région sur les exportations de diamants, prive l'Etat de recettes bien nécessaires. Le refus du gouvernement de distribuer équitablement la richesse nationale a conduit certains individus cupides et des groupes marginalisés à prendre les armes afin d'obtenir un plus grosse part du gâteau. L'Union des Forces Démocratiques pour le Rassemblement (UFDR) a signé un accord de paix avec le gouvernement mais poursuit l'extraction et la contrebande de diamants dans le Nord-est du pays. Si l'objectif de l'UFDR n'est plus la prise du pouvoir, les profits tirés de l'exploitation des diamants permettent à ce groupe armé d'attirer des mineurs qui espèrent améliorer leur sort, et constituent une forte incitation à ne pas déposer les armes. La Convention des Patriotes pour la Justice et la Paix (CPJP), le groupe rebelle actuellement le plus actif, exerce son contrôle dans l'Est du pays. Sous couvert de rébellion, ce banditisme limite sérieusement les activités économiques de la région, risque d'empêcher le bon déroulement des élections dans la région, lors de leur tenue prévue pour le 23 janvier 2011, et menace les populations. La réforme du secteur du diamant, intégrée à la réforme de la gouvernance et aux efforts de résolution des conflits, est impérative pour améliorer les conditions de vie des communautés minières, augmenter les maigres recettes de l'Etat et mettre fin aux conflits armés. Le gouvernement doit d'abord concentrer ses efforts sur la gouvernance du secteur minier. La stratégie de réforme devrait prioriser l'exploitation artisanale sur l'exploitation industrielle mais aussi réduire les incitations à la contrebande et renforcer les contrôles sur le lien entre trafic de diamants et groupes armés. L'engagement manifeste du pouvoir à développer le contrôle démocratique et la transparence de la gestion minière devrait constituer la condition sine qua non pour le soutien des partenaires internationaux à une réforme du secteur du diamant qui est autant une question de volonté politique que de capacité. Cependant, l'abondance des matières premières d'un pays peut contribuer efficacement au développement notamment à travers une plus grande transparence et une meilleure gestion des ressources.

SOURCES ET RÉFÉRENCES BIBLIOGRAPHIQUES

I-Ouvrages

Adedeji A. et als,   *Le contrôle parlementaire des secteurs de sécurité en Afrique de l'Ouest*, DCAF, 2008.

Affessoli M. et als,   *La violence fondatrice*, Paris, Champ urbain, 1978.

Agir ici et Survie,   *Le silence de la forêt-réseaux, mafias et filière bois au Cameroun*, Paris, l'Harmattan, 2000.

Almeida- Tapor, Hélène D., *L'Afrique au XXe siècle*, Paris Armand Colin, 1999.

Angenot M.,   *L'utopie collectiviste. Le grand récit socialiste sous la deuxième internationale*, Paris, PUF, 1993.

Benghemane, M.   (1983). *Coups in Africa*, Paris, Publisud.

Bieri, F. (2010).   From Blood Diamonds to the Kimberley Process: How NGOs Cleaned Up the Global Diamond Industry, Routledge.

Berman, E.G.,   (2008). *The Central African Republic and small arms: a regional powder keg*, Geneva, Small Arms Survey/Graduate Institute of International Studies,

Biyogue-Bi-Ntougou, J.D.   (2010). *African peace and security policies*, Paris, l'Harmattan.

Bourges, H.   (1979). *The 50 Africas: Great Lakes Africa, Southern Africa*, Indian Ocean, Paris, Seuil.

Bourges H., et als.,   *Les 50 Afriques : Afriques des grands lacs, Afrique australe, Océan indien*, Paris, Seuil, 1979.

Dumont R.,   *L'Afrique noire est mal partie*, Paris, Seuil, 1962.

François, J.,   *Le putsch de Bokassa 1er : histoire secrète*, Paris Harmattan, 2004.

Gaudusson J. et als.,   *L'Afrique face aux conflits*, Paris, La documentation française, 1996.

Gauthier Ph.,   *Essai sur la définition des traités entre États*, Bruxelles, Bruylant, 1993.

Kalck, P.,   *Histoire Centrafricaine dès origines à nos jours*, Paris Berger Levrault, 1974.

Kalck, P.,   *La République Centrafricaine,* Paris Berger Levrault, 1971.

Vlassenroot K. et als.,   *Artisanal diamond mining: perspectives and challenges*, Anvers, Academia Scientific, 2008.

II-THESES ET MEMOIRES

1-Thèses

Atche R. B.,   ''Les conflits armés internes en Afrique et le droit international'', Thèse pour le Doctorat en Droit, Université de Cergy-Pontoise, novembre 2008, p.236.

2-Mémoires

Yandji B.,	"Les crises militaro-politiques centrafricaines et leurs conséquences : socio-politiques, économiques et culturelles de 1996 à 2003", Mémoire de Master, Lettres et Sciences Humaines Université de Bangui, 2011.

III-ARTICLES, RAPPORTS ET REVUES

1-Articles

Antier, Ch,	"Recruitment in the French colonial empire, 1914-1918", World Wars and Contemporary Conflicts n°2, n° 230, 2008.
Auty, R,	"Sustaining Development in Mineral Economies", The Resource Curse Thesis, Routledge, Taylor and Francis Group, 1993Azeyeh A., "La colonisation et ses survivances dans les mentalités des colons et des colonisés " Goethe institut, *La politique de développement à la croisée des chemins. Le facteur culturel*, Yaoundé, Clé, 1998, p.33.
Barthélémy F., et al.,	"Transborder artisanal and small-scale mining zones in Central Africa: Some factors for promoting and supporting diamond mining" K. Vlassenroot & S. Van Bockstael (eds.), *Artisanal diamond mining: perspectives and challenges*, Anvers, Academia Scientific, 2008, p. 33.
Bercovitch J., et al.,	"some conceptual issues and empirical trends in the study of successful mediation in international relations " Faget J., *Médiations: les ateliers silencieux de la démocratie*, Paris, Erès, 2010, pp.7-17.
Boulvert Y.,	" Exploration, création d'un nouveau pays, découverte scientifique : le cas du Centrafrique de 1880 à 1914" Yvon Chatelin, Gérard Riou Gérard, *Milieux et paysages : essai sur diverses modalités de connaissance*, Paris, Masson, 1986, p.94.
Caps S. P.,	"Le constitutionnalisme et la nation" Y. Jegouzo ; J.-C. Colliard (dir.), *Le nouveau constitutionalisme*, Paris, Economica, 2001, p.84.
Onana R.,	"La réforme du secteur de sécurité en République centrafricaine : heurts et malheurs de la raison holistique" Organisation internationale de la Francophonie, *La réforme des systèmes de sécurité et de justice en Afrique francophone*, Paris, Burlet-Graphics, 2010.
Quantin P.,	" La difficile consolidation des transitions démocratiques africaines des années 1990", Christophe Jaffrelot, (sous la direction de), *Démocraties d'ailleurs : démocraties et démocratisations horsd'Occident*, Paris, Éditions Karthala, 2000.
Sautier G.,	"Quelques réflexions sur les frontières africaines ", Coquery-Vidrovitch, *Problèmes de frontières dans le Tiers monde*, Paris, l'Harmattan, 2000.

Sindjoun L.,   "Droit et idéologie dans le code noir et la déclaration des droits de l'homme et du citoyen", Ambroise Kom (Sous la dir.), *Le Code noir et l'Afrique*, Paris, Nouvelles du Sud, 1991.

Tsakadi K.,   "Approche terminologique et typologie de la médiation et de la *francophone : théorie et pratique. Prévention des crises et promotion de la paix*", Bruxelles, Bruylant, 2010.

Weber M.,   "Le métier et la vocation d'homme politique ", D. Colas, *La pensée politique*, Paris, Larousse, textes essentiels, 1992.

Owona Nguini M. E.,   "Les États-Unis et le nouveau commandement de l'AFRICOM : entre expression libérale et inclinaison impériale", *Enjeux*, n° 34-35, janvier-juin 2008.

2-Rapports

10 T 640, RCA.,   rapports des conseillers militaires (1966-1972).

Rapport du colonel Mehay.,   le mois de mai 1966.

Auge A.,   " Les armées africaines et le développement: une transformation nécessaire", Le Maintien de la paix, n° 102, août 2011, p.2 ;http://www.operationspaix.net/DATA/BULLETINPAIX/3. pdf

Baduel P.-R.,   "La production de l'espace national au Maghreb ", p.13, http://aan.mmsh.univ-aix.fr/Pdf/AAN-1983-22_41.pdf

Banque de France,   "Les monographies économiques : Centrafrique", Rapport annuel de la Zone franc, 2012, p.212 ; https://www.banque france.fr/fileadmin/user upload/banque de france/Eurosysteme et international/2. Centrafrique.pdf, consulté le 10 août 2016.

Banque de France,   "Les monographies économiques : Centrafrique", Rapport annuel de la Zone franc, 2012, p.207 ; https://www.banque-france.fr/fileadmin/user_upload/banque_de_france/Eurosysteme _et_international/2._Centrafrique.pdf, consulté le 10 août 2016.

Belton R.,   "Competing definitions of the rule of law: Implications for practitioners", Carnegie Endowment for International Peace, January 2005.

Berman E. G.,   " La République Centrafricaine : Une étude de cas sur les armes légères et les conflits ", Rapport spécial du Small Arms Survey (avec le soutien financier du PNUD), Institut Universitaire de Hautes Études Internationales, Genève, 2006, p.17, http://www.smallarmssurvey.org/fileadmin/docs/C-Special-reports/SAS-SR06-Car.pdf.

Bonannée M.,   " L'étude prospective du secteur forestier (FOSA) en République Centrafricaine ", Rome, juillet 2001, p.14.

Dabezies P.,   " La politique militaire de la France en Afrique noire sous le général de Gaulle", La politique africaine du général de Gaulle, 1958-1969 ", Actes du colloque organisé par le Centre bordelais d'études africaines, le Centre d'étude d'Afrique noire et l'Institut Charles-de-Gaulle, Bordeaux, 19-20 octobre 1979, p. 239.

FIDH,	Ligue centrafricaine des droits de l'homme (LCDH), '' Centrafrique : "Ils doivent tous partir ou mourir". Crimes contre l'humanité en réponse aux crimes de guerre», Rapport d'enquête, n° 636f, juin 2014, p.61.
FIDH,	'' République Centrafricaine : un pays aux mains des criminels de guerre de la Séléka '', Rapport du 23 septembre 2013, pp.22-23.
Godonou Dossou J.,	'' État de droit et forces de défense en Afrique noire francophone'', p.5, consulté sur www.peacereseahers.org/index.php/11-publications.html.
Gueye B. et als,	'' République centrafricaine : étude sur le système national d'intégrité '', rapport commandé par le PNUD et Transparency International, décembre 2006, p.5 ; http://www.undp.org/content/dam/car/docs/gouvernance/rcafb_e tudesni2006.pdf
Hugon Ph.,	'' Les défis de la stabilité en Centrafrique '', Les Notes de l'IRIS, Février 2014, p.7, http://www.iris-france.org/docs/kfm_docs/docs/philippe-hugon---centrafrique---fvrier-2014mise-en-page-1.pdf, consulté le 29 juillet 2016.
Human Rights Watch,	''Je peux encore sentir l'odeur des morts-La crise oubliée des droits de l'homme en République centrafricaine '', Rapport du 18 septembre 2013, pp.4-21.
International Crisis Group,	'' De dangereuses petites pierres : les diamants en République Centrafricaine '', Rapport Afrique, n° 167, 16 décembre 2010, p.7.
International Crisis Group,	'' La face cachée du conflit centrafricain'', Rapport Afrique, n° 105, 12 décembre 2014.
International Crisis Group,	'' De dangereuses petites pierres : Les diamants en République centrafricaine '', Rapport n° 167, Bruxelles, 16 décembre 2010.
International Crisis Group,	'' La réforme du secteur de sécurité en RDC'', Rapport Afrique, n° 104, 13 février 2006.
International Crisis Group,	'' Le golfe de Guinée : la nouvelle zone à haut risque'', Rapport Afrique, n° 195, 12 décembre 2012, pp.24-25.
International Crisis Group,	'' République Centrafricaine : anatomie d'un État fantôme '', rapport Afrique de International Crisis Group, no 136, 13 décembre 2007, p.2.
Kaufmann D., et al.,	''Governance Matters VIII: Aggregate and Individual Governance Indicators, 1996-2008'', World Bank Policy Research Working Paper n° 4978, 2009.
Khabure L.,	'' Des sociétés prises au piège : Conflits et enjeux régionaux Tchad, République Centrafricaine, Soudan, Soudan du Sud'', rapport financé par Accord et CCFD-Terre Solidaire, février 2014, p.11 ; www.acordinternational.org/silo/files/recherche-regionale-conflit-tchad-rca-soudan-soudan-du-sud.pdf

Kilembe F.,	'' Assurer la sécurité en Centrafrique : une mission impossible ?'', Friedrich Ebert Stiftung, Yaoundé, octobre 2014, p.15.
Luntumbue M. et al.,	'' Afrique centrale : risques et envers de la pax tchadiana'', Note d'Analyse du GRIP, 27 février 2014, Bruxelles : www.grip.org/fr/node/1216
Luntumbue M. et Padonou O.,	''APSA : Contours et défis d'une Afrique de la défense'', Note d'Analyse du GRIP, 15 janvier 2014, Bruxelles, www.grip.org/fr/node/1183.
Luntumbue M.,	''Criminalité transfrontalière en Afrique de l'Ouest : cadre et limites des stratégies régionales de lutte'', Notre d'Analyse du GRIP, Bruxelles, 9 octobre 2012, consultable sur www.grip.org.
Luntumbue M.,	''Insécurité dans le golfe de Guinée : vers une stratégie régionale intégrée ?'', Notre d'Analyse du GRIP, Bruxelles, 31 décembre 2012, consultable sur www.grip.org/fr/node/77/8.
Mahode J., al),	'' Études des besoins en formation forestière en RCA '' (rapport de 65 pages), Ministère des eaux, forêts, chasses, pêches, de l'environnement et du tourisme, RCA, août 2002, p.8.
Martinelli M., et al.,	'' La réforme du secteur de la sécurité en République Centrafricaine : quelques réflexions sur la contribution belge à une expérience originale'', Les rapports du GRIP, 2009/5, p.22.
Matthysen K. et al.,	'' L'or et les diamants de la République centrafricaine : Le secteur minier et les problèmes sociaux, économiques et environnementaux y afférents '', Rapport de l'IPIS, Anvers, février 2013, p.5, http://ipisresearch.be/wp-content/uploads/2013/08/20130813_CARFRENCH.pdf

IV-ARCHIVES

1-Archives nationales de Bangui (ANB)

ANB,	Archives nationales, fonds privé Foccart 160. République centrafricaine, audiences 1960-1966. Télégramme officiel de Barberot, décembre 1964.
ANB,	N° Inv. 06600, *Droit constitutionnel et Institution politique*, Jacques, Bibliothèque de l'Alliance Française de Bangui (AFB)
ANB,	N° Inv. 06604, *Introduction à la Science politique*, Baudouin, Bibliothèque de l'Alliance Française de Bangui (AFB)
ANB,	N° Inv. 06593, *Histoire des idées politiques de l'antiquité à la fin du 18ᵉ siècle*, AIVO, Bibliothèque de l'Alliance Française de Bangui (AFB)
ANB,	N° Inv. 06586, *Histoire des idées politiques depuis le 19ᵉ siècle*, Lavroff, Bibliothèque de l'Alliance Française de Bangui (AFB)
ANB,	N° Inv. 06596, *Histoire des Institutions publiques de la France de 1789 à nos jours*, Villard, Bibliothèque de l'Alliance Française de Bangui (AFB)

ANB,	N° Inv. 05961, *Entreprise, Politique, Parenté*, Bazin, Bibliothèque de l'Alliance Française de Bangui (AFB)
ANB,	N° Inv. 06226, *Anthropologie politique d'une décolonisation*, Gérard, A, Bibliothèque de l'Alliance Française de Bangui (AFB)
ANB,	N° Inv. 06710, *Code de procédure militaire et droit pénal spécial aux forces armées centrafricaines*, Bibliothèque de l'Alliance Française de Bangui (AFB)
ANB,	323. 674 :*Les problèmes politiques et sociaux en Oubangui-Chari (1946- 1954), à travers la correspondance d'Antoine Darlan*, ENAM (Ecole Nationale d'Administration et de la Magistrature)
ANB,	916. 7. 671 : Suc Schel (Jean Bernard) *Cours de géographie de la République centrafricaine, Bangui 1966*, ENAM (Ecole Nationale d'Administration et de la Magistrature)
ANB,	Vol 1 : *Notions générale sur l'Afrique : la République Centrafricaine : géographie physique population 87*, p 111 couv. Ill. en coul. 24 Am. L'ouvrage comporte 10 p de p1 non numérique, ENAM (Ecole Nationale d'Administration et de la Magistrature)
ANB,	La Loi n° 2015-917 du 28 juillet 2015 actualisant la programmation militaire pour les années 2015 à 2019 et portant diverses dispositions concernant la défense.
ANB,	SHAT (Service historique de l'armée de terre), 1963, Forces Armées-Forces Publiques-et Jeunesse Pionnière Nationale de la République Centrafricaine
Bulletins 6 H 48.,	maintien de l'ordre au Moyen-Congo (1956- 1964))
Bulletins 6 H 49.,	maintien de l'ordre au Gabon, en Oubangui-Chari et au Tchad 1960-1964
Bulletins 6 H 71.,	AEF, bulletins de renseignements hebdomadaires (novembre 1962-janvier 1963
Bulletins 6 H 76 .,	AEF, bulletins de renseignements hebdomadaires juin-novembre 1964
Bulletins 6 H 81.,	mission militaire au Congo (chrono, 1961-1964
Bulletins 6 H 119.,	mission militaire au Congo (1962.

V-DECRETS, ARRETES ET TRAITES

1-Décrets

ANB,	Décret n° 02/269 de 2002, fixant les attributions du ministère de l'intérieur.
ANB,	La loi n° 9-005 du 29 avril 2009 portant code minier en République Centrafricaine, amendée, en ses articles 19, 31 et 151, stipule que seul le chef de l'État (François Bozizé) est

	habileté à délivrer les permis de prospection et d'exploitation et à autoriser aux bureaux d'achat à procéder aux exportations.
ANB,	Loi n°. 9-005 du 29 avril 2009 portant code minier de la République centrafricaine, articles 19, 31, 152.

2-Arrêté

ANB,	Charte constitutionnelle de transition, promulguée le 18 juillet 2013, 12 Titres, 2 Chapitres et 108 Articles.

3- Communications et traités

- Bado A. B., ''Décryptage des crises en République Centrafricaine», Communication au congrès 2014 sous le thème '' Un monde sous tensions'', pp.37-38, consulté sur www.academia.edu/10165801/DECRYPTAGE_DES_CRISES_EN_REPUBLIQUE-CENTRAFRICAINE.

4- Journaux

VI-SOURCES WEBOGRAGRAPHIQUES

www.diplomatie.gouv.fr/fr/dossiers-pays/republique-centrafricaine/presentation-de-la-republique-1271/article/geographie-et-histoire-8497
www.lalibre.be/dernieres-depeches/afp/les-anti-balaka-du-reflexe-d-auto-defense-a-la-logique-criminelle-
www.un.org/apps/news/story.asp?NewsID=46054&Cr=general+debate&Cr1=#.
www.lemonde.fr.
www.lefigaro.fr/international/2014/02/14/01003-20140214ARTFIG00377-la-france-envoie-des-renforts-en-centrafrique.php
www.un.org/News/fr-press/docs//2013/CS11010.doc.htm.
http://minusca.unmissions.org/centrafrique-un-rapport-de-lonu-confirme-de-graves-violations-des-droits-de-lhomme
www.lanouvellecentrafrique.info/centrafrique-130-000-refugies-au-cameroun-en-trois-mois.
www.un.org/apps/news/story.asp.

TABLE DES MATIERES

Un pays enclavé telle est l'impression qu'on se fait de la République Centrafricaine (RCA) en arrivant à Bangui, la capitale du pays. Il n'y a que peu d'ambassades, et les pays qui y ont une représentation politique, à l'exception de la France, emploient un minimum d'étrangers. La plupart des missions diplomatiques sont situées dans le Cameroun voisin. La France est le premier fournisseur d'aide bilatérale à la RCA mais le pays ne fait que subsister à bien des égards, surtout dans la foulée des nombreuses tentatives de coups d'État survenues à Bangui. À première vue, la République centrafricaine semble constituer une étude de cas type en matière de diamants. Malgré les nombreuses tentatives de coups d'État survenues, le pays n'a pas été considéré comme un producteur de diamants de guerre. La production totale de diamants de la RCA, qu'on estime à environ 100 millions de dollars US par année, provient d'une poignée de villes le long de deux veines de gisements alluvionnaires dans les régions orientale et occidentale du pays. À titre de dixième plus gros producteur de diamants au monde, dont la très forte proportion est de qualité gemme, le secteur des diamants de la RCA est une source vitale de recettes pour l'État. Le gouvernement dispose d'un éventail impressionnant de statistiques concernant la production et le commerce des diamants grâce au Bureau d'Évaluation et de Contrôle de Diamants et d'Or (BECDOR). De plus, il n'existe que sept grandes sociétés exportatrices de diamants, ou bureaux d'achat, dans le pays, ce qui simplifie relativement l'analyse des intérêts en jeu dans l'économie du diamant. Toutefois, au-delà de ce premier niveau d'examen, un examen plus détaillé de la RCA met au jour une situation moins optimiste. Les diamants constituent l'une des principales exportations de la RCA; ils jouent donc un rôle de premier plan dans l'économie tant officielle qu'informelle. L'économie des diamants de la RCA est fondée presque exclusivement sur la production alluviale informelle. Le gouvernement de la RCA ne détient pas par contre aucune action dans des sociétés minières, conformément aux critères de privatisation recommandés par les organismes prêteurs internationaux. Toutefois, Monnaie forte exposait les intérêts que possédaient dans les diamants des politiciens bien en vue, y compris le président. Les autorités de la RCA soutiennent que de tels intérêts sont purement privés et qu'ils n'ont pas de répercussion sur les activités politiques. Le gouvernement de la RCA a récemment mis en place des mécanismes détaillés pour surveiller le marché interne des diamants, des mines aux exportations, par l'entremise du BECDOR. Un tel système peut fonctionner en RCA parce que le commerce intérieur des diamants y est assez restreint qu'on puisse le surveiller. Cet ouvrage revisite l'histoire de l'exploitation des diamants en République centrafricaine, fait une analyse conceptuelle de l'économie des diamants en RCA, y compris une description des taxes à l'exportation des diamants. Il examine ensuite le rôle des sociétés exportatrices de diamants pendant la période coloniale et post coloniale d'une part, l'économie criminalisée des diamants, se penche sur la question des exportations frauduleuses de diamants et sur les efforts déployés par le gouvernement pour enrayer la contrebande et accroître les recettes en provenance du secteur des diamants, l'environnement et le développement durable d'autre part.

Dr Blaise YANDJI

Blaise YANDJI est né à Bozoum en République Centrafricaine. Il a fait ses études à l'Université de Bangui en RCA et à l'Université de Yaoundé I au Cameroun. Titulaire d'un Doctorat/PhD en Histoire option Histoire des Relations Internationales de l'Université de Yaoundé I. Il a occupé plusieurs fonctions dans l'enseignement en RCA. Il a par ailleurs été Directeur du CURDHACA- Université de Bangui et est depuis le 31 Janvier 2022 Directeur de l'Ecole Normale Supérieure et Directeur Adjoint de l'Ecole Doctorale de la Faculté de Théologie Biblique des Frères. Commandeur dans l'ordre des Palmes Académiques, Commandeur de la Reconnaissance centrafricaine, Officier dans l'ordre du Mérité centrafricain, Médaille d'Or du Travail, il a participé au séminaire destiné aux groupes de réflexion de la République Centrafricaine à Beijing/Pékin en Chine et a été lauréat du programme de Mobilité Erasmus-Université de Dunarea de Jos de Galati-Roumanie et au Séminaire de formation des enseignants des écoles secondaires des pays francophones d'Afrique à Jinhua région de Zhejiang (Chine). Orateur dans le forum international sur le Néocolonialisme à Moscou en Russie et formateur de Saemaul Undong en Corée du Sud. Il est auteur de plusieurs articles scientifiques dans diverses revues spécialisées.